Verlag Edition Hochfeld

Der düstere Dachboden des Inselhauses wird selbst für Schielin zu einem schauderhafter Ort, als man dort am Kranbalken hängend, die Leiche eines jungen Mannes findet. Nichts in dessen Leben hatte auf einen Suizid hingedeutet und Schielins erste Befürchtungen werden durch die Obduktion bestätigt. Mord! Der Tote stammte aus einer Unternehmerfamilie und war kurz davor, eine führende Position zu übernehmen. So harmonisch die Familie nach außen erscheinen mag: Die Nachforschungen bringen schwere Konflikte an den Tag. Doch worin lag das Motiv für eine so perfide und brutale Tat, und wer war dazu fähig?

J. M. Soedher lebt und arbeitet als Schriftsteller in Lindau (Bodensee). Er ist Autor der Romantrilogie *Mauchin* und der Krimireihe *Schielins* Fälle sowie Autor zahlreicher weiterer Romane und Bildbände.

Schielins elfter Fall

Hurenschanze

Verlag Edition Hochfeld

In der Reihe Schielin sind bisher erschienen:

Galgeninsel, Pulverturm, Heidenmauer, Hexenstein, Inselwächter, Hafenweihnacht,
Seebühne, Knochenmühle, Löwenmole, Golgbrunnen, Hurenschanze

1. Auflage
November 2022

Umschlagkonzept, Fotos und Gestaltung: Verlag Edition Hochfeld
Lektorat: Isabelle Dreikandt, Memmingen

Satzherstellung: Fotosatz Amann, Memmingen
Kartenillustration: Pete Monaghan für das ›Atelier am See‹, Lindau (B)
Gesamtherstellung: C.H. Beck, Nördlingen
Printed in Germany

Taschenbuch ISBN: 978-3-948490-11-9
eBook ISBN: 978-3-948490-10-2

Website des Verlages: www.edition-hochfeld.de
Bodensee-Blog: www.bodensee-magie.de

Der Kluge sieht das Unglück und verbirgt sich;
die Einfältigen aber gehen weiter und müssen's *büßen*.

Sprüche, 22,3

Hurenschanze ist ein Kriminalroman. Handlung und Personen sind frei erfunden. Etwaige Namensgleichheiten oder Ähnlichkeiten mit lebenden Personen oder Ereignissen sind rein zufällig und unbeabsichtigt.

Personenregister

Sascha Grahl – Opfer
Helmut und Marion Grahl – Eltern des Opfers
Manfred und Sarah Bendlin – Onkel und Tante des Opfers
Kira Bendlin – Cousine des Opfers
Annalena Grahl – Schwester des Opfers
Dustin Kinkelin – ein Arbeitskollege
Dieter Rupp – ein Arbeitskollege
Peter Kremper – ein Arbeitskollege
Jan Rabus – ein Arbeitskollege
Chris Andlin – Ex-Freundin des Opfers
Gabor von Strehlitz – Partner von Kira Bendlin
Mario Ganahl – Privatdetektiv
Ute Lohder – eine seit langem Vermisste
Bettina Schlager – Freundin der Vermissten

Das Team

Conrad Schielin – Bodenseekommissar und Mordermittler
Ronsard – Conrad Schielins französischer Esel
Lydia Naber – blonde, drahtige Kriminalkommissarin und engste Mitarbeiterin von Conrad
Robert Funk – Sachbearbeiter für Eigentumsdelikte, Connaisseur mit Faible für eine gehobene Büroausstattung
Adolf Wenzel, »Wenzel« – wird nur bei seinem Nachnamen genannt, da er seinen Vornamen nicht leiden kann; arbeitet mit Robert Funk zusammen.
Kimmel – zumeist mürrischer Chef der Kripo Lindau
Erich Gommert, »Gommi« – die gute und chaotische Seele der Kripo

Hundle – Gommis Hund, ein phlegmatischer Straßenhund aus dem Tierheim

Jasmin Gangbacher – jüngste, technikaffine Ermittlerin

Walter Lurzer – österreichischer Kollege der Kripo Bregenz und Freund Schielins

Marja – Schielins Frau

Lena und Laura – Schielins Töchter

Albin und Erna Derdes – Schielins Nachbarn

Inhaltsverzeichnis

Blütenrausch

Nach den langen Wochen, in denen der Hochnebel nicht hatte weichen wollen und das Land um den See von Eintönigkeit und dunkler Melancholie heimgesucht war, trat endlich wieder die Sonne ans Firmament. Und es war so, als wollte alles, was von Erde war, aufatmen. Gleißend und wie ehedem mit wärmender Kraft spiegelte, schwang und tanzte ihr Abglanz auf der Seefläche.

Der Alpstein betrat wieder die Bühne des Naturschauspiels samt seinem König Säntis. Die Enge und Beschränktheit, die der Nebel mit sich gebracht hatte, waren aufgelöst und weite Blicke machten auch die Seelen wieder empfänglich für Ferne und Distanz. Nur wenige Tage nahm dieses Schauspiel in Anspruch und eines Morgens lagen die Ufer wie verzaubert. Als hätte ein Maler mit einem groben Spachtel gearbeitet, so durchzogen die weißen Flächen blühender Obstgärten die ergrünte Landschaft. Zusammen mit dem blauen Himmel darüber eine leuchtende Landschaft voller Reinheit und Unschuld. Im Gang der Tage sprenkelten sich gelbe Blüten in das Grün und das Spiel der Natur ließ selbst das Weiß zu einer bunten Farbe werden.

Die Blüte der Obstbäume am Bodensee, sie war keine Erfindung – sie war real und in jedem Jahr aufs Neue ein Wunder.

Die Anmut des Frühlings sorgte auch auf der Dienststelle in Lindau für eine aufgeräumte Stimmung.

Lydia war auf dem Weg in Richtung Büro, schaute zuvor aber noch kurz bei Wenzel vorbei. Sie lehnte sich lässig in den Türrahmen und wartete, bis er das Schreiben einstellte und aufsah.

»Brauchst du was?«, fragte er.

»Mhm … nö … Die Sache mit Einbruch draußen in der Robert-Bosch-Straße?«, fragte sie.

»Ja. War ganz altmodisch mit Fingerabdrücken zu erledigen … kommt ja kaum noch vor.«

Sie stimmte stumm zu und kam zu ihrem eigentlichen Begehr. »Ihr zieht auf die Insel?«, fragte sie unvermittelt.

Er rückte überrascht mit dem Bürostuhl nach hinten. »Woher weißt du das jetzt schon wieder?«

»Aus erster, nein … aus allererster Hand … von deiner Angetrauten.«

»Was?«, kam es überrascht.

Das gefiel ihr. »Ja. Wir haben uns gestern auf der Insel zufällig getroffen, haben uns einen Kaffee im Hafen gegönnt und sind anschließend zum Stoffe-Aussuchen zu *Marie Lind*. Ich kann Dir wirklich reinen Herzens versprechen, ich habe ihr nur zu den jeweils teureren Varianten geraten. Im Moment sind ja die Siebziger wieder en vogue. Du erinnerst dich? Orange, braun, modriges Grün in quadratischen Mustern, und die Farben so flächig angeordnet, dass sie diese dreidimensionalen Würfel ergeben. Sofern man etwas getrunken hat, wird einem schwindlig und wer zuviel getrunken hat, sollte besser gar nicht hinsehen.«

Er krächzte. »Mir wird ganz ohne Alk schon schwindlig … wenn ich nur daran denke.«

Sie lachte fies und ging weiter. Im Büro angekommen, sah sie, wie Schielin konzentriert die Blätter einer Akte sortierte, die sie zuvor zusammengestellt hatten.

»Was werden die Seggl kriegen, mhm?«, fragte sie. »Es kommt ja einiges zusammen – Nötigung, Freiheitsberaubung, Körperverletzung, Erpressung?«

Schielin sah auf. »Keine Ahnung. Der Anwalt kommt mit der Corona-Nummer. Sie hätten den Opa nur im Haus festgehalten, dass er sich und andere nicht gefährde.«

»Glaubt doch kein Mensch«, sagte sie.

»Ja schon, aber es reicht ja durchaus, wenn das Gericht den Schmarrn nicht als unwahrscheinlich einstuft.«

Sie wechselte das Thema. »Es gibt Neuigkeiten von Wenzel – der wird ein Insulaner«, sagte sie und blieb an ihrem Schreibtisch stehen.

Ohne aufzusehen, entgegnete Schielin: »Insulaner wird man nicht … entweder man ist es oder nicht. Man kann es niemals nachträglich werden.«

»Ah, der alte Lindauer Inseladel funkt wieder … du bist ein echter Insulaner, oder?«

»So ist es …«, kam es betont knapp.

»Und Robert, der ist auch einer, nicht wahr, der ist auch auf der Insel geboren.«

Schielin sortierte einen Stapel mit Erfassungsbelegen aus, legte sie ordentlich zur Seite und sah sie mit ernstem Blick an. »Nein, der Herr Robert Funk ist kein Insulaner.«

»Aber er ist doch auf der Insel geboren«, widersprach Lydia.

»Das schon, aber wenn es so einfach wäre, nur auf der Insel geboren worden zu sein. Seine Mutter ist eine Zugereiste … aus Aeschach.«

»Was?«

»Insulaner ist nur, wer auf der Lindauer Insel geboren ist, von Eltern, die auch auf der Insel geboren sind. Ist doch ganz einfach. Alles andere ist Festland und somit weit davon entfernt, sich als Insulaner bezeichnen zu dürfen.« Er grinste breit.

Sie nuschelte zuerst etwas Unvorteilhaftes, ihn betreffend, bevor sie feststellte: »Wenzel zieht auf jeden Fall auf die Insel … in die Wohnung von seinem alten Lehrer, den er betreut, du weißt schon, der Inselwächter, der im Maria-Martha-Stift ist. Die bisherigen Mieter sind weggezogen, weil es wegen Corona nicht mit ihrem Geschäft geklappt hat, und jetzt zieht Wenzel selbst rein, und seine Frau Doktor wechselt in die Pathologie nach Friedrichshafen. Für mich sind sie damit Insulaner – Punktum.« Sie lachte leise: »Ob er auch jeden Morgen zu Sonnenaufgang oben im Türmchen sitzen und einen Morgenchoral singen wird, wie sein alter Lehrer …?«

Schielin blieb einsilbig und studierte einen der Erfassungsbelege. »Mhm … musst ihn halt fragen …«

»Mein Gott – du bist ja heute wieder gesprächig. Ich glaube, je mehr du mit deinem Esel unterwegs bist, desto schwerer tust du dich mit Menschen.«

Schielin stöhnte: »Eijeijeijeijei … wirklich nicht … ich will das Zeug hier bloß vom Tisch haben, ganz abgesehen davon, dass ich dieses Jahr noch gar nicht auf Eseltour war, aber morgen starten werde, oder am Samstagmorgen – komme, was da wolle. Die jährliche Argenwanderung durch blühende Obsthaine. Nichts wird mich davon abhalten … nichts. Marja fährt mich raus an den Degersee und von da gehts am Schleinsee vorbei nach Laimnau und an der Argen entlang bis Amtzell … einen Freund besuchen.«

Sie trat ans Fenster und sah hinaus auf den Hof. »Der mit den Lamas, der fette Kohle mit den Managern verdient, die dafür blechen mit den Tierchen auf den Weidewegen rumzuspazieren?«

»Genau der. Er hat inzwischen ein paar Esel und Alpakas mehr.«

»Naja. Schaut doch gut aus für die Tour. Das Wetter passt und es ist ja eh nix los zur Zeit. Ich werde das auch mal ausnutzen und morgen mit Robert, dem Nicht-Insulaner, nach

Kempten zum Schießen fahren. Wenzel hat übers Wochenende Bereitschaft. Wenn der Wetterbericht recht behält, könnte es ein Gartenwochenende für mich werden. Wird auch endlich Zeit.«

Schielin lachte leise über den *Nicht-Insulaner*.

*

Am folgenden Tag kamen neben Lydia Naber und Robert Funk auch Kimmel und Gommi mit nach Kempten zum Schießtraining.

Wenzel und Jasmin hielten die Stellung und erledigten ihre Schreibarbeiten, Schielin nahm sich die Zeit und lief hinunter zur Insel. Eine Zeugenbefragung stand noch aus. Ein betrunkener Kerl hatte versucht, der Bedienung in einem Café in die Kellnerbörse zu greifen. Er vermutete, es war mehr aus trunkener Dämlichkeit heraus geschehen, als wirklich aus einer kriminellen Absicht heraus, an das Geld zu gelangen. Nur – aus der Situation selbst war schnell ein Handgemenge nebst kleiner Schlägerei zwischen dem Täter und anderen Gästen entstanden, die eingegriffen hatten.

Die betroffene Kellnerin und ihre Freundin bestätigten bei der Befragung Schielins Eindruck mehr oder weniger. Den Trunkenbold würde dennoch eine empfindliche Strafe erwarten.

Nach der Befragung nahm Schielin den Weg über den Hafen. Unter den gleißenden Strahlen der Sonne waren die meisten Wolkenbänder in Dunst zergangen und ein warmer, frühsommerlicher Lichtschein lag auf dem gesamten Hafengelände. Möwen flogen aufgeregt zwischen Bahnhof und Leuchtturm einher und ließen sich in ihrem hysterischen Geschrei auch von der Ausfahrt des Kursschiffs

München nicht stören. Das dunkle Dröhnen seines Signalhorns übertönte für einen Moment das Lamento der Flugkünstler. Drüben auf der Löwenmole waren schon jetzt Spaziergänger und Naturliebhaber zu sehen, die den Blick hinaus auf die Wasserfläche und zur blanken Bergkette genossen. Von den fernen Gipfeln leuchteten immer noch Schneefelder herab.

Entspannte Stimmung allenthalben. Von irgendwo Musikfetzen. Lindau, so wie er es mochte, in jener unaufgeregten, legeren Alltagsurlaubsstimmung. Am *Corner Café* waren noch einige Tische frei und er setzte sich für die Länge eines Kaffees an die Promenade, fertigte noch ein paar restliche Notizen und sah hinüber zum Pfänder. Die Wetter-App am Smartphone verhieß nach wie vor gutes Wanderwetter für das Wochenende. Perfekt für ihn, perfekt für Ronsard.

Den Rückweg nahm er quer über die Insel, um möglichst schnell zur Seebrücke zu kommen. Gerade als er die Freifläche zwischen Inselhalle und Parkhaus zum Kleinen See hin querte, was ihn über den Stadtgarten zur Seebrücke hätte bringen sollen, vibrierte sein Handy. Am Sternenbrunnen war er schon lange nicht mehr gewesen.

Er ging ein Stück zurück, vorbei an einem Kleintransporter, der durchdringend beim Rückwärtsfahren piepste. Vorsichtig manövrierte er ein eindrucksvolles Motorboot zur Slippinganlage. Mit genügend Abstand dazu konnte man auch etwas verstehen. Er nahm das Telefonat an und vernahm Wenzels Stimme. Schielin ging langsam über den weiten Platz in Richtung Stadtmauer. »Ich hab dich grad nicht verstanden, Wenzel. Was ist los?«

»Ob du noch auf der Insel bist, wollte ich wissen?«

»Ja. An der Inselhalle. Wieso?«

»Die Trachtler haben gerade angerufen. Ihre Praktikantin … Kiko … du weißt schon … die ist drunten, hinter der Fischergasse und hat da wohl mit einem Suizid zu tun.«

Schielin blieb stehen. Hinter ihm setzte der Transporter erneut an, den Trailer passend in Richtung Wasserkante zu bugsieren. »Ja, ich habe verstanden, aber ich verstehe nicht so recht, was ich da soll …«

Wenzel ließ ein galliges Lachen hören. »Ja, ich im Grunde auch nicht … aber die junge Kollegin ist da ganz allein und der Streifenpartner ist mit dem Auto sonstwohin … über Funk nicht erreichbar, und da ist sie nun allein und es ist wohl eine schwierige Situation … Wenn Du da vorbeischauen könntest? Ich habs den Kollegen fast schon zugesagt. Die andere Streife ist bei einem Lkw-Unfall an der B31.«

Jetzt verstand Schielin. »Ahh … alles klar und kein Problem. Ich bin in wenigen Minuten dort. Gib ihr Bescheid, dass ich komme.«

Wenzel nannte ihm die genaue Adresse und legte auf.

Schielin eilte sich, bog bei der Heidenmauer wieder auf altes Inselterrain ein und kam gleich darauf am besagten Haus an. Die Haustür stand offen. Zu sehen war niemand. Er hielt inne und lauschte – auch nichts zu hören. Vorsichtig ging er in den Hausgang und die Treppe nach oben. Im Erdgeschoss befanden sich nur Abstellräume, keine Wohnungen. Hinter der alten Fassade zeigte sich ein modernes Treppenhaus. Die Stufen der Holztreppe glänzten matt – Buche. So routiniert er auch war – von Stufe zu Stufe wurde ihm der Tritt dennoch ein wenig schwerer. Suizide waren hässliche Geschichten.

Die breite Holztür zur Wohnung stand ebenfalls offen. Jetzt waren Stimmen von drinnen zu hören. Er klingelte und rief seinen Namen, bevor er eintrat. Man konnte nie wissen. Eine Uniform tauchte hinten im Gang auf und kam auf ihn zu. Braune, schulterlange Haare, leuchtende, aufgeweckte Augen, dazu, der Situation geschuldet, ein bleiches Gesicht. Ihre Stimme klang allerdings fest, auch wenn sie flüsterte. »Die sind alle im Wohnzimmer. Der Sanka sollte gleich kommen … er … also der ihn gefunden hat, ist zusammengebrochen. Seine Frau ist bei ihm … und die Tochter … es sind nicht seine Eltern, sondern Onkel und Tante …«

»Mhm …«

Während sie langsam den Gang nach hinten gingen, dabei immer wieder innehielten, stellte sie sich als Saskia Pröll vor und berichtete von dem jungen Mann, der sich im Dachgeschoss erhängt hatte. Den Umständen nach, man hatte ihn seit Tagen vermisst, musste er bereits seit einigen Tagen dort oben hängen. Sein Onkel hatte ihn am Vormittag gefunden und lag nun zuckend, von Schockkrämpfen geschüttelt, auf dem Wohnzimmerboden.

»Wie war der Name nochmal?«, fragte Schielin erschrocken. Er hatte ihn zwar am Klingelschild gelesen, doch jetzt erst wurde ihm klar, wo er sich befand.

»Sascha Grahl … das ist der Tote, und sein Onkel heißt Bendlin … Manfred Bendlin.«

Schielin schnaufte laut. »Herrgott …«

»Bekannte?«, fragte sie ein wenig erschrocken.

»Ja … alte Bekannte … wir sind zusammen in die Schule gegangen … lange her.«

Sie betraten das Wohnzimmer. Ein großer Raum, der durch die Zusammenlegung mehrerer kleiner Zimmer entstanden sein musste. Die stilechten, wenngleich bodentiefen Sprossenfenster, die die Südseite einnahmen, ließen angenehmes Licht in den Raum, das sich auf dem hellen Dielenboden spiegelte. Ahorn – fuhr es Schielin durch den Kopf und er schalt sich still für derlei Gedanken, angesichts der Situation. Auf dem Teppich vor einem ausgreifenden schwarzen Ledersofa lag Manfred Bendlin und wimmerte leise. Sein Atem ging stoßend. Bei ihm knieten seine Frau und die Tochter. Beide sahen zu Schielin auf. Er nickte ihnen zu und sagte: »Der Sanka wird gleich da sein, Sarah.« Die Frau begann leise zu weinen – erst jetzt, als sie ihn erkannte. Immer wieder musste sie die langen blonden Haare nach hinten über die Schulter drücken, weil sie ihr unablässig ins Gesicht fielen.

Schielin sah sich um. Vor vielen Jahren, erinnerte er sich, war er einmal hier gewesen.

Die alten Balken waren als Stilelemente freigelegt, die Wände mit schlichtem cremefarbenen Rauputz belegt. Einige moderne Bilder, ein großer Fernsehbildschirm, Stereo-Boxen, indirekte Beleuchtung aus den Nischen mit LED. Das Alte betont, das Moderne zurückgenommen. Der große Beistelltisch aus Glas war zur Seite gerückt, um Platz zu schaffen für den Jammernden.

Schielin drehte sich kurz zur Tür. Das Martinshorn des Sanka war zu hören. Saskia ging mit schnellen leisen Schritten hinunter und empfing die Sanitäter. Als sie die Treppe heraufkamen, ging Schielin vom Wohnzimmer in den Gang und fand die Treppe nach oben wie vermutet im hinteren, dunklen Bereich. Eine massive Feuerschutztür trennte den Wohnbereich vom Dachgeschoss ab.

Er hörte Schritte hinter sich. Saskia. Sie war ein wenig außer Atem. »Hab ich ganz vergessen zu sagen: Die Tür war offen und ich konnte bislang nicht erfahren, ob sie zuvor verschlossen gewesen ist. Der Schlüssel steckt ja. Droben im Dachboden gibt es eine zweite Tür, sehr alt, wirklich sehr alt – im Grunde nur ein Holzverschlag mit Riegel und so. Ich habe nichts angerührt oder verändert … er muss wirklich schon eine Weile da hängen …. und der Holzverschlag, der führt hinüber in die andere Hälfte des Hauses …« Ihrer

Stimme war das Grauen anzuhören. Sie wies mit dem Kopf zur Wand. »Die Eltern vom Toten wohnen gleich da drüben, sind aber gerade nicht zuhause … und er hatte seine Wohnung auch da drüben, allerdings irgendwie eigenständig. Mehr weiß ich noch nicht. Alles recht verwinkelt und ineinander gebaut.«

Schielin nickte ihr zu. »Ja, das ist so bei diesen alten Häusern. Ich denke 17. Jahrhundert. Aber erstmal Danke … gut gemacht … sehr gut … ist eh schon viel, was Du rausbekommen hast. Komm nochmal mit nach oben … solange die Sanis da sind, kannst Du da eh nichts machen.«

Im Dachboden angekommen, blieb er gleich hinter der Tür stehen. Die Augen brauchten eine Weile, sich an das Dunkel zu gewöhnen. Vier schmale Dachfenster ließen zwar etwas Licht herein, was aber nur die Kontraste verstärkte und das Dunkel im Umfeld noch finsterer werden ließ. Vor dem letzten Fenster durchbrach eine Kranluke die Symmetrie. Über ihr reichte ein dicker Balken quer durch den Raum.

Er wählte Wenzels Kontaktdaten am Smartphone und sagte, Jasmin oder er sollten, wenn möglich, zur Unterstützung kommen, da man vernünftige Fotografien und Messdaten brauche. Das Übliche eben bei einem Standardfall.

Im hinteren Drittel des Dachbodens, in der Mitte des Raums, hing der Körper, der als Schatten wahrnehmbar war. Er hing da, so ruhig, als gehörte er dahin. Schielin leuchtete mit der LED des Smartphones in den Raum und drehte sich zu Saskia um, die gerade ihre Taschenlampe bereit hatte und meinte verwundert: »Keine Fliegen!?«

Sie schüttelte den Kopf. »Ist mir auch aufgefallen. Scheint hermetisch abgedichtet zu sein.«

»Das muss kein Nachteil sein«, sagte er und nahm die Taschenlampe, die sie ihm reichte. Er deutete ins Deckengebälk. »Es ist kein Satteldach … da droben ist ein Flachdach mit Altanen. Deswegen ist auch alles vollständig abisoliert … Gibt es keine Beleuchtung hier heroben?«, fragte er.

Sie klang unzufrieden: »Ich habe noch nicht gesucht, aber neben der Tür war kein Lichtschalter zu finden.«

»Schau Dich mal um«, meinte er und ging langsam in Richtung der Leiche. Der Fußboden bestand aus alten Dielenbrettern, das Gebälk erschien im Lichtkegel der Taschenlampe wie ein Gerippe. An manchen Stellen knarzten die dicken Bohlen. Es roch nach Trockenheit und Staub. Die Dachisolierung konnte noch nicht alt sein.

Mit einem Mal blitzte ein warmer Lichtschein durch den Raum. Eine Lichtleiste im rückwärtigen Bereich. Nicht sonderlich hell, jedoch ausreichend, um die Kubatur in ihrer Gänze wahrnehmbar zu machen.

Schielin war bei der Leiche angekommen. Ein umgefallener Stuhl lag in der Nähe. Einer jener Holzstühle, wie sie früher in Wirtshäusern üblich waren, mit massiver Lehne und einem Eingriff darin, zum schnellen Umräumen. Das Holz war dunkelbraun und die Sitzfläche glattgesessen. Er regulierte den Scheinwerfer der Taschenlampe und leuchtete die Leiche ab – langsam von den Füßen beginnend nach oben. Schwarze Lederschuhe, leuchtend orange Socken, Jeans, Poloshirt, leichter Strickblouson. An den Händen kein Ring, keine Uhr am Armgelenk, keinerlei Schmuck. Das Gesicht aufgedunsen, blau-schwarz-rot. Eine Grimasse. Die Zunge ein hässlicher Pfropfen. Von Gesicht zu reden war wohlwollend. Eine Fratze, der alles Menschliche abhandengekommen war und die hinüberwies in eine düstere Welt. Schielin notierte in Gedanken: dunkle, lockige Haare, Kurzhaarschnitt, athletischer Körper, sicher um die einsneunzig groß. Mit Sicherheit ein Sportler. Piercing war auf den ersten Blick ebenso wenig zu erkennen wie Tattoos.

Das Seil, rot mit blauen Sprenkeln, hing im Block des alten Kranzugs mit den hölzernen Rollen. Die Schlinge selbst sah amateurhaft aus und der Knoten lag ein kurzes Stück über dem linken Ohr an, wo er gegen den Schädel drückte.

Schielin hatte auf den ersten Blick gemeint, das Seil sei am Balken befestigt, und wunderte sich über die Befestigung am Flaschenzug. Aus welchem Grund die Arbeit des Einfädelns des Seils? Einfacher und schneller wäre es gewesen, das Seil lediglich an einem der Balken zu verknoten. Früher hatte man über die Kranluken Kisten, Fässer und Stoffballen aufgeholt – Güter, die man in den feuchten Kellern nicht lagern konnte. Der Flaschenzug ließ sich am Balken quer durch den Raum schieben.

Schielin hielt sich mit diesem Detail nicht lange auf und leuchtete in die hintere Ecke, wo kaum Licht hinkam. Ein paar Umzugskisten waren da verstaut. Vorne an der Tür zur Wohnung lehnten an der Mauer ein Pickel und ein Kuhfuß. Auf dem Boden daneben ein Fäustel, daneben ein Stemmeisen. Als Abstellraum wurde der Dachboden jedenfalls nicht hergenommen.

Es war still hier heroben. Unheimlich still. Saskia war an der Wand, wo sie den Lichtschalter gefunden hatte, stehen geblieben und beobachtete ihn gespannt. Es gefiel ihm, wie sie agierte. Ihre Ruhe, trotz der inneren Aufregung. Es war sicher ihr erster Suizid. Er sollte sie vielleicht fragen. Mit einer Kopfbewegung signalisierte er ihr, herzukommen. »Dein erster Suizid?«, fragte er.

»Ja.«

Er trat zwei Schritte von der Leiche zurück und leuchtete intensiv die Mund- und Kinnpartie aus, wechselte dazu auf die jeweiligen Seiten und schien nicht zufrieden. Sie fragte: »Ist was?«

Es beeindruckte ihn. Sie war offensichtlich eine gute Beobachterin und identifizierte seine Zweifel allein aus seinem Verhalten.

»Mhm. Kann man noch nicht sagen, aber ich sehe keine Sekretspuren … von hier jedenfalls nicht.«

»Sekretspuren?«

»Ja. Bei der Strangulation kommt es in der Regel zu einem erheblichen Speichelaustritt durch den außer Kraft gesetzten Schluckreflex – und das noch einige Zeit nach Todeseintritt. Er hinterlässt in Mundwinkeln und am Kinn charakteristische Spuren und ist eines der Bestätigungsmerkmale für Suizid.«

»Vielleicht die lange Zeit? Er hängt ja sicher schon länger …«, wendete sie ein.

Schielin schüttelte den Kopf. »Nein. Es wäre trotzdem zu sehen im Auflicht … vergleichbar mit einer Schneckenspur …«

Sie schüttelte sich. »Ah …«

»Sorry … ist aber so.«

Von unten war metallisches Geklapper zu hören. Sie meinte: »Ich geh mal runter und schau nach.«

Unten begegneten ihr Wenzel und Jasmin Gangbacher. Sie wies ihnen die Richtung und begleitete die Sanitäter nach unten.

Schielin ging durch den Dachboden und verschaffte sich einen detaillierten Überblick. Aufgeräumt, sauber und ungenutzt. Ein wirklich heimlicher Ort – ein unheimlicher Ort, in seiner Aufgeräumtheit, Isoliertheit und mit diesem Toten. Er schüttelte sich.

Wenzel machte sich an der Tür bemerkbar und nach kurzer Begrüßung, in der er erklärt hatte, das Dienststellentelefon werde auf Jasmins Handy umgeleitet, sammelten sie sich vor der Leiche. »Wir arbeiten das komplett ab«, sagte

Schielin ernst und betrachtete das maskenhafte Gesicht des Toten, dem kein Alter zu entnehmen war.

»Komplett?«, fragte Wenzel verwundert und suchte Blickkontakt zu Jasmin. »Gibt's da was?«

»Keine Sekretspuren«, konstatierte Schielin nüchtern. »Habt ihr die Bestatter schon erreicht?«

Jasmin Gangbacher trat nach vorne. »Ja, die sollten bald da sein.«

Wenzel holte einen der neuen Handstrahler aus dem ED-Koffer und leuchtete das Gesicht ab.

Ein scheußlicher Anblick. Der grelle Lichtstrahl machte Schielin abermals deutlich, wie dunkel und düster es in diesem Dachgeschoss war, selbst wenn das Licht eingeschaltet war.

»Mhm … Mist, du hast recht«, zischte Wenzel leise.

Zuerst begannen sie die wichtigen Punkte einzumessen. Als Fixpunkt diente der massive Tragebalken, der dem Toten zunächst stand. Stuhl, Schwingbereich – alles wurde exakt eingemessen. Jasmin Gangbacher fotografierte und filmte eine Übersicht dazu. Gerade als Saskia wieder nach oben kam und berichtete, dass die Ehefrau mit ins Krankenhaus gefahren sei und die Tochter teilnahmslos, aber stabil unten warte, nahm Wenzel den Stuhl vorsichtig auf und schob ihn unter die Füße des Toten. Schielin musste die Schuhspitzen anheben. Die Schuhsohle setzte exakt auf der Stuhlfläche auf.

»Passt«, sagte Saskia.

Schielin wendete sich ihr zu und wedelte mit dem Zeigefinger in Lehrer-Lämpel-Manier: »Passt überhaupt nicht. Nach der langen Zeit müsste die Schuhsohle etwa vier bis zehn Zentimeter unter der Stuhlfläche liegen … kommt durch die Streckung. Dazu noch der Seillauf im Block … passt einfach nicht.«

Wenzel trat ein Stück zurück und verschränkte die Arme. »So ein Mist ... ja so ein Mist! Das hatte ich auch noch nicht.«

»Dann sind wir schon zu zweit«, sagte Schielin leise, um lauter und bestimmter anzufügen: »Kein Ton darüber ... kein Ton. Vorerst behandeln wir das als völlig normalen Suizid und warten das Ergebnis der Obduktion ab. Wir versiegeln den Raum hier ... und seine Wohnung. Vielleicht findet sich irgendwo ja doch noch eine Nachricht, ein Abschiedsbrief, eine Notiz ... hier heroben ist jedenfalls nichts.«

Sie nahmen nun die alte Holztüre in Augenschein, die zu einem schmalen und steilen Treppengang leitete, der direkt das Nachbarhaus anband. Ein alter rostiger Riegel verschloss die Tür. Allerdings tat sich in dessen Höhe ein Spalt zwischen Türfassung und Schloss auf, sodass man mit einem geeigneten Werkzeug, einem Messer vielleicht, den Riegel von der Gegenseite her öffnen und schließen konnte.

Als einige Zeit später die Bestatter eintrafen, schlüpften Schielin und Wenzel in die Tatort-Overalls und nahmen die Leiche ab. Jasmin filmte, wie sie die Knoten öffneten, um es für einen späteren Zeitpunkt nachvollziehbar zu machen. Währenddessen passte Saskia auf, dass niemand an der Tür auftauchte.

Erst nachdem sie den Leichnam in einen Spurensack gewickelt hatten, wurden die Bestatter eingelassen, um ihren Teil der Arbeit zu verrichten. Jasmin erledigte den Schriftkram und wies sie mehrmals darauf hin, dass der Leichnam in die Rechtsmedizin Ulm zu verbringen sei.

»Versiegeln ... beide Türen versiegeln«, sagte Schielin, als sie den Dachboden fürs erste verließen. Drunten folgten sie dem Gang weiter nach hinten, wo ein zweiter Treppenaufgang direkt zu einer Altane führte. Der Tritt hinaus auf die Lärchenpaneelen kam der Ankunft in einer neuen, heiteren und lichten Welt gleich. Der See lag weit vor ihnen, dahinter der Pfänderrücken, Bregenz zu seinen Füßen und der spitze Turm der Mehrerau erhob sich über den lindgrünen Baumwipfeln. Von Bregenz her kam ein Kursschiff. Schielin tippte der Form nach auf die *Stuttgart* und atmete mehrmals kräftig ein und aus. Es hätte ein Paradies sein können. Und dann stand man hier mit diesem Blick, nur wenige Meter entfernt am Eingang zu einem sinistren Schattenreich.

»Was nun?«, fragte Wenzel.

Jasmin und die neugewonnene Kollegin boten sich an, vor Ort zu warten, um die Eltern abzupassen. Die Todesnachricht musste von ihnen und niemand anderem überbracht werden. Schielin war einverstanden. Gemeinsam suchten sie noch das nähere und weitere Umfeld ab – vor allem die Mülltonnen und was so in den Ecken und Winkeln herumlag – ohne konkretes Ergebnis.

Schielin und Wenzel ließen den beiden das Auto vor Ort und waren gar nicht unzufrieden, den Fußmarsch nach Aeschach anzutreten, der sie über Insel und Seebrücke brachte, denn es bot Zeit zum Nachdenken und gewährte den erforderlichen Abstand.

Schielin rief Marja an, gab einen ungefähren Überblick zur Lage und meinte, es könne etwas später werden. Auf die geplante Wanderung mit Ronsard angesprochen sagte er nur: »Auf jeden Fall! Komme, was wolle!«

*

Am späten Nachmittag kamen die Schützen aus Kempten zurück, und statt einer unbeschwerten Wendung zum Wochenende hin stand nun eine Zusammenkunft im Besprechungsraum an. Der Abend war schon in Reichweite, als Jasmin Gangbacher und Saskia Pröll von der Insel zurückkamen und berichteten. Sie hatten den Eltern des Toten die schreckliche Nachricht überbringen können. Zwar musste diesmal keine ärztliche Hilfe hinzugezogen werden, doch den beiden war der Schrecken der Situation noch anzusehen. Sie waren froh, das Elternpaar in Begleitung zu wissen, da ein Ehepaar aus der weiteren Verwandtschaft zufällig einige Tage in der Ferienwohnung des Hauses verbrachte. »Ein Mann vom Fach sozusagen«, meinte Jasmin, und ihre Mundwinkel zuckten abschätzig, als sie darlegte, der Typ sei irgendwas bei der Kirche. »Nagelsee, so heißt er … etwas feist. Es war ihm sichtlich unangenehm, als wir deutlich gemacht haben, ihn in der Pflicht zu sehen, sich in dieser Situation um seine Verwandtschaft zu kümmern … er war mit seiner Holden schon auf Abmarsch eingestellt.«

Sie zeigte der Runde einen Schlüsselbund. »Die sind von der Wohnung des Toten. Wir waren drin und haben uns umgesehen. Da war nichts Auffälliges zu erkennen. Wir haben trotzdem wie besprochen ein Siegel angebracht.«

Ohne weitere Umstände positionierte sie den kleinen mobilen Beamer auf dem Tisch, schob die Kaffeetassen kurzerhand beiseite und schon leuchtete das düstere Bildmaterial vom Dachboden an der Wand auf.

Robert Funk moserte herum. »Wer hat ihn denn gefunden? Hätte der nicht auch noch am Montag da hoch in den Dachboden gehen können … wäre eh kein Unterschied gewesen, die paar Tage. Was ein betrüblicher Einstieg ins Wochenende.«

Die Aufnahmen übersteigerten den Eindruck, den sie vor

Ort gewonnen hatten. Das lag an der grausamen Ehrlichkeit der Blitzlichtfotos, die den Betrachtern keine gnädigen Schatten gewährten. Saskia Pröll war sich etwas fehl am Platz vorgekommen und nutzte die Pause, die entstanden war, für eine kurze Vorstellung, um sogleich von ihren Feststellungen zu berichten. Wie sie per Funk die Nachricht erhalten hatte und eine Weile gebraucht hatte das Haus zu finden. Die Haustür war geschlossen gewesen. Sie musste klingeln. Die Sauberkeit und Aufgeräumtheit im gesamten Haus waren ihr aufgefallen. Die Verständigung der Polizei war durch die Tochter, Kira Bendlin, erfolgt. Ihr Vater hatte den Toten gefunden und befand sich in großer Unruhe, war ständig auf und ab gegangen und durch nichts und niemanden zu beruhigen gewesen, bis er schließlich kollabierte. »Hyperventiliert«, erklärte sie. »Ich hatte keine Gelegenheit ihn zu fragen, was ihn an diesem Tag bewogen hatte, nach oben in den Dachboden zu gehen. Ich meine, da war ja nichts. Vielleicht das Werkzeug. Die Umzugskartons hinten in der Ecke waren ja leer ... vielleicht hatte er etwas bemerkt ...?« Sie zuckte mit den Schultern. »Die zwei Frauen verhielten sich recht kontrolliert und aufgeräumt angesichts der Situation. Vor allem die Tochter.«

Lydia warf Schielin einen Blick zu. Ihr gefielen die Reflexionen der jungen Kollegin. Schielin nickte unmerklich.

Kimmel dankte für den Bericht und wendete sich an Schielin. »Es gibt also Zweifel ... Zweifel am Suizid?«

»Ja, durchaus. Wir konnten keine Sekretausbildung am Kinn feststellen, und was die Höhe der Stuhlfläche zu den Füßen angeht – da haben wir bislang keine schlüssige Erklärung für die Auffindesituation. Es passt nicht zusammen. Diese beiden Aspekte betreffend müssen wir das Ergebnis der Obduktion abwarten.«

»Ulm?«, fragte Kimmel knapp.

»Ja. München dauert einfach immer so lange.«

Saskia Pröll meldete sich wieder. »Ich war übrigens nochmal draußen am Krankenhaus. Bendlin wird die Nacht über zur Beobachtung dortbleiben. Seine Frau und seine Tochter haben von den Sanis Beruhigungsmittel erhalten – Tavor, ein Milligramm – sie haben es nicht genommen.«

»Mhm … interessant. Klingt sehr abgeklärt«, kommentierte Lydia.

Da es nichts weiter zu besprechen gab, löste sich die Runde auf. Wochenende – endlich Wochenende.

Schielin schaute vor Verlassen der Dienststelle noch bei Kimmel im Büro vorbei und meinte, er hätte nichts dagegen, wenn Saskia Pröll ihr Praktikum bei ihnen zu Ende bringen würde. »Die ist fix.«

Kimmel lachte ihn an. »Ah … da hatten wir beiden die gleiche Idee. Sie macht wirklich einen guten Eindruck und passt auch zu uns …« Schielin musste lachen. »Wie immer man das verstehen kann.«

Kimmel grinste. »Es wirkt sich auch positiv auf unseren Altersschnitt aus. Ja. Ich bin eh noch drüben und will mal nachfragen, was da heute insgesamt so los war und weswegen sie ganz allein auf der Insel gelassen wurde – geht gar nicht. Wir sehen uns am Montag. Ich wünsch dir eine schöne Tour mit Ronsard und bin beinahe etwas neidisch.«

*

Zuhause angekommen, wanderte Schielin zuerst um das Haus, das eingewachsen von Bäumen, Sträuchern und Büschen am Rand der Anhöhe stand. Wollte es sich tarnen? Wovor? Vor dem kühlen Wind, der beständig gegen das frische Grün anwehte? Durch die wenigen Lücken in der frischgrünen Blätterwand glänzten silberne Flecken des Sees aus der Ferne und dazwischen waren Fragmente der

Inseldächer zu erkennen. Rundherum drang die ungeheuere Fruchtbarkeit des Landes aus der Erde, dazu Licht allenthalben und natürlich Wind, der mit den Ästen und Zweigen spielte. Schielin war hin- und hergerissen zwischen den ambivalenten Eindrücken des Tages und strengte sich an, die Bilder aus dem Dachboden zu verdrängen, stattdessen den Anschein von Frieden, den die Natur ringsum verhieß, zu verinnerlichen.

Entgegen seinen Erwartungen kam er überraschend gut durch die Nacht. Angesichts der belastenden Erlebnisse vom Vortag hätte er eher unruhige Stunden erwartet.

Kurz vor Sonnenaufgang lud er Ronsard in den Anhänger. Der ließ es in der Manier eines Opfergangs über sich ergehen. »Nein, wir fahren nicht zum Schlachter!«, rief Schielin etwas ärgerlich über die missmutige Haltung seines Esels, als er die Klappe des Anhängers schloss.

Marja räumte den Rucksack ein und die Brotzeittüte, die sie vorbereitet hatte. Sie gähnte und reckte sich. »War eigentlich gestern noch was im Dienst?«, fragte sie.

»Wieso?«

»Weil Du erst spät nach Hause gekommen und ums Haus geschlichen bist, und so gar nichts erzählt hast. Das ist verdächtig.«

»Oh … Frau Kriminalpsychologin?«, er lachte.

»Und …?«, fasste sie nach.

»Ein Suizid … der Neffe von Manfred … Manfred Bendlin.«

»Ach herrje … das ist doch ein ganz junger Kerl«, entgegnete sie erschrocken und ließ alles stehen und liegen.

»Ja … dreißig Jahre alt. Er hat sich im Dachboden von Manfred erhängt und der hat ihn gefunden … musste ins Krankenhaus … Schockzustand.«

Die Nachricht hatte sie erschreckt und ließ sie kaum los. Langsamer als sonst, fuhr sie durch den dämmrigen Morgen und wusste zu dieser erschreckenden Nachricht nichts zu sagen. Der junge Kerl, der sich erhängt hatte, war etwa im Alter von Lena und Laura. Es jagte ihr immer wieder einen Schauer über den Rücken. Wie es den Familien wohl gehen musste? Nicht annähernd vorstellbar. Für die Schönheit der noch schlafenden Natur hatte sie kein Auge mehr, rollte durch Unterreitnau, folgte der schmalen, kurvigen Straße am Waldrand bis zum Degersee, wo sie in die breite Einfahrt des Waldwegs rangierte. Dort holten sie Ronsard aus dem Anhänger und richteten ihn für die Tour her. Beide schwiegen.

Erste Bündel von Sonnenstrahlen stachen über die Bergkante im Osten. Schielin verabschiedete sich innig, nahm dann Ronsards Leine und lief los.

Marja lehnte noch eine Weile am Auto und sah den beiden nach, wie sie im Waldweg, der dem Ufer des Degersees folgte, verschwanden. Jetzt erst hörte sie mit einem Mal das Vogelgezwitscher. Sie dachte wieder an die Bendlins, kontrollierte nochmal den Anhänger, bevor sie wieder in Richtung Lindau gondelte. Wie sollte man sich in einem solchen Fall verhalten – kondolieren, den Leuten aus dem Weg gehen oder so tun, als wäre nichts geschehen? Sie kannte die Bendlins ja von früher, als sie noch auf der Insel gewohnt hatten und Lena und Laura noch im Kindergarten waren. Sie erschrak ein wenig über die Zeit, die seitdem vergangen war und sich doch in einem Gedanken erfassen ließ.

Man hatte sich immer wieder getroffen, manche Feste miteinander gefeiert. Und natürlich der Markt, samstags vor dem Cavazzen und erst, sie musste überlegen, vor zwei Wochen, auf der neuen großen Marktfläche am *Kleinen*

See, zwischen Inselhalle und Parkhaus. Da hatte sie Sarah Bendlin zuletzt getroffen, am Stand beim Italiener, wie immer. Sie war ja auch nicht zu übersehen, mit ihrer lockigen, leuchtenden blonden Mähne. Dann fiel ihr ein, dass es gar nicht ihr Sohn war, und sie schämte sich ein wenig für den Gedanken *Nur der Neffe*.

Als sie vorsichtig in den offenen Hof einbog, war es wie ein Erwachen. Erneut ein Schreck, denn sie hatte die ganze lange Strecke über die Landstraßen bis nach Hause zurückgelegt und konnte gar nicht sagen, was und wer ihr entgegengekommen war und ob sie an allen Stellen, wo zu halten gewesen wäre, auch gehalten hatte. So sehr war sie von ihren Gedankengängen gefesselt gewesen.

*

Schielin folgte dem furchigen Waldweg entlang des Degersees, der ihn hinüber zum Schleinsee bringen sollte. Es war etwas mühsam zu gehen, da die Spuren von schweren Holztransportern zerfurcht waren. In den von schweren Rädern verdichteten Senken stand brackiges Wasser, und in der braunen Brühe spiegelten sich die Baumwipfel schmuddlig – frisches Grün hin oder her. Er ließ die Führungsleine los und Ronsard tappte neben, vor, manchmal auch hinter ihm her. Nur ab und an blieb er kurz stehen, um eine Pfütze genauer zu prüfen, machte ansonsten aber keine Fisimatenten.

Hier im schattigen Wald griff einen eine nasse, kühle Witterung an, egal wie schnell man lief. Er zog den Reißverschluss bis unters Kinn zu, versteckte die bloßen Hände in den Jackenärmeln und nahm sich Zeit, die Szenerie ganz bewusst zu betrachten und nicht lediglich als vorbeiziehende Kulisse wahrzunehmen. Rechts glänzte der blanke Seespiegel zwischen den Baumstämmen. Enten quakten und durchdrangen das Morgenkonzert der Vögel ebenso wie das jämmerliche Krächzen der Haubentaucher. Schielin rückte das Fernglas zurecht. Vielleicht gab es etwas zu beobachten.

So sehr er sich um Belanglosigkeit bemühte: Immer wieder drangen die Bilder des Vortages durch, so nachdrücklich, bis sie ihn bald fest im Griff hatten und seine Gedanken bestimmten. Selbst der Habicht, der den Weg querte, nicht weit entfernt auf dem abgestorbenen Ast einer Buche innehielt und sich mit dem Fernglas für ein paar Sekunden bewundern ließ, vermochte nicht, dieses Tor zur Düsternis zu schließen, welches sich zu Schielins Gefühlswelt geöffnet hatte. Beständig blitzte die abstoßende Fratze des Erhängten wie ein Geisterbild vor ihm auf, einhergehend damit die Frage, ob es wirklich sein konnte, dass sie es nicht mit Suizid, sondern mit einem Mord zu tun hatten, und dazu mischten sich unzählige Fragen über das *Warum, Wieso, Weshalb,* dass er beinahe ins Taumeln geriet.

Das war neu. Er spürte, wie ihn dieser Fall verstörte; anders als bisher. Die Toten, die erstochen, erschlagen oder vergiftet vor ihm gelegen hatten – ihnen gegenüber war es ihm bisher gelungen, die erforderliche Distanz zu entwickeln. Diesen erforderlichen Abstand zwischen ihrer und seiner Welt. Diese Leiche jedoch, wie sie so völlig bewegungslos am Seil in diesem Dachboden hing, der ihn frösteln ließ, sie löste diese Distanz auf und es kam ihm vor, als spräche sie zu ihm. Selbst die Zeit schien stillzustehen, angesichts dieses grauenvollen Anblicks und dieser Bewegungslosigkeit. Es war jener Moment, der sich besonders aufdrängte, als er in den Dachboden getreten war und hinten diese schemenhafte Gestalt gewahrte, die da hing wie ein Ding und doch ein Mensch war.

Als wären seine Gedanken physisch geworden, kam plötzlich ein Schatten auf sie zugeflogen und riss ihn für den Augenblick aus seinen trübseligen Überlegungen.

Lautlos wie ein Geist schwebte die Waldohreule über sie hinweg und verschwand zwischen den Baumstämmen. Eine Szene zwischen Anmut und Schauerlichkeit. Selbst Ronsard war stehengeblieben und richtete den Kopf auf die Stelle, wo sich Gestalt und Schwingen des Vogels in Nichts aufgelöst hatten. Hinter dem Waldsee und einige Windungen des Weges weiter kamen sie endgültig aus dem dunklen Gehölz heraus. Offene Weiden, Streuobstwiesen, Hügel. Es atmete sich freier hier draußen, und für die Wanderung war es zudem der richtige Zeitpunkt – Apfel- und Birnbäume standen gemeinsam in voller Blüte. Zu dieser Stunde, mit dem ersten Tageslicht, den feuchten Grasspitzen und einigen Dunstfahnen hier und da über den versteckt liegenden Gehöften, erschien das Blütenweiß unschuldiger und reiner als zu jedem anderen Zeitpunkt des Tages.

Bei Apflau passierten sie eine Weide. Aufgeregt und neugierig rannten die jungen Rinder heran, einige sprangen wie wild herum, um dann am Elektrozaun stehen zu bleiben und mit großen Augen und lautem Schnauben dem Eseltier zuzuschauen, wie es stolz und frei, nicht ohne eine Spur Arroganz, an den Rindviechern vorbeizog. Keinen Blick waren die Halbstarken auf der Weide Ronsard wert – nicht einen Blick.

Die Argen war noch nicht zu sehen, doch ihr Rauschen über die glatten Kiesel drang schon über ihre Eisvogelufer hinaus in den Wiesengrund. Es hätte ein Paradies sein können für ihn, wäre Schielin nicht ständig am Sinnieren gewesen. Er beschloss abermals, sich aktiv durch Naturbeobachtungen abzulenken, und nahm das Fernglas zur Hand. In der Tat entdeckte er bald darauf einen Wendehals, der vor ihnen den Weg querte und in einem Weißdorn Zuflucht fand.

Die beiden durchwanderten altes Bauernland, das angesichts des immer intensiver werdenden Trubels am nahen Seeufer umso stiller wirkte. Zwischen den Dörfern kleine Weiler und einsame Bauernhöfe. Die alten Gehöfte mit den Krüppelwalmdächern duckten sich unter alte Bäume. Moose, Flechten, Patina, dazu wuchernde Straßenränder und allenthalben ein verwitterter Gartenzaun, dahinter liebevoll gepflegte Gärten – all das legte einen romantischen Schleier über das langsame Dahinscheiden der bäuerlichen Kultur. Wo sie nicht mehr wirkt, greift die Natur rücksichtslos nach allem – sie kennt keine Sentimentalitäten und kein Erinnern an ein *Früher* – sie ist immer *Jetzt* – sie wächst, blüht, gedeiht, stirbt ab – ist in Winterkälte erstarrt.

Der Weg durch die blühenden Obsthaine, vorbei an verfallenen Brunnen und verwitterten Taubenhäusern brachte ihn durch eine Kulturlandschaft, die wie kaum eine andere dazu imstande war, romantische Vorstellungen zu wecken und zu befriedigen; doch Natur kennt keine Sentimentalitäten und kein Erinnern an ein Früher – sie ist immer *Jetzt* – sie wächst, blüht, gedeiht, stirbt ab – ist in Winterkälte erstarrt und erwacht von Neuem.

Am Sonntagabend holte ihn Marja bei Amtzell am Bauernhof des Freundes ab. Ronsard hatte sich auf der Weide unter die Lamas und Alpakas gemischt, als gehörte er dazu, und war ohne Zicken in den Anhänger bewegt worden. Um ihm die Kurven der Landstraße entlang der Argen zu ersparen, nahm Marja den direkten Weg zur Autobahn und rollte gemächlich auf die Berge mit ihren Schneegipfeln zu, die in der Ferne im letzten Abendlicht aufleuchteten.

Schielin hatte Ronsard versorgt, seine Sachen aufgeräumt und war in Gedanken noch eingenommen von Frühlingsdüften und blühenden Streuobstwiesen, dem Frieden einer erotischen Kulturlandschaft und den Tönen und Lauten ihrer Tierwelt. Der Montag war somit weiter entfernt, als es ein Sonntagabend möglich erscheinen ließ. Gerade schenkte er zwei Gläser *Meersburger Bengel* ein, als Marja sagte: »Ich habe sie übrigens angerufen.«

Er reichte ihr ein Glas und nahm einen gehörigen Schluck. »Ah ja ... angerufen ... wen?«

»Sarah Bendlin«, antwortete sie und sah ihn eindringlich an.

Er brauchte einen Moment, den Namen zuzuordnen und blickte sie bestürzt an. »Sarah Bendlin? Aber aus welchem Grund ...?«

»Aus welchem Grund? Na, du bist gut. Wir kennen uns, treffen uns hier und da ... jeden Samstag auf der Insel am Markt zum Beispiel, vorzugsweise bei *Il Buon Gustaio*. Man steht da, wartet, unterhält sich ... Es war einfach unangenehm, weil ich nicht wusste, wie ich ihr angesichts der Situation begegnen sollte. Da habe ich sie angerufen. Was schaust du so!?«

Schielin nickte beschwichtigend. Marja wusste schließlich nichts von ihrem Verdacht. »Ist gut ... ich war nur in Gedanken noch ganz auf der friedlichen, romantischen Seite dieser Welt und weit weg von diesem Dachboden.« Er fragte: »Ja und, was hast du gesagt?«

»Dass ich von dir gehört hätte, was geschehen ist, wie leid es mir tut und wenn ich etwas für sie tun könnte, solle sie sich bitte melden.«

»Und … was hat sie gesagt?«

Marja setzte das Weinglas an und fixierte ihn über den Glasrand hinweg, während sie vorsichtig einen Schluck nahm. »Interessiert es dich persönlich, oder ist das bereits eine Polizistenfrage?«

Er ächzte. »Ah, jetzt … wie hat sie reagiert … und habt ihr euch gestern auch wieder am Markt getroffen?«

»Eine gute Frage: Wie hat sie reagiert? Sie schwankte zwischen Trauer und Wut, denke ich. Wir haben nicht lange telefoniert, aber ein paar Mal ließ sie anklingen, wie entsetzlich sie es fand, dass er ihren Dachboden ausgewählt hatte … dafür. Du verstehst?«

»Ja, das kann ich durchaus verstehen. Es ist aber so, dass es nur einen Dachboden in diesem Haus gibt.«

»Und was den gestrigen Markt angeht, da habe ich sie nicht getroffen, aber Gommi war da mit Hundle und seiner Frau.«

Schielin lachte: »Gommi!?«

»Ja. Hundle zerrt ihn regelrecht hin – der Kochschinken …«, sie drehte sich um und ging in Richtung Sofa. »Du bist ja nie dabei, weil du deinen Esel striegeln musst.«

Er verzichtete darauf zu erwidern, wie intensiv er an gewöhnlichen Samstagvormittagen auch die zwei Friesen striegelte, und setzte sich ebenfalls aufs Sofa.

Schon hatte ihn der Montag eingeholt und die Bilder aus dem düsteren Dachboden.

Entsprechend unruhig verbrachte er die Nacht. Es musste ja so kommen.

Unnecessary

Wie immer, wenn ein Fall ihn auch nachts nicht zur Ruhe kommen ließ, stand er noch vor der Morgendämmerung auf, duschte und machte sich auf den Weg hinunter zur Dienststelle. Dennoch war er nicht der Erste. Gommi war schon im Büro und begrüßte ihn überrascht.

Leise Musik war aus seinem Büro zu hören. So vertraut, wie düster. Depeche Mode – *Words are very unnecessary, they can only do harm.* Danach die ihm vertraute Stimme. Ah, Radio Vorarlberg, dachte Schielin und wunderte sich über Depeche Mode – mal nicht Helene Fischer. Ein Silolaster war verunglückt, ein Standup-Paddler ertrunken und ein Motocross-Rennen in Möggers wirbelte Staub auf, so die Nachricht. Das Düstere schien vom ganzen See Besitz ergriffen zu haben.

»Was gab's denn diesmal beim Italiener am Markt?«, fragte er Gommi ein wenig boshaft.

»Och … Gorgonzola, weil der ned so scharf ist, und Rosmarinschinken … Salami …«

Schielin sah Hundle an, der unter Gommis Schreibtisch lag und ihn mit hungrigen Augen anblickte. »Ich weiß gar nicht, wer von euch beiden der größere Feinschmecker ist.«

Gommi stöhnte. »Am Montag ist er auch immer gestresst … der spürt des halt …«

»Was hast du für Stress?«

»Heut ist doch Begehung mit dem Staatlichen Bauamt. Ich hoff emole nur, die kommen ned so früh schon. «

»Bauamt …? Ich glaube, da musst du dir nicht allzu große

Sorgen machen«, tröstete ihn Schielin, »so früh werden die nicht auftauchen.«

Die anderen trudelten nach und nach, ein jeder mit seiner Variante der üblichen Montagsdepression, ein. Nachdem die Mails und vor allem die Lageberichte gelesen waren, sammelten sie sich wie gewohnt im Besprechungsraum. Wenzel hatte Bereitschaft gehabt und berichtete routiniert und unaufgeregt. Das Wochenende war insgesamt ruhig verlaufen, was bedeutete: Keine Schlägereien, Einbrüche, und vor allem keine Toten, um die sie sich hätten kümmern müssen. Lediglich am neuen Bahnhof waren übers Wochenende schon wieder die Aufzüge stecken geblieben und hatten ihre Fahrgäste für unangenehm lange Zeit gefangen gehalten, bis die Feuerwehr sie befreien konnte.

Ein unangenehmer Piepston unterbrach sie, als Gommis Telefon klingelte, das am Tisch lag. »Rufumleitung«, sagte er in die Runde und nahm an. Die anderen lauschten, doch Gommi gab, nachdem er sich gemeldet hatte, keinen Laut mehr von sich und beschloss das Telefonat mit den schlichten Worten: »Ja, ich geb des so weiter.«

Lydia blitzte ihn an. »Schon mal was von taktischem Telefongespräch gehört, so eben, dass andere auch was mitkriegen!? Da wiederholt man das, was der andere sagt, laut und deutlich.«

Gommi blieb unbeeindruckt. »Geschäftszimmer Rechtsmedizin Ulm. Ihr solltet, wenn möglich, hochkommen, wegen dem Suizid vom Freitag. Der liegt bei dene aufm Tisch.«

Schielin richtete sich auf und sah auf seine Armbanduhr. Noch nicht mal neun Uhr. Normalerweise starteten die Obduktionen erst so gegen zehn. Er fragte: »Ja und weswegen, gab es auch was Konkretes?«

Gommi zuckte mit den Schultern. »Nein, nur dass der Doktor gemeint hätte, es sollte jemand vorbeikommen und dabei sein, weil *der Chef* ihm des gesagt hätt.«

Lydia schaute müde und mürrisch drein. »Montag in aller Herrgottsfrüh schon eine Obduktion. Mir ist heute so gar nicht danach.«

Wenzel bot sich an und Lydia ließ ein paar lapidare Danksagungen hören.

*

Ohne Unterbrechungen erreichten sie Ulm. Wie ein schwarzer Monolith erhob sich das Ulmer Münster über die Gebäudelinien der Stadt in einer unwirklichen Symbiose aus voluminös und schwebend. Im Norden des Eselbergs, wo die Stadt für einen Augenblick einen beinahe dörflichen Charakter bekam, erreichten sie das Institut für Pathologie.

Der Weg zum Sektionssaal brachte sie in menschenleere, stille Gänge, in denen ihre Schritte auf dem Kunststoffboden hörbar wurden. Wenzels Schuhe quietschten bei jedem Schritt. In der Luft hing eine Wolke von alkoholischem Desinfektionsmittel.

Ihre Verwunderung war groß, als sie einen leeren Stahltisch vorfanden. Hatte man doch nicht auf sie gewartet? Einer der Präparatoren kam vorbei und meinte, *der Chef* käme gleich. Sie warteten, während der junge Kerl Instrumente in einen Edelstahlbehälter warf. Es klirrte hässlich und sie waren froh, als er endlich fertig war und verschwand. Wenzel sah Schielin fragend an. Der zuckte mit der Schulter. »Keine Ahnung, was da los ist und weswegen wir kommen sollten.«

Endlich waren Stimmen von draußen zu hören, die näher kamen, darunter der dominante Bariton des Chefs. »Ahh …«, rief er laut und freudig aus, als er sie sah, »der Herr Eselstreiber höchstpersönlich … wie geht es unserem wackeren Ronsard?« Er lief an ihnen vorbei in die hinter Ecke des Raums, wo einer der fahrbaren Tische stand. Schielin und Wenzel war der bisher gar nicht aufgefallen. Der Bariton dröhnte weiter und wartete keine Antwort Schielins auf seine Frage ab, sondern verfiel in einen beinahe fröhlichen Plauderton. Er wäre am Samstag mit seiner Frau, den zwei Töchtern und Enkeln in der Stadt gewesen beim Shopping, da die Damen beschlossen hätten, für eine anstehende Familienfeier Tischdekoration, ein paar neue Kleidungsstücke und anderes Zeugs zu kaufen. Bevor sie den vierten Laden betreten hätten, habe er sich abgesondert und wollte einen Kaffee trinken gehen, habe dann aber, kaum außer Sichtweite, ein Taxi geordert und sei in die Stille und Einsamkeit des *Pathologischen Instituts* entkommen. Er erzählte es nicht ohne einen gewissen Stolz. Als er aufsah, fügte er erklärend, beinahe entschuldigend an: »Wissen Sie, diese vielen Menschen, diese endlosen Diskussionen, welches Grau zu welchem Blau passen würde, oder nicht vielleicht doch eher ein pastelliges Orange, weil es ja eher eine Sommerfarbe wäre …«

Wenzel presste die Lippen aufeinander und nickte verständnisvoll. Auch Schielins Miene zeigte, wie sehr er wusste, wovon die Rede war.

Während der sich wieder in seinen Monolog begab, rollte er den fahrbaren Stahltisch in die Mitte des Raumes. Der Präparator tauchte wie aus dem Nichts auf und zog im Vorübergehen das helle Leinentuch ab.

Sascha Grahl lag vor ihnen, noch in vollständiger Kleidung und ohne jeden sichtbaren Eingriff.

Das war verwunderlich.

Man wartete, bis der Präparator die Rollbremsen festgestellt hatte, und sah schweigend auf die Leiche. Unvermittelt begann er zu sprechen. »In Ihrem Bericht hatten Sie ja Unstimmigkeiten erwähnt …«

Schielin wiederholte nochmals die Feststellungen, die ihnen als kritisch aufgefallen waren: die nicht erkennbaren Sekretspuren an Mundwinkeln und Kinn sowie das den Umständen nach zu hoch erscheinende Hängeniveau.

Mit einem dünnen, spatelähnlichen Instrument, das er aus der Seitentasche des Doktormantels holte, zeigte der Chef auf die Mund- und Kinnpartie des Toten. Die war gänzlich schwarz und dunkelblau. Die braun verkrusteten Zähne, die hinter den Lippen aufschienen, ließen die Szene noch abscheulicher erscheinen, als sie eh schon war. »Sehr gut erkannt … sehr gut erkannt … wie gesagt … ich habe es am Samstag gelesen und mir die Sache sogleich angesehen«, er sah wieder zu den beiden, die inzwischen nahe an den Tisch herangetreten waren. »Es hat mich regelrecht elektrisiert, als ich das las. Wissen Sie, ist mir nämlich noch nie untergekommen … in meiner langen Zeit noch nie, und in der Tat – wir konnten keinerlei Sekretablagerung nachweisen. Ich habe das am Samstag noch gleich veranlasst. Eine Blutentnahme habe ich auch sofort durchgeführt, direkt aus der Herzkammer.« Er winkte den Präparator heran, der gekonnt den Kopf des Toten drehte und wies mit dem Spatelinstrument auf eine Stelle am Hals. »Hier, sehen Sie … hier …«

Schielin und Wenzel beugten sich nach vorne, sahen aber nur die dunkelblau verfärbte Haut, die an manchen Stellen einen ledrigen Glanz entwickelt hatte.

»Hier ist die Haut massiv abgeschürft und in einer Wirbelbewegung im Uhrzeigersinn verdreht. Es ist eine regelrechte Schürfwunde entstanden. Das rührt von der Strangulation her. Man muss sich das so vorstellen: Dem armen Kerl wurde von hinten ein Seil um den Hals gelegt. Wer immer es war, hat von unten in das Seil gegriffen, zugepackt und die geschlossene Faust im Uhrzeigersinn gedreht … ein Rechtshänder. Dadurch wurde der Hals stranguliert und es muss sehr schnell zur Bewusstlosigkeit gekommen sein, was auch durch den nicht unerheblichen Alkoholpegel gefördert worden sein könnte. Zum Zeitpunkt des Geschehens etwa ein Promille, vermutlich eher mehr. So ganz genau lässt es sich nicht festlegen.«

Fast liebevoll wendete er sich wieder dem Leichnam zu. »Für eine wirksame Strangulation bedarf es keiner längeren strangulierenden Einwirkung und schon gar nicht einer größeren Kraftanwendung. Bereits bei relativ kurzfristigem und geringem Druck wird die Bewusstlosigkeit eintreten, und es kann bereits dabei der Todeseintritt erfolgen. Selbst eine kleine, schmächtige Person ist ohne Weiteres in der Lage, eine große und muskelstarke Person durch Strangulation leicht und leise zu erledigen.«

Schielin fragte nach: »Wir haben es hier also definitiv mit einem vorgetäuschten Suizid zu tun?«

»Ja. Definitiv. Das hatte ich wirklich noch nie … noch nie. Vertuschungen schon … aber so etwas Schönes … Nein.«

»Dann sind wir schon zu zweit«, antwortete Schielin verdutzt. Die Feststellungen im Dachboden hatten den Verdacht zwar schon nahegelegt, doch über die befreiten Tage die dunklen Ahnungen und Vermutungen halbwegs zu verdrängen. Doch angesichts der vor ihnen stehenden Kompetenz und der so eindeutigen Bewertung bewahrheitete sich der erste Verdacht: Mord.

Der Chef wechselte an die Stirnseite des Tisches. »Wenn die Strangulation ausreichend wirkungsvoll ist, so gilt: Nach etwa fünf Sekunden folgt die Bewusstlosigkeit, nach zwei

Minuten dann Krämpfe, kurz darauf Atemstillstand, terminale Atmung und nach etwa fünfzehn Minuten Herzstillstand. Tod. Im vorliegenden Fall haben wir zwei von außen sichtbare Strangulationsmale. Einmal die Stelle im unteren Halsbereich, die ich Ihnen gerade gezeigt habe und hier …«, er wies auf das linke Ohr des Toten, »die vom Seil herrührende Marke unterhalb des linken Ohres – untypisch, wie aus dem Lehrbuch. Was geschieht, wenn man die Schlinge um den Hals hat und den Stuhl wegtritt … soweit ich im Tatortbefund gelesen habe, handelte es sich um einen Stuhl, nicht wahr?«

Wenzel bestätigte es stumm.

»Also ein Stuhl. Der Körper fällt ins Seil, ein Ruck, und?« Er beugte seinen Oberkörper leicht in ihre Richtung, um seiner rhetorischen Frage Nachdruck zu verleihen, »… der Körper fängt an zu baumeln, angetrieben durch die Energie, die sich gegen den Stuhl richtete. Das dauert eine erhebliche Zeit über an. Und exakt dieses Baumeln verursacht Druckspuren entlang des Seilverlaufs am Hals … die fehlen hier aber gänzlich – ergo: kein Baumeln. Aus diesem Grund stellt sich die Frage: Wie kann das sein? Und eine nicht unwahrscheinliche Antwort lautet: Der Täter hat seinem zuvor am Boden strangulierten Opfer die Schlinge um den Hals gelegt und den bewusstlosen oder bereits toten Körper über die Fixierung, ich nehme an, es war ein Balken, aufgehisst. Mit ein wenig Glück könnten Sie an dieser Fixationsstelle entsprechende Spuren finden …«

Wenzel fragte: »Liegt ein Genick …«, und stoppte augenblicklich, als der Chef ihn streng ansah und sagte: »Oh nein, bitte sagen Sie dieses schlimme Wort nicht, das immer in Zeitungen zu lesen ist.«

Wenzel setzte erneut an: »Liegt ein Halswirbelsäulenbruch vor?«

»Genau können wir das erst nach der Sektion bestimmen, aber es liegen im Moment keine äußeren Erkenntnisse für einen ... *Genickbruch* ... vor.«

»Und Erkenntnisse über den Todeszeitpunkt?«, wollte Schielin wissen.

»Wären wir in einer Fernsehserie unterwegs, könnte ich es Ihnen auf die Minute genau sagen, aber so ... nicht bestimmbar, nur ein Zeitraum, aber das auch erst nach der Sektion. Und die habe ich zurückgestellt ... ich dachte mir, es ist für Sie zum einen wichtig, womit Sie es zu tun haben, andererseits wäre es von Vorteil, wenn man am Leichnam vor der Sektion noch eine eingehende Spurensicherung durchführen würde, nicht wahr? Danach könnten wir mit unserer Arbeit beginnen«, er lief um die Kopfseite des Toten, während er sprach, »es sind doch heftige Strangulationsspuren und trotz der hohen Alkoholisierung des Opfers könnte es auch zu einem Kampf gekommen sein. Vielleicht findet sich da etwas. Gab es dahingehend Spuren in diesem Dachstuhl?«

Schielin verneinte.

Der Chef fasste nochmals zusammen: »Wir haben also Stauungsblutungen in der Haut, in der Mundschleimhaut und in weiteren Kopfteilen. Es fehlen vollständig Sekretspuren und starke Blutungen in der Halsmuskulatur. Meine Herren – Sie müssen nach einem oder mehreren Mördern suchen.«

Wieder draußen am Auto angekommen sahen sich Schielin und Wenzel kurz an. »Ganz schöner Mist, nicht wahr?«, meinte Wenzel.

Schielin fuhr das kurze Stück nach Norden, vorbei an der Rommelkaserne, zur Anschlussstelle Ulm-West und da auf die Autobahn Stuttgart–München.

Wenzel wunderte sich zwar, schwieg aber. Auch ihn beschäftigten die Umstände des Falls. So etwas war ihnen noch nicht untergekommen.

Nur wenige Kilometer war Schielin auf der Autobahn einer LKW-Kolonne gefolgt und verließ die Autobahn wieder in Oberelchingen.

»Abkürzung?«, fragte Wenzel

»Ne. Pause. Ich muss den Kopf frei bekommen, bevor ich mit Lydia telefoniere. Ich muss zugeben, das erstaunt und verwirrt mich mehr, als ich erwartet habe.«

Er bog zweimal ab, fuhr auf einen hohen Kirchturm zu und stellte das Auto auf einem Parkplatz dahinter ab. »Wo sind wir?«, fragte Wenzel

»Ah, du kennst es nicht? Na, da wird es gleich was für Dich zu entdecken geben. Komm mit.«

Sie durchschritten einen Torbogen und kamen an einem kleinen Biergarten vorbei, von wo man auf eine hochgelegene Terrasse blickte. »*Klosterbräustuben Oberelchingen* …«, sagte Schielin, »die haben auch am Montag geöffnet, wie du siehst, aber lass uns erst ein paar Schritte durch den Klostergarten gehen … das macht den Kopf frei und etwas Platz für Appetit.«

Wenzel war sichtlich beeindruckt von der logenhaften Lage des Ortes. Im Grunde war das gesamte Klostergelände eine einzige Warte, die nach Süden hin ausgerichtet war. Weit und ungehindert ging der Blick über Wälder, Wiesen und Felder hinweg, den Bergen und Schneegipfeln zu, die gerade vom Dunst der Entfernung eingehüllt im Imaginären lagen. Etwas Märchenhaftes haftete der Szene an. Der Blick nach Westen fiel auf die Stadt Ulm, die sich um das monolithische Münster sortierte.

Wenzel war begeistert. »Wow! Hier war ich noch nie, bin immer nur auf der Autobahn vorbeigefahren.«

Sie traten durch den Torbogen in den Klostergarten ein und liefen durch die von Buchs gesäumten Beete, die einem sanften Gefälle nach Süden folgten, einer massiven Sandsteinmauer zu.

Ein stiller Ort, zumal an einem solchen Montag, an dem sie sich ganz allein zwischen blühenden Stauden, Gemüse- und Salatbeeten unterwegs fanden.

Wenzel suchte immer wieder den Horizont im Süden ab, wo sich ein sphärischer Dunst am Horizont zeigte. Schielin kam ihm außergewöhnlich angefasst vor und er schwieg für eine Weile. Als sie still die Gartenkunst genossen hatten, fragte er: »Weswegen bist du so besonders nachdenklich?« Schielin reagiertde zunächst nicht auf seine Frage und zeigte auf den alten Rosenbusch an der Innenseite der Mauer. »Der hat ganz schön was auf dem Buckel, vom Stamm weg wie ein Baum.« Dann wendete er sich Wenzel zu. »Ich kenne den Onkel sehr gut ... von klein auf. Jetzt hat er da oben in seinem Dachboden diesen furchtbaren Fund machen müssen – abstoßend, nicht wahr? Und dann erst die Eltern, denen wir nun die Nachricht überbringen müssen, ihr Sohn habe keinen Suizid begangen, es handelt sich vielmehr um Mord. Dazu die mit dieser Wahrheit verbundenen Fragestellungen. Das ist es, was mich so nachdenklich macht. Und Lydia, die sonst vor nichts zurückschreckt, hat auch ihre Probleme mit solchen Fällen, seit der Sache mit ihrem Onkel auf der Alb droben ... du weißt davon?«

Wenzel nickte. »Ja, sie hat mir mal davon erzählt. Er hat sich im Stadel erhängt und sie hat ihn gefunden.«

»Genau. Das ist mir alles zu viel, um gleich loslegen zu können. Daher wollte ich erst einmal hier durch den Garten laufen und meine Gedanken ordnen, mir überlegen, wie wir jetzt weiter verfahren. Weit weg von Lindau – etwas enthoben, an dieser Stelle hier. Weißt Du, überall diese Coaches,

Alltags-Manager und Schönredner für Schönwetterleben. Es gibt eben Situationen, die nicht zu managen sind, weil sie schlicht über einen hinweg gehen. Gerne wird dann der Begriff Schicksal bemüht! Scharlatanerie!«

Wenzel hatte Schielin selten in einer so aufgekratzten Verfassung gesehen. »Verstehe absolut, was Du meinst. Wir haben alle Zeit der Welt und hier ist es, als wäre man außerhalb der Welt«, er deutete auf eine Bank an der westlichen Mauer. »Wenn man dort sitzt und in die Ferne schaut, könnte man alles vergessen, womit man sonst so behaftet ist, nicht wahr?«

»Hinter Klostermauern halt«, lachte Schielin, »war und ist man auch vom Paradies ein ganzes Stück entfernt. Aber eine gute Idee.«

Sie setzten sich für einige Zeit auf die Bank, spürten der Wärme der Sonnenstrahlen auf ihren Gesichtern nach und begaben sich anschließend zur Klosterbräustube. An der Wirtshausmauer kündete eine Erinnerungstafel von einem Besuch Napoleons. Die Speisekarte wies sich, obwohl bayerischer Boden, angesichts des nahen Ulmer Münsters durchgehend schwäbisch aus. Maultaschen. Die Seele der schwäbischen Küche wohnte eben in einem Mehlkäschtle.

*

Auf der Rückfahrt in Richtung Süden, auf Höhe von Leutkirch, telefonierte Wenzel mit Kimmel und lieferte in Stichpunkten ihre in der Pathologie gewonnenen Erkenntnisse. Lydia sollte schon mal einen Kontakt mit dem LKA herstellen, weil man eine intensive Spurensuche würde betreiben müssen.

Schielin nickte zustimmend, als Wenzel das Telefonat beendete.

Schweigend durchquerten sie eine Landschaft, die jenes Ätherische gänzlich verloren hatte, das sie, zuvor vom Kloster aus der Ferne betrachtet, so eindringlich ausgestrahlt hatte.

Es roch nach Kaffee, als sie in den Gang der Dienststelle traten. Das wirkte belebend und vermittelte zugleich ein Gefühl von Geborgenheit. Schnell waren alle versammelt und Schielin fasste in wenigen Sätzen zusammen, womit sie es zu tun hatten.

Als er mit seiner kurzen Darstellung zu Ende gekommen war, blickte er in fragende Gesichter. Keiner sagte etwas. Nur Kimmel richtete die Frage an ihn: »Und wie nun weiter?«

Schielin wollte nicht weiter zuwarten – auf was hätte man auch warten sollen. Er hielt es für sinnvoll, so schlimm es auch werden würde, noch heute die Familien Grahl und Bendlin aufzusuchen, die Wohnung des Getöteten auf Spuren und andere Hinweise zu durchsuchen und erste Befragungen im Umfeld durchzuführen. Er selbst würde sich mit Robert Funk um die Familie Grahl kümmern wollen, während Lydia und Wenzel die Bendlins einvernehmen sollten. Jasmin Gangbacher würde sich derweil der Wohnung des Toten widmen, während der Dachboden dem Spurenteam des LKA vorbehalten bleiben sollte. »Haben wir schon ein paar grundsätzliche Informationen zu den Familien und dem Ermordeten?«, richtete er sich an die Runde.

Robert Funk bejahte das und berichtete von den Erkenntnissen zu den Unternehmerfamilien Bendlin und Grahl, die das mittelständische Unternehmen *B&G* führten. Maschinenbautechnik. Was man so hörte, volle Auftragsbücher, solide geführt, seit über zwei Jahrzehnten am Markt tätig. Das Firmengebäude befand sich draußen in der Robert-

Bosch-Straße, eine weitere Produktionsstätte existierte in Hergensweiler und gerade war die Firma damit befasst, in Vorarlberg eine neue Fertigung in Betrieb zu nehmen, bei Fußach. Gegründet von Helmut Grahl, seiner Schwester Sarah Bendlin, geborene Grahl, und deren Ehemann Manfred Bendlin. Grahl und Bendlin waren die Techniker, Sarah Bendlin und ihre Tochter Kira kümmerten sich um den betriebswirtschaftlichen Teil der Firma. Es gab keinerlei Hinweise auf finanzielle Schwierigkeiten, noch hatte es jemals Skandale gegeben. Manfred Bendlin war Mitglied im Lindauer Segelclub und bei den Lions aktiv, seine Frau engagierte sich im Hospiz und war seit vielen Jahren im Kirchenvorstand von St. Stephan tätig. Helmut Grahl war eher auf dem Golfplatz zu finden als auf dem Wasser, von seiner Frau war nichts aus dem öffentlichen Leben bekannt. Es gab noch eine Tochter, Annalena Grahl, die allerdings nicht in Lindau, sondern in Ulm lebte, wo sie als Zahntechnikerin arbeitete. Die beiden Familien bewohnten ein großes, ineinander verschachteltes Inselhaus, das vor über zwei Jahrzehnten entkernt und auf den modernsten Stand gebracht worden war. Robert Funk hob die gefalteten Hände, als er zu Ende gekommen war. Mehr wusste er vorerst nicht zu berichten.

Lydia Naber übernahm und stellte die fundamentalen Daten des Opfers vor: Sascha Grahl, dreißig Jahre alt, Ingenieur, Maschinenbau, sportlich sehr aktiv, Eishockeyspieler, Bergsteiger, Surfer. Mitglied und aktiver Spieler bei den *Lindau Islanders*. Keinerlei Einträge in den polizeilichen Datenbeständen, keine Drogen, kein Alkohol, nichts sonst – wie übrigens bei allen anderen Familienmitgliedern auch.

Schielin war wieder an der Reihe. »Wenn es nach der Nachricht, die wir überbringen, möglich sein sollte, wollen wir möglichst viel von den Angehörigen über Sascha Grahl erfahren – hatte er eine Freundin … welche Freunde waren mit ihm unterwegs, wo und mit wem hat er das vorletzte Wochenende verbracht, wer hat ihn wann, wo mit wem zuletzt gesehen, Freunde, Kumpels, Interessen, Neigungen. Und wir benötigen von allen, die Zugang zum Haus haben, Fingerabdrücke und DNS zum …«, er hielt für einen Moment inne, ganz aus dem Unterbewussten heraus gesteuert, denn es war ihm schwer, die Menschen, die er kannte, als Verdächtige zu betrachten, »… zum Gegenvergleich.«

Lydia wollte sich darum kümmern. Sie telefonierte gleich nach der Besprechung mit den Bendlins und Grahls, wo jeweils die Frauen am Telefon waren, und kündigte in nüchternem unaufgeregten Ton an, dass man noch ein paar Fragen hätte und deretwegen ein kurzer Besuch erforderlich sein würde, da sie nicht am Telefon geklärt werden könnten. Ihre Zielpersonen waren demnach zuhause und erreichbar.

Kimmel holte Schielin anschließend noch für einen kurzen Moment in sein Büro. Er hatte mit Saskia Pröll gesprochen und mit dem Präsidium in Kempten. Sie würde bei ihnen weitermachen können und wollen. Schielin klatschte in die Hände. »Das wäre ja auch Perlen vor die Säue geworfen. Bei Wenzel im Büro wäre noch Platz … was hältst du davon?«

»Perfekt«, stimmte Kimmel zu, der sich über den Deal sichtlich freute. Er rieb die Hände und schnappte das Telefon. »Ich rufe sie gleich an. Sie hat gerade Schicht. Wenn möglich soll sie fliegend wechseln und Jasmin drunten schon unterstützen. Ich setze die drüben nur noch davon in Kenntnis. Da werden sie schauen, die Herrschaften!« Er grinste.

Einige Zeit später saß Schielin im Dienstwagen. Robert Funk hatte das Lenkrad übernommen und fuhr gelassen hinunter zur Insel, während Schielin den Blick schweifen ließ auf die immergleichen Szenen, die sich doch jedes Mal in anderer Weise zeigten, zur Schau stellten oder gar offenbarten: Spielbank, Insel Hoy, im Westen der Bahndamm und entgegengesetzt, weit draußen und jenseits der ungeheuren Seefläche, die schmale Spitze des Kirchturms der *Mehrerau*, die Berge dahinter. Ein kleiner freudiger Funke erwärmte sein Gemüt, als er zur Insel Hoy blickte und an die neue Trauerweide dachte, die dort gepflanzt worden war. Ein Fingerzeig in die Zukunft.

Er wunderte sich nicht über die Melancholie, die ihn anfasste, denn mit jedem Meter, den sie ihrem Ziel näherkamen, wurde ihm beklommener ums Herz. So viel Routine konnte man nicht haben, um dabei völlig kühl zu bleiben. Er entschloss sich dazu, unumwunden den Stand der Dinge zu benennen.

Lydia und Wenzel übernahmen die Bendlins und kamen kurz nach ihnen an. Jetzt standen sie nur wenige Meter von ihm und Robert Funk entfernt am Eingang zur Haushälfte der Bendlins und fast gleichzeitig wurde ihnen geöffnet. Im Hausgang erneut der auffällig angenehme Geruch nach trockenem Holz. Marion Grahl tauchte oben an der Treppe auf.

Moderne LED-Leuchten tauchten den fensterlosen Treppenraum in gleichmäßig warmes Licht. Das Entsetzen im Gesicht der Frau war dennoch zu erkennen, samt der unnatürlichen Blässe. Eine Ahnung? Die glatten braunen Haare waren kurz geschnitten, die randlose, eckige Brille passte nicht so recht zu dem ovalen Gesicht. Schielin begrüßte sie förmlich und folgte ihr, vorbei an einigen verschlossenen

Türen, durch einen offenen Türbogen in einen lichtdurchfluteten Raum. Auch hier eine Reihe großer Sprossenfenster an der Südseite. Man erkannte draußen Nachbargebäude, Bäume und dahinter schimmerte der See durch die Lücke.

Schielins Smartphone vibrierte und er sah auf das Display. Jasmin Gangbacher hatte eine kurze Nachricht geschickt: *Sind in der Wohnung.*

Die beiden hatten den rückwärtigen Eingang zu Sascha Grahls Wohnung genommen.

Schielin und Robert Funk nahmen in den Ledersesseln Platz. Helmut Grahl saß auf dem Sofa, die Ellbogen auf die Knie gestützt, das Kinn in den Händen. Seine Augen, die auf den Boden gerichtet waren, als sie den Raum betreten hatten, fixierten nun Schielin. Auch in seinem Gesicht die Spuren schlafloser, traumzerfressener Nächte und ruheloser Tage. Erschöpfung und Entsetzen gleichermaßen. Er trug braune Lederschuhe, Jeans, cremefarbenes Hemd. Im Grunde eine sportliche Erscheinung, mit den kurzen grauen Haaren und der Golferbräune. Das kantige Gesicht signalisierte Durchsetzungsfähigkeit. Aus dem Hemdausschnitt leuchtete eine komplex gearbeitete Goldkette mit einem Anhänger. Eine Art Dreizack, mit Brillanten besetzt.

»Sie haben noch Fragen, hieß es am Telefon?«, kam es von seiner Frau mit unerwartet fester Stimme, in der ein Anflug von Feindseligkeit zu spüren war.

Schielin wich ihrem Blick nicht aus und änderte auch das geplante Vorgehen nicht. »Ja. Wir haben noch einige Fragen. Doch zunächst muss ich Sie beide davon in Kenntnis setzen, dass wir seit heute neue Erkenntnisse über Details haben, die deutlich machen, dass es sich bei dem Tod Ihres Sohnes nicht um Suizid handelt; vielmehr werden wir Ermittlungen wegen des Verdachts eines Tötungsdelikts führen müssen.« Er wartete nun die Reaktion ab. So knöchrig

Amtssprache sein mochte, bot sie einem in entsprechenden Situationen doch die erforderliche Distanz.

Helmut Grahl löste seine Haltung nicht auf, saß nach wie vor nach vorne gebeugt da, das Kinn auf den gefalteten Händen. Sein Blick jedoch war starr geworden und mehrfach rutschte sein Adamsapfel auf und ab. Der Schluckreflex war nicht zu beherrschen. Langsam, sehr langsam löste sich die Erstarrung, doch sein scharfer Blick blieb an Schielin haften. »Was? Was sagen Sie da?«

Oh, dachte Schielin. Jetzt sind wir also offiziell per Sie. Er sagte: »Wir müssen leider von einem Tötungsdelikt ausgehen, Herr Grahl. Ihr Sohn hat keinen Suizid begangen. Wir hatten heute einen ersten Termin in der Ulmer Rechtsmedizin.«

Marion Grahl sah streng und maßregelnd zu ihrem Mann und schüttelte immer wieder den Kopf. Schielin hätte alles Mögliche erwartet. Doch auch diese schreckliche Nachricht nahm nichts von ihrem mürrischen Wesen.

Robert Funk behielt sie im Blick. Man konnte schließlich nie wissen, was sich aus solchen Situationen der emotionalen Implosionen ergeben konnte.

Helmut Grahl stand auf und begann im Raum auf und ab zu gehen. Sein Atem ging heftig und wurde von Schritt zu Schritt pfeifender. Seine Frau begann zu weinen und gab dabei schrille Töne von sich.

Robert Funk hatte das Smartphone parat. Er war sich nicht klar darüber, ob die Frau weinte, weil ihr Mann so aufgeregt war, oder über den Inhalt der Nachricht selbst.

Ihr Mann blieb hinten an den Fenstern stehen, von wo ein rasselnder Atem und Keuchen zu hören war.

Schielin blieb sitzen und wartete ab. In dieser Situation

aufzustehen, hätte auch als eskalativ wahrgenommen werden können. Grahl drehte sich um, ging einige Schritte auf den Sessel zu, blieb kurz stehen, drehte sich um, wendete abermals und verließ den Raum mit schnellen Schritten, beinahe rannte er, hinaus in den Gang. Man hörte sogleich eine Tür schlagen und in der Folge würgende Geräusche. Er musste sich übergeben.

Funk lehnte sich in Schielins Richtung und raunte: »Soll ich einen Arzt holen?«

»Warte noch.«

Marion Grahl löste sich abrupt aus ihrer Mumienhaftigkeit und ging hinaus. Gemurmel war zu hören, unterdrücktes Wimmern, Klappern.

Schielin und Funk warteten. Nach einer Weile kam Helmut Grahl zurück. Er trug nun ein Sweatshirt. Seine fahlen Augen blickten jetzt aus tiefen Augenhöhlen, leer und kraftlos. Als seine Frau zurückkam und sich neben ihn setzte, fragte Schielin: »Wann hatten Sie zuletzt Kontakt mit Ihrem Sohn?«

Es war Marion Grahl, die nach einer Weile des Überlegens unerwartet nüchtern antwortete. »Das war am Freitag, am vorletzten Freitag. Wir waren drüben bei ihm, in der Wohnung, und haben über eine Ersatzteillieferung gesprochen, die in der letzten Woche rausging und um die er sich kümmern sollte. Er wollte danach zum Eishockey und wir sind nach Radolfzell gefahren. Ein Treffen mit Geschäftspartnern.«

»Am Freitag?«, fragte Robert Funk nach.

Helmut Grahl schaltete sich ein; bemüht darum, bestimmt zu klingen. »Wir sind am Freitagabend gefahren, ich hatte noch mit Manfred in der Firma zu tun, und am Montagabend sind wir zurückgekommen.« Seine Frau nickte zur Bestätigung.

Robert Funk notierte den Namen des Hotels und der Geschäftspartner.

»Hatte er eine Freundin?«, fragte Schielin.

»Ja … das heißt nein, nicht mehr … vor einiger Zeit haben sie sich getrennt …«

Sie erfuhren den Namen der Ex. Eine Chris Andlin aus Fußach, und Robert gewann den Eindruck, dass die Eltern über die Entzweiung der beiden nicht sonderlich traurig gewesen waren. Marion Grahl ließ einige abschätzige Andeutungen und Zweideutigkeiten fallen, sprach gar von einer vulgären Person. Sie sagte: »Zu armen Eltern kann man nichts, zu armen Schwiegereltern schon – so eine, wenn Sie verstehen …«

Schielin und Funk erschien eine solche Replik zur Unzeit als wenig angemessen. Die Situation hatte es auch nicht provoziert, sich derart über die Ex ihres Sohnes zu äußern. Eigenartig. Sie nahmen es zur Kenntnis. Vielleicht gab es da noch ein wenig mehr zu erfahren.

Sie weiteten die Fragen auf den Bekannten- und Freundeskreis aus. Regelmäßige Treffen, sportliche Aktivitäten und Schwierigkeiten oder Streit, von denen die Eltern vielleicht etwas wussten. Bis auf die Namen von einigen Sportsfreunden war von ihnen aber nichts zu erfahren, was in ihrem Sinne weiterführend gewesen wäre. Sie wussten von keinem Streit, von keinen Schwierigkeiten und hatten keinerlei Veränderung im Leben ihres Sohnes feststellen können. Schielin merkte aber, wie die Fragen den beiden zusetzten, wie ihre Haltung immer verspannter, die Stimmen immer leiser und farbloser wurden. Er war froh, angesichts des schwierigen Beginns überhaupt etwas in Erfahrung gebracht zu haben und beendete die Tortur. Sie würden sowieso noch einige Male mit den beiden Gespräche führen müssen und nun sollten sie erst einmal die grauenerregende Nachricht verdauen.

Schielin hoffte zudem auf einige neue Erkenntnisse von Lydia und Wenzel. Und mit viel Glück hatten Jasmin und Saskia vielleicht neue Hinweise in der Wohnung des Opfers finden können.

Am Abgang zur Treppe fragte Helmut Grahl, ob er seinen Sohn nochmal sehen könne. Offenbar ein Wunsch, der zuvor nicht stark genug gewesen war, um zur Umsetzung zu gelangen, und durch die veränderte Sachlage neue Nahrung erhalten hatte. Schielin sah ihn für einige Augenblicke an und überlegte, was er ihm sagen sollte. Ja, was? Der Anblick des Toten war furchterregend, selbst für sie, die sie öfter mit solchen Anblicken zu schaffen hatten. »Sie könnten das mit dem Rechtsmedizinischen Institut in Ulm absprechen. Ich möchte Ihnen allerdings den Rat geben, das nicht zu tun. Ihr Schwager hat ihn ja gefunden … sprechen Sie am besten mit ihm nochmal darüber.«

Helmut Grahl sah ihn ausdruckslos an, ohne etwas zu erwidern. Was hätte er auch sagen sollen.

*

Die Autos der Kollegen standen noch am Abstellplatz. »Warten wir auf die anderen, oder fahren wir zurück zur Dienststelle?«, fragte Robert Funk, was sich sogleich erübrigte, da Wenzel und Lydia aus dem anderen Eingang kamen.

»Und?«, fragte Lydia. Schielin gab sich unbestimmt. »Naja, schwierig eben … und bei euch?«

»Wir waren kurz davor, schon wieder den Notarzt zu rufen.«

Robert Funk meinte: »Wir waren auch kurz davor. Da können wir mithalten. Furchtbar, einfach furchtbar.«

Sie machten sich auf den Rückweg und Schielin gab Jasmin per *Threema* Bescheid.

Es war Abend geworden, als sie alle wieder zusammentrafen und die Ergebnisse austauschten.

Draußen der übliche Feierabendverkehr. Vor den Kreiseln am Aeschacher Knoten bildeten sich in alle Richtungen kleine Staus. Der Edeka-Parkplatz war Nahkampfgebiet.

Jasmin Gangbacher und Saskia Pröll hatten den Mac, ein paar USB-Sticks und zwei externe Festplatten aus der Wohnung mitgenommen; dazu eine kleine Umzugskiste mit Unterlagen, die auf dem Schreibtisch von Sascha Grahl gelegen hatten. Es würde einige Zeit in Anspruch nehmen, alles zu sichten und auszuwerten.

Schielin berichtete von ihrem Zusammentreffen mit den Eltern Grahls, die nichts über Verwerfungen im Leben ihres Sohnes zu berichten wussten. Die einzig substantielle Information, die sie erhalten hatten, waren die Namen der Ex und der Freunde.

Wenzel sah Lydia an und knurrte. »Da haben wir etwas mehr erfahren können.«

Lydia Naber nickte. »Manfred Bendlin, der Onkel, erzählte, dass sich Sascha Grahl in den letzten Monaten stark verändert hätte, nicht äußerlich, sondern was sein Verhalten anging. In der Firma sei es in letzter Zeit immer wieder zu … Schwierigkeiten gekommen, so hat er es formuliert. Deutet auf ernsthafte Probleme hin.«

»Schwierigkeiten?«, fragte Kimmel und richtete sich dabei auf, »wie soll man das verstehen?«

Wenzel antwortete: »Na, wir haben es so verstanden, dass Sascha Grahl seit einigen Monaten ziemlich aggressiv und ungehalten reagiert hat – in verschiedenen Situationen, gegenüber unterschiedlichen Mitarbeitern. Manfred Bendlin ist da nicht sonderlich konkret geworden, aber er hat uns ein paar Namen gegeben – mit den Leuten müssen wir unbedingt reden.«

»Welche?«, fragte Schielin.

Lydia las von ihrem Notizblock vor: »Peter Kremper, Dieter Rupp, Jan Rabus.«

»Peter Kremper, den habe ich auch notiert … soll ein Freund vom Toten gewesen sein«, meinte Robert Funk.

Wenzel zuckte mit den Schultern. »Freund hin oder her … die sind ziemlich aneinandergeraten … ernsthaft … war keine schöne Szene, wenn ich es richtig interpretiere.«

Schielin war verwundert, wie viel die Bendlins erzählt hatten und wie wenig von den Grahls gekommen war. »Gut, schaun wir uns die Herrschaften mal näher an.«

»Und die Tochter von den Grahls, Annalena, die lebt und arbeitet in Ulm … es scheint ein gespanntes Verhältnis zu sein, so kam es uns jedenfalls vor. So recht haben die Bendlins nicht rausgerückt mit der Sprache, was andererseits in dieser Situation auch verständlich ist. Sie haben anklingen lassen, sie würde sich kaum noch zuhause sehen lassen.«

»Weiß sie schon über die Ereignisse Bescheid?«

»Ja, die kleine Bendlin hat sie angerufen und es ihr gesagt … Kira Bendlin.«

»Ah …«, mehr ließ Schielin nicht hören, »die Cousine also.«

Lydia schaltete sich nun ein. »Ja, die Cousine. Das ist eine sehr beherrschte und zurückhaltende Person … schmal, zierlich … hat was Zähes an sich. Von der Mutter zwar die blonden Haare, aber nicht annähernd so löwenmähnig und schon gar nicht eine so erotische Erscheinung und ein so offener Charakter. Kurzhaarschnitt, hellblaue, stechende Augen, Silberrandbrille. Sie war übrigens auch oben im Dachboden.«

Schielin fuhr hoch. »Was!? Sie war auch droben?«

»Ja … als ihr Vater von dort runterkam, fix und fertig, und sagte, was und wen er dort oben wie vorgefunden hatte, hat sie ihm nicht geglaubt und ist hoch, um es selbst zu sehen. So zumindest hat sie es uns erzählt. Sie war gerade auf Besuch ... ihre Wohnung hat sie in Reutin.«

»Ist sie etwas genauer gewesen in ihrer Beschreibung?«

»Was heißt genauer. Sie ist nach oben gerannt und ganz nahe hingegangen, so hat sie es uns zumindest berichtet. Sie musste so dicht ran, weil sie ihren Cousin aus der Distanz nicht erkannt hätte. Dann ist sie wieder nach unten und hat die Polizei verständigt.«

Schielin blickte verdutzt drein. »Genau so?«

»Genau so«, bestätigte Lydia.

»Und wie hat sie auf die Nachricht von heute reagiert?«

»Schockierte Kontrolle, oder umgekehrt ...«, sie sah zur Decke und überlegte, »nein, eher umgekehrt ... kontrollierter Schock. So würde ich das beschreiben wollen. Wie gesagt, sie ist ein eher distanzierter Charakter. Sie hat einen Lover, soweit ich herausgefunden habe. Einen gewissen Gabor von Strehlitz, der aber in der Schweiz drüben wohnt ... St. Gallen. Er dürfte ein paar Jahre älter sein als sie und betreibt eine Finanz- und Anlageberatung. Sie haben sich im Internat kennengelernt – Rosenberg.«

»Oh je ...«, kommentierte Schielin knapp und versetzte sich anschließend wieder in den weiten Raum des Dachbodens. Es war stimmig, was diese Kira Bendlin gesagt hatte. Sehr nahe musste man herangehen, um etwas erkennen zu können ... ganz schön abgebrüht, die Kleine. Ihr Vater wand sich in Krämpfen – sie telefonierte derweil. Business as usual?

Lydia konnte nicht einschätzen, ob das *Oh je* der Finanzberatung oder dem Internat am Rosenberg gegolten hatte.

Schielin sprach leise und bedacht, fast tastend: »Dann muss Manfred Bendlin auch nah ran gegangen sein, um zu erkennen, wer da hängt. Der Lichtschalter ist dummerweise ein Stück entfernt von der Tür. Saskia hat ihn gestern gefunden.«

Lydia meinte: »Ich habe da nicht weiter nachgefragt, weil es eine schwierige Situation war, du verstehst? Wir werden die Details nachholen müssen. Kira war in jedem Falle diejenige, die am wenigsten Emotionen zeigte, ihre Mutter war hingegen schwer bestürzt und was ihren Vater angeht, so waren wir zweimal kurz davor den Notarzt zu rufen. Das haut ihn völlig um. Er bekommt diese Bilder vom Dachboden nicht aus dem Kopf.«

Schielin suchte nach dem Einstieg in den Fall, ohne bereits jetzt die Frage zu erörtern, aus welchem Grund Sascha Grahl im Dachboden des Onkels hing. Es erschien ihm verfrüht, weil ihnen weitere Umfeldinformationen fehlten, weswegen einige Kernfragen vorerst noch zurückgestellt werden mussten. Er wendete sich an Jasmin Gangbacher und Saskia Pröll, die bisher still zugehört hatten. »Wie sah es in der Wohnung aus? Habt ihr vielleicht so etwas wie einen Plan von dem Haus, um verstehen zu können, welche Eingänge, Treppen und Türen wo hinführen? Ich finde das bislang noch verwirrend mit den drei Wohnungen.«

Saskia Pröll antwortete schnell. »Es sind vier Wohnungen. Die zwei großen Wohnungen der Ehepaare Bendlin und Grahl mit dem Zugang zum Altan und die Wohnung von Sascha Grahl und eine Ferienwohnung. In der urlaubt gerade ein verwandtes Ehepaar der Grahls.«

»Wohnt die Tochter, also die Kira Bendlin noch bei den Eltern?«, schaltete sich Robert Funk ein.

Saskia Pröll verneinte. »Sie hat eine Wohnung in Reutin, ganz in der Nähe der Firma … fährt da jeden Tag mit dem Fahrrad ins Büro.«

Jasmin Gangbacher hatte zwischenzeitlich einen kleinen

Taschenbeamer aus ihrem Büro geholt. Wenzel und Robert Funk rückten auseinander, dass sie an die Wand beamen konnte. »Ist noch eine Handskizze, aber ich denke, sie ist verständlich. Das Haus ist de facto wie ein großes Doppelhaus zu betrachten. An der Nordseite sind die zwei Haupteingänge – einer zur Wohnung Bendlin, der andere zur Wohnung Grahl. Dort ist im Erdgeschoss ein Durchgang zur Südseite, wo sich der Eingang zur Wohnung von Sascha Grahl befindet; eine Holztreppe führt hinauf in den zweiten Stock und die Wohnung selbst reicht teilweise in den dritten Stock. Über die Holztreppe gelangt man zu einer engen Stiege, die direkt zur alten Holztüre im Dachboden führt. Man kommt also von beiden Eingängen im Haus der Grahls zur Wohnung und zum Dachboden im Nachbarhaus. Auf der Hausseite der Grahls existiert kein Dachboden. Da hat es zwei Altane, die getrennt voneinander sind – eine große für die Eltern, eine kleine für Sascha Grahl.«

»Und die Ferienwohnung, in der die Verwandtschaft gerade ist?«, wollte Kimmel wissen.

»Die befindet sich im ausgebauten Dachgeschoss im Nachbarhaus – das ist halt Mittelalter … unglaublich verwinkelt. Eine kleine Altane gehört ebenso dazu … sie grenzt an die von Sascha Grahl. Ist aber eigentlich nur für einen Bistrotisch und zwei Stühle geeignet. Man käme allerdings über das Dach von der Ferienwohnung herüber in die Wohnung von Grahl und von dort weiter. Wir wissen allerdings noch nichts über den Schließzustand der Türen in den Häusern und auch noch nichts über die Gepflogenheiten diesbezüglich.«

Sie berichtete sodann vom Ehepaar Nagelsee, das sich unangenehm überrascht gezeigt hatte, zu dem Geschehen befragt zu werden. Sie waren gerade dabei sich für ein Abendessen einzukleiden, als sie an der Tür geklingelt hatte.

»Sehr unangenehme Leute. Er das perfekte Muster eines feisten Pfaffen, seine Holde vom Typ Matrone. Sie waren von Freitag bis Sonntag, am betreffenden Wochenende, in der Schweiz, wo sie Freunde besucht haben. Wir überprüfen das noch.«

Wenzel meinte: »Die ziehen ihr Urlaubsprogramm voll durch. Man kann fast den Eindruck gewinnen, sie nehmen es den Gastgebern krumm, was da passiert ist. Sozusagen eine Störung ihres Urlaubsgenusses.«

»Die reisen auch nicht ab, weil sie Karten für ein Konzert haben, das sie nicht verpassen wollen. Kann man sich nicht vorstellen«, fügte Saskia Pröll an.

»Kümmert euch um diese Typen«, sagte Schielin knapp und starrte auf den skizzierten Wohnungsplan. Im Grunde kam in diesem Haus jeder überall hin.

Sie gingen auseinander, als die jeweiligen Arbeiten verteilt waren. Für den nächsten Tag war die Befragung von Freundeskreis und Arbeitskollegen vorgesehen. »Die Familie lassen wir nun erstmal ein wenig zur Ruhe kommen«, meinte Schielin, »in zwei, drei Tagen können wir da weitermachen.«

*

Es war bereits dunkel geworden, als er endlich zuhause ankam. Licht drang einladend und warm aus dem Wohnzimmerfenster. Er blieb stehen und lauschte für einige Augenblicke in die Stille, dann erst ging er hinein und verspürte das dringende Bedürfnis zu duschen, bevor er sich mit einem Glas Wein zu Marja setzte, die im Wohnzimmer saß, las und leise Musik hörte. Es klang nach Klavierinterpretationen von Purcell, wie er meinte.

Als er aus dem Bad kam, wartete schon ein Glas Côte du Rhone auf ihn und ein ernstes Gesicht. »Was ist?«, fragte er.

»Stimmt es, dass der junge Grahl sich gar nicht umgebracht hat, sondern es sich um Mord handelt?«

Schielin sah sie fassungslos an. »Woher ... ich meine, wie kommst du darauf ... woher hast du das?«

»Sarah hat mich heute Abend angerufen ... Sarah Bendlin. Sie sagte, die Polizei wäre bei ihnen gewesen und hätte das gesagt.«

Schielin nahm einen gehörigen Schluck Wein. Die Kraft und Schwere des Südens zu spüren, das tat jetzt gut. Er schloss die Augen, kramte die sonnenglänzenden Weinberge der Rhône aus seiner Erinnerung und schmeckte den Trauben lange nach. »Wollte sie etwas von dir wissen?«

»Nein, das nicht.«

»Wieso hat sie ausgerechnet dich angerufen ... was meinst Du?«

Marja zuckte mit der Schulter. »Darüber habe ich mir noch keine Gedanken gemacht. Ich war ja auch viel zu schockiert von dieser Nachricht und konnte im Grunde nichts, aber auch gar nichts sagen ... mir war richtig schwindelig.«

»Das ist ja auch normal«, entgegnete er, »aber ich mache mir über dieses Telefonat durchaus Gedanken. Aus welchem Grund hatte sie nach dieser niederschmetternden Nachricht nichts anderes zu tun, als ausgerechnet bei Dir anzurufen?«

Marja sah ihn lange an. Dann lachte sie leise, mit einem bitteren Zug um die Lippen. »Jetzt wo du das sagst ... natürlich ... wieso ich und ... es stimmt also?«

»Ja. Wir hatten zwar einen Verdacht, aber erst heute kam die Bestätigung von der Rechtsmedizin. Die Familie hat es heute Nachmittag erfahren. Lydia und Wenzel waren bei den Bendlins und ich mit Robert bei den Grahls.«

»Das ist doch furchtbar«, sagte sie.

»Ja …«, er nahm abermals einen kräftigen Schluck, »das ist es, furchtbar. Und ich frage mich, was der Anruf bedeuten sollte.«

»Das frage ich mich nun auch … jedenfalls konnte ich gar nichts sagen, weil ich von überhaupt nichts wusste.«

»Interessant«, murmelte Schielin, »interessant.«

*

Auf der Insel, im Wohnzimmer der Grahls, waren die Rollos an der Fensterfront heruntergelassen, was nur sehr selten der Fall war. Helmut Grahl lehnte im Ledersessel. Seine Frau saß auf dem Sofa. Beide schwiegen und waren in Gedanken versunken. »Hast du was von Annalena gehört?«, fragte er.

Sie schüttelte den Kopf. »Kira hat sie angerufen und ihr alles gesagt.«

»Ich weiß. Und sie hat sich seither nicht gemeldet.«

Seine Frau biss auf ihrer Unterlippe herum und sah sich im Wohnzimmer um. Gerne wäre sie aufgestanden und an ein Regal mit Büchern getreten, doch es gab nur die Couchgarnitur, den Fernseher und die Stereo-Anlage. Die Bilder, die an der Wand hingen, hatte der Innenarchitekt ausgesucht und sie sagten ihr nichts, so wenig, wie sie ihr etwas bedeuteten. Sie blickte wieder auf den Glastisch und folgte den Reflexionen im dunklen Glas. Das Smartphone ihres Mannes klingelte. Er sah auf das Display, sagte »Manfred«, stand auf, ging hinaus, wo er die Treppe nach oben ins Arbeitszimmer nahm.

»Was ist?«, fragte er, ohne jede Begrüßung. Es klang unwirsch.

Stille am anderen Ende. Dann die zurückhaltende Frage: »Wie geht es dir?«

»Wie soll es mir schon gehen«, erwiderte er ungnädig und seine Stimme wurde lauter, »wie meinst Du wohl, wird es mir gehen!« Er sah zornig auf den Schreibtisch. »Was willst Du?«

»Die Polizei war heute hier.«

»Ja, bei uns auch.«

»Sie haben gefragt, wann wir Sascha zum letzten Mal gesehen haben.«

Helmut Grahl klang ungeduldig. »Ja … und … die Fragen haben sie uns auch gestellt.«

»Ich habe gesagt, wir hätten ihn am Freitagnachmittag zuletzt gesehen. Sie wollten wissen, was ich danach getan habe, wo ich war, und ich wusste nicht … ich habe gesagt, wir beide wären noch draußen in der Firma gewesen.«

Helmut Grahl wurde bleich. Schlagartig war ihm klar geworden, worum es seinem Schwager ging. Seine Stimme nahm unverzüglich einen belegten Klang an. »Ja, das habe ich ihnen auch gesagt.«

Es entstand eine Pause, die ihm von Sekunde zu Sekunde unerträglicher wurde. Endlich sagte sein Schwager wieder etwas. Er klang unsicher. »Also bleiben wir dabei?«

»Ja natürlich. Was sollen wir auch sonst machen, wo wir es jetzt so gesagt haben.«

Wieder dieses lange Schweigen. Er hätte toben wollen. Alles Unglück ballte sich über ihm zusammen, nichts gelang, nichts lief glatt – ein Kampf. Er spürte Müdigkeit.

»Na gut …«, ließ Manfred Bendlin hören, »na gut. Aber ich würde gerne wissen, wo Du wirklich warst?«

Helmut Grahl stockte für einen Augenblick das Herz. Er knurrte in den Lautsprecher: »Wenn Du mir sagst, wo du gewesen bist!«

»Du wolltest, dass ich das sage … nicht ich! Und ich bereue jetzt, es getan zu haben. Sarah und ich waren zusammen … aber wo warst Du!?« Ohne ein Klacken oder ein anderes Geräusch war das Gespräch plötzlich beendet. Bendlin hatte aufgelegt.

Helmut Grahl hielt das Smartphone in Händen, als wäre es etwas Fremdes, stand im Raum und überlegte, was das Gespräch für ihn konkret bedeuten konnte. Allerdings war er nicht mehr in der Lage seine Gedanken zu schlüssigen Ansätzen zu bewegen und ließ sich müde und erschöpft in den Bürosessel fallen. Das Brennen in den Gliedmaßen war wieder zu spüren und die Enge unter dem Brustbein. Zitternd holte er den Blister aus seiner Hosentasche, drückte eine der kleinen weißen Pillen heraus und schluckte sie hinunter. Im Regal stand ein sechzehnjähriger *Aberlour*. Mit einem gehörigen Schluck aus der Flasche spülte er der *Tavor 2 mg* hinterher. Still hockte er da und wartete auf die Wirkung. In seinem Kopf brummte und summte es. Er mochte diesen schmalen Zeitraum des Übergangs, in welchem er noch ganz der Helmut Grahl war, voller Brennen und Energie, und dieses Nahen des Schleiers, bewirkt von Alkohol und Tablette. Langsam legte er sich über das Gemüt, man konnte es wirklich verfolgen. Bald darauf brannte nichts mehr, keine Energie trieb einen herum, keine Begierde, kein Begehren, keine Wünsche, kein Sehnen. Eine Welt, wie aus der Ferne betrachtet. Das hatte was.

Doch die andere Variante würde einen halben Tag später kommen, wenn sich der Schleier der Gleichgültigkeit zunehmend lichtete und zu Beginn dieses Übergangs noch das Gefühl mächtig war, es wäre ein böser, schlimmer Traum gewesen, der einen geplagt hätte, man erwache nun und alles sei gut, was umso grausamer war, wenn die Erkenntnis wie ein Schlag ins Gemüt fuhr, nicht ein Alpdruck sei es gewesen, sondern die blanke Realität. Kein Traum – Realität. Das wahre Sein – ein Elend.

Er trank noch einmal und zählte die Tabletten. Acht waren noch übrig, die halfen, die Realität so wohltuend zu verschleiern. Er brauchte Nachschub.

Kollegenschaft

Als Schielin am nächsten Morgen mit Lydia auf dem Weg zum Firmengebäude war, erzählte er ihr vom Anruf Sarah Bendlins bei Marja.

Lydia war außer sich. »Das gibts doch nicht … in so einer Situation? Ganz schön ausgebufft, finde ich. Hat Marja irgendeine Ahnung, was sie damit bezweckte?«

»Nein. Das Gespräch verlief offensichtlich eher so, dass jede der beiden mehrfach betonte, wie schrecklich und furchtbar das alles sei.«

Sie fuhren auf den Parkplatz von *B&G* ein. Lydia war sich nicht schlüssig darüber, was sie davon halten sollte. »Vielleicht wollte sie ja nur mit jemanden reden, doch ausgerechnet mit der Frau des Kommissars? Deutet schon eher darauf hin, als habe sie versucht, etwas über die Ermittlungen zu erfahren.«

Schielin stimmte ihr zu und kontrollierte seine Notizen nach. »Peter Kremper, Dieter Rupp und Jan Rabus – das sind die Herrschaften.«

Im modernen Gebäude konnte man eher den Eindruck gewinnen, in einer Kunstgalerie und nicht in einem Unternehmen zu sein. Das Innere war von weiten Räumen bestimmt, die durch das viele Glas eine noch ausgedehntere Anmutung erhielten. Sie fragten am Empfang nach Jan Rabus, denn der war ihnen als Chef genannt worden. Die dunkelhaarige Dame verzog den Mund ein wenig, als sie ihn als *Chef* bezeichneten und meinte kapriziös, die Chefin sei heute aber selbst da.

Lydia zwinkerte Schielin zu. Der fragte, wer denn *die*

Chefin sei. Die Dunkelhaarige hatte den Telefonhörer schon am Ohr und sah ihn mit einem mitleidigen Blick von unten her an. Sie hatte große, dunkle Augen. »Ah ja … ich habe zwei Leute von der Polizei hier, die zu Rabus wollen und dachte, da Sie ja hier sind …«, sie unterbrach und lauschte, beendete mit einem »Ja, mach ich.«

Ohne eine weitere Erklärung zu geben, stand sie auf, ließ ein »Bitte folgen Sie mir!« hören und lief quer durch den Raum. Über eine breite Treppe gelangten sie in den oberen Stock, wo zu ihrer Überraschung Kira Bendlin mit ausdrucksloser Miene stand und sie erwartete. In ihrem Büro angekommen, meinte Schielin: »Wir möchten Sie nicht von der Arbeit abhalten, sondern mit Herrn Rabus sprechen und zwei anderen Leuten.«

Sie nickte nur und sagte: »Falls Sie sich wundern sollten, weswegen ich in dieser Situation hier in der Firma bin, nun … die Geschäfte laufen trotz allem weiter und um das ein oder andere muss man sich eben selbst kümmern und kann das nicht delegieren.«

Nichts an dem, was sie sagte, klang auch nur annähernd entschuldigend, vielmehr kam es harsch und als kühle Feststellung daher. Eine seltsame Haltung, fand Schielin. Lydia lächelte fein und unbestimmt, er selbst signalisierte mit einer Handbewegung Beipflichtung. Was sollte man dazu auch sagen.

Kira Bendlin griff zum Telefon, tippte drei Zahlen ein und sagte gleich darauf: »Die Polizei ist hier und will mit dir reden. Sie kommen runter.« Sie erklärte den beiden den Weg, der recht einfach war und sie in die Werkhalle brachte, in der eine Mannschaft von Robotern ihre seelenlose Arbeit verrichtete. Es surrte, pfiff, zischte und summte. Klinische Reinheit. Hätte auch ein Krankenhaus sein können.

Ein älterer Mann kam geradewegs auf sie zu und lotste sie

in einen Kontrollraum, in welchem keines der Geräusche mehr zu hören war. »Ich bin Jan Rabus«, stellte er sich unvermittelt vor, »Sie wollen mit mir sprechen?«

Schielin nickte. »Ja, es geht um Sascha Grahl.«

Er neigte den Kopf und hob beide Hände ein wenig an. »Eine schreckliche Sache. Alle hier sind wie benommen.«

Lydia musterte ihn von der Seite. Eine vierschrötige Erscheinung mit breiten Schultern und kräftigen Armen. Die schütteren Haare, sicher einmal schwarz und füllig, waren bereits ergraut und mit Gel oder Haarwasser nach hinten gekämmt. Auf der Oberseite seines Unterarms war unterhalb des hochgekrempelten Hemdes eine Tätowierung zu sehen, die auffiel, weil sie aus drei mystischen Schriftzeichen bestand und nicht so recht zu dem Typen passte. Ein *N*, gefolgt von einem Dreizack und einem runden *E*. Eine Knasttätowierung war das nicht. Er war ein wenig kleiner als sie. Lydia schätzte ihn auf Anfang fünfzig. Dem Bauplan seines Körpers musste ein Quadrat zugrunde gelegen haben. Auf kurzen kräftigen Beinen mit stämmigen Hüften ruhte ein beinahe quadratischer Rumpf mit kurzen kräftigen Armen und klobigen Händen, und auch das Gesicht war kantig und eckig. Das massive, sperrige Kinn trat energisch daraus hervor. Dieser Jan Rabus vermittelte körperliche Kraft. Es würde sie nicht wundern, wenn er Ringer gewesen wäre.

Es standen keine Stühle im Raum zur Verfügung. Schielin lehnte sich daher an einen der Kontrolltische und sie tat es ihm gleich. Jan Rabus wählte die gegenüberliegende Wand und sah sie auffordernd an. Schielin begann: »Sie haben eng mit Sascha Grahl zusammengearbeitet?«

»Mhm … eng zusammengearbeitet. Im Grunde nicht, aber er sollte nun zunehmend die Werksleitung übernehmen und so war er in den letzten Monaten hier bei mir und wir haben eigentlich alles zusammen gemacht. Vorher war er ja ausschließlich in der Konstruktion, und da hatten wir recht wenig direkt miteinander zu tun.«

»Ihr Job hier ist …?«

Er verzog das Gesicht. »Oh je … wie soll man das beschreiben … technischer Werksleiter … das vielleicht. Mädchen für alles käme der Sache auch recht nahe.«

»Was war Sascha Grahl für ein Typ … wie würden Sie ihn beschreiben?«

»Ein junger, intelligenter Bursche war er. Gut ausgebildet, fleißig und sehr sportlich. Gleich nach der Firma kam für ihn das Eishockey.«

Lydia schaltete sich ein. »Sie spielen auch?«

Ihre Frage riss ihn für einen Moment aus seiner Selbstsicherheit. »Äh … ich? Ja, ich spiele auch Eishockey … so ein Altherrentrupp halt, zweimal im Monat.«

Schielin machte weiter. »Gab es Schwierigkeiten in letzter Zeit … hier in der Firma, privat beim Sport … irgendwelchen Ärger?«

Rabus murmelte: »Herrje … Schwierigkeiten …«, überlegte und sagte schließlich: »Natürlich gab es hier immer wieder Schwierigkeiten – mit Lieferanten, mit Kunden, mit Mitarbeitern, mit Banken, mit Lkw-Fahrern … der ganz normale, übliche Ärger eben. Und was sein Privatleben anging, da habe ich keine Einblicke gehabt. Allerdings soll er nicht mehr mit der Kleinen aus dem Ländle zusammensein. Hab ich beim Frühstück mal aufgeschnappt. Chris … die hieß Chris … eine Hübsche, fand ich. Die war aber nicht oft zu sehen.«

»Also nichts bekannt, keine Verhaltensänderungen oder andere Auffälligkeiten.«

Rabus bestätigte. »Nichts dergleichen … wie gesagt. Das kam wie aus heiterem Himmel.«

Lydia brachte nun die Sprache auf die zwei anderen – Rupp und Kremper, die sie noch sprechen wollten. Beide waren anwesend und Rabus telefonierte nach ihnen.

Peter Kremper und Dieter Rupp betraten gleich darauf zusammen den Kontrollraum. Die Situation in dieser Umgebung verunsicherte sie zusehends. Lydia ging sie nach einer bewusst geschäftsmäßigen Begrüßung offensiv an. »Wie Sie sich denken können, haben wir Fragen, die Sascha Grahl betreffen. Sie beide wurden uns als seine Freunde genannt. Können Sie uns etwas zu Sascha Grahl sagen? Gab es in letzter Zeit Veränderungen in seinem Leben, hat er sich anders verhalten als sonst – irgendetwas in dieser Richtung.«

Die beiden sahen zu Jan Rabus, als erwarteten sie, dass der für sie antwortete; Rabus aber starrte auf die Spiegelungen in der Glasscheibe und tat so, als interessiere ihn das alles nicht. Eine bizarre Situation, wie Schielin fand. Peter Kremper war ein Enddreißiger mit kahlem Schädel und ausdruckslosen Augen. Er hatte ein kleines Bäuchlein und lehnte sich umständlich an die Wand, bevor er antwortete. An Sascha Grahl sei ihm überhaupt nichts aufgefallen, sie seien ab und an mal was trinken gegangen, hätten sich beim Eishockey natürlich getroffen, aber so richtig befreundet seien sie beide nicht gewesen. Eine Veränderung habe er bei ihm nicht feststellen können und sonst sei auch nichts gewesen. Lydia folgte seinen Ausführungen mit ernstem Gesicht, nickte immer wieder und so gewann er Vertrauen. Seine Haltung lockerte sich und er grinste sie mit einer aufgeblasenen Mimik an, als er zu Ende gekommen war.

Sie musterte ihn. Hätte man einen Durchschnittstypen definieren sollen, an dem nichts, aber auch gar nichts besonders war, so wäre man mit ihm gut gefahren. Er war ihr unsympathisch, denn hinter diesem Belanglosen, das sein Gehabe ausmachte, spürte sie etwas Unangenehmes.

Dieter Rupp, der hinter ihm stand, hatte die ganze Zeit zu Boden geblickt. Ein schmächtiger Typ, dem die glatten dunkelbraunen Haare immer wieder in die Stirn fielen. Turnschuhe, Jeans, T-Shirt mit Aufdruck »Eagle« über einem martialisch skizzierten Adler.

Lydia lächelte Kremper an. »Wenn Sie so gar nichts wissen, wieso wurde uns dann Ihr Name genannt? Haben Sie eine Erklärung dafür?«

Kremper zuckte zusammen und sah zu Rabus, für den er jedoch weniger als Luft war. »Nein … ich weiß einfach nicht mehr … Was sollte ich auch sagen?«

Sie zog den Mundwinkel abschätzig hoch und wendete sich an Dieter Rupp. »Und Sie … fällt Ihnen etwas zu Sascha Grahl ein?«

»Mir ist auch nichts aufgefallen … im Grunde war alles ganz normal … eigentlich wie immer …«

»Was bedeutet *eigentlich*?«, fragte sie nach.

»Phhh … ja so halt … wie immer.«

»So halt …?«, wiederholte sie mit deutlicher Missbilligung im Ton. »Wann haben Sie beide ihn zuletzt gesehen, wo und in welchem Zustand waren er und Sie?!«

»Ähh …«

Lydia wurde ungeduldig und ließ das die beiden auch spüren. »Sie werden doch wohl diese völlig normalen Fragen beantworten können, ohne ein solches Getue drum zu machen!«

Kremper sah sie erschrocken an.

»Dann werden wir Sie vorladen müssen und diese Fragen erneut stellen, auf eindringliche Weise und in aller Ruhe und weniger gemütlich als hier in Ihrer Komfortzone.« Sie sah zu Schielin. Dessen Gesichtsausdruck signalisierte Zustimmung.

Kremper und Rupp schauten einander schuldbewusst an, gaben aber keinen Ton mehr von sich. »Na dann auf Wiedersehen, die Herren«, kam es bestimmt von Lydia und sie gingen hinaus in die Werkhalle.

»Wo ist das Büro von Sascha Grahl?«, fragte Schielin.

Jan Rabus fühlte sich angesprochen und führte sie hinüber zum Verwaltungstrakt, in einen funktionalen Büroraum. Am Türschild war der Name zu lesen. Ein spezieller, höhenverstellbarer Tisch mit drei großen Bildschirmen, Tastatur, Maus und einem überdimensionalen Eingabetablett fiel ins Auge. Im Wandregal standen einige Bücher herum, an der Wand hing ein Eishockey-Kalender.

»CAD-Arbeitsplatz«, nuschelte Jan Rabus, »das allgemeine Bürozeugs hat er mit dem Notebook erledigt … hauptsächlich die Mails.«

Seltsamerweise waren ihnen Kremper und Rupp gefolgt und blieben auch dabei, als sie sich verabschiedeten und in Richtung Ausgang gingen. Dort angekommen, hörten sie, wie Rabus zu Rupp sagte, so, als sei nichts Besonderes gewesen: »Du bist heute dran, zum Mac zu fahren und Futter zu holen. Die Schlüssel vom Caddy liegen schon bei dir am Platz.«

Wieder draußen am Auto, ließ Lydia ihrem Unmut freien Lauf. »Was war das da drinnen? Die waren doch irgendwie vorbereitet, oder?«

Schielin stimmte ihr zu. »Würde mich wundern, wenn es anders gewesen wäre.«

»Auf wen tippst du – auf diesen Rabus, der mir zutiefst unsympathisch war, wie der Kremper auch, oder den blonden Eisblock in der Führungsetage? Der Rabus, der war ja grad froh, uns wieder los zu sein. Allmählich wird mir die Bendlin-Grahl-Sippschaft ein wenig unheimlich.«

Schielin stöhnte. »Mir ist dieser ganze Fall zutiefst zuwider, das darfst du mir glauben. Ich habe die Befürchtung, wir müssen so richtig im Familienmüll wühlen.« Er deutete mit einer Kopfbewegung über den Parkplatz: »Da drüben steht übrigens der Caddy … ich würde sagen, wir passen den Rupp ab und nehmen ihn in die Mangel, wenn keine Aufsicht dabei ist.«

Sie feixte. »Gute Idee.«

Schielin fuhr vom Parkplatz und positionierte sich in der Robert-Bosch-Straße. Der Caddy musste hier vorbeikommen, wenn er zu McDonalds wollte.

Sie warteten eine ganze Weile und waren über den enormen Verkehr verwundert, der in beiden Richtungen an ihnen vorbeirollte.

Zuerst kam jedoch Jan Rabus angefahren, in einem schnieken E-Auto. Er hatte die Fenster offen und ließ den Verkehr passieren.

»Schicke Kiste. Schaut nach ’nem Firmenwagen aus«, meinte Lydia. Auf Motorhaube und Türen war ein großes, stilisiertes *B&G* zu erkennen.

Kurz darauf kam der Caddy wie erwartet um die Ecke gebogen. Schielin setzte sich direkt hinter ihn. Rupp fuhr langsam und unsicher, bog nach rechts auf den Parkplatz ein und reihte sich im McDrive ein. Schielin fuhr rechts ran, stellte den Motor ab und sprang aus dem Auto. Lydia folgte ihm.

Er ging geradewegs auf den Caddy zu, öffnete die Beifahrertür und setzte sich ins Auto. Rupp starrte ihn erschrocken an, aus dem Lautsprecher vor der Seitenscheibe krähte die Stimme und forderte zur Abgabe der Bestellung auf. Lydia hatte inzwischen die Schiebetür zu den Rücksitzen aufgeschoben und stieg ebenfalls in den Wagen.

»Wir müssen erst noch überlegen …«, rief Schielin in den

Lautsprecher und stippte Rupp an, »fahren Sie raus, wir haben noch dringende Fragen.«

Rupp war derart aufgeregt, dass er den Caddy zweimal abwürgte und auch Schwierigkeiten hatte, halbwegs vernünftig in die Parkbucht zu steuern. »Motor aus!«, ordnete Lydia an.

Und unmittelbar im Anschluss herrschte Schielin ihn an: »Also Herr Rupp, wir können das jetzt hier erledigen, oder wir nehmen Sie umgehend mit zur Dienststelle und vernehmen Sie dort zum Sachverhalt Sascha Grahl. Was ist los in der Firma!? Raus jetzt mit der Sprache und Schluss mit den Zicken. Rabus ist auch nicht hier, den Sie um Erlaubnis fragen könnten!«

Rupp sah ihn verstört an, wendete den Kopf nach hinten, traute sich aber doch nicht, den Blickkontakt zu Lydia zu suchen. Die blieb im Allgemeinen, als sie einwarf: »Aus dem Umfeld der Familie wissen wir inzwischen, dass es durchaus Veränderungen gegeben hat, was das Verhalten von Sascha Grahl anging.«

»Also!«, setzte Schielin nach.

Rupp sah nach vorne auf die Ligusterhecke und atmete gequält aus. »Wir hätten nix darüber sagen sollen.«

»Worüber?«

»Über die Sache mit dem Dustin.«

»Dustin ... wer?«

»Dustin Kinkelin. Das war ein enger Kumpel von Sascha ... wirklich eng.«

Den Namen hatten sie bislang noch nicht gehört. »Was war mit dem Dustin Kinkelin?«

»Vor gut vier Wochen ist der Dustin mit dem Sascha aneinander geraten, draußen in der Firma ... aber schon so was von heftig ...«

Lydia fragte: »Bevor wir das noch mal genauer betrachten, noch die Frage: Wer hatte denn ein Interesse daran, dass nicht darüber geredet wird?«

»Die Kira … die ist heut früh gekommen und hat uns gesagt, dass, wenn die Polizei kommt, Dinge aus der Firma nix in der Sache verloren hätten.«

»Soso … hat sie das gesagt«, kommentierte Lydia, »und zu wem hat sie das gesagt?«

»Zu uns drei halt … dem Jan, dem Peter … ja, wo doch ein Selbstmord schon schlimm genug für alle ist, sollte man das durch Gerede ned noch schlimmer machen, so hat sie gesagt.«

»Das war heute früh?«, fragte Schielin nach und wendete sich Lydia zu. Die schüttelte misstrauisch den Kopf. So dumm konnte man ja eigentlich nicht sein, aber wer wusste schon, was da vor sich ging.

»Ja, heute gleich nach der Frühbesprechung«, antwortete Rupp beflissen.

»Nochmal … wer war da alles dabei?«, wollte Schielin wissen.

»Der Jan, der Peter und ich. Andere ned, weil die bei der Sach ja ned dabei warn.«

Schielin gab seiner Stimme einen vertrauensvollen Klang. »Was ist da mit diesem Dustin Kinkelin gewesen?«

»Ja mit dem Dustin ist eigentlich gar nix gwesen. Der Sascha hat halt total durchdreht.«

Schielin wurde ungeduldig: »Jetzt! Was ist genau vorgefallen?«

»Ja des war an einem Freitag, und des is schon immer Scheiße, wenn man an einem Freitag Endabnahme macht. Wir haben eine Charge mit Ventilköpfen in der Kontrolle gehabt und da hat dann einfach vorn und hinten nix gepasst … völlig falsche Abmaße und Bohrungen … und der Sascha hat rumgebrüllt und getobt, was der Dustin für ein Depp is, und dass er ihn rauswerfen wird und Regress tät er verlangen und so …« Er stoppte und sah Schielin abermals an, der sofort nachhakte: »Und … hat er ihn rausgeworfen, den Dustin?«

»Noi. Wir haben ja alles richtig gmacht und der Dustin hat ihm des auch sauber gsteckt, dass alles nach Konstruktionsvorlage gelaufen is und ned bei uns der Fehler liegt, sondern der Sascha einen Scheißdreck von Daten geliefert hat, und er könnt sich ja selbst rausschmeißen und in Regress nehmen. So is des eine Weile hin- und hergangen und immer schlimmer und lauter worden. Und da ist der Sascha total ausgeflippt, hat einen Ventilkopf gnomme und den voll abgfeuert auf den Dustin, und wenn der ned den Kopf schnell zur Seite weg hätt, dann hätt der des Ding im Schädel stecken ghabt … der wär hie gwesen … hie wär der gwesen. Die ham gut so ihre zwölfhundert Gramm und die scharfen Kanten dazu.«

»Und weiter?«

»Des hot einen riesen Schepperer tan, als des Ding hinten an der Wand eingschlagen is, und der Dustin ist dann voll auf den Sascha los und die zwei ham sich versucht … ja, die hätten sich umbracht … des war schrecklich … der Peter und ich waren so schockiert …, aber der Jan, der is sauber dazwischen und hat die Zwoi ausenander brocht. Jesus. Ich glaub, dem Dustin hat er sogar ein paar Rippen brochen und der Sascha hat danach lange humpeln müssen … er hat die beide rausgeschmissen …«

»Wie? Der Jan Rabus … er hat auch den Juniorchef rausgeschmissen … den Sascha Grahl?«

Rupp lachte böse auf. »Ha … aber hallo! Der Jan ist mindestens auch so was wie ein Chef. Der ist Produktionsleiter und gut Freund mit den zwei Alten. Was der sagt, des wird gmacht und da ist der Sascha noch ned emal gegen ankommen.«

»Wollte er aber …«, fügte Lydia schnell an.

Rupp sah für einen Moment zu ihr und wiegte den Kopf. So recht wusste er nicht, was er darauf antworten sollte.

Schielins Smartphone vibrierte und er sah auf das Display. Kimmel hatte eine Nachricht geschickt. Sie sollten, sobald sie fertig waren, zurück zur Dienststelle kommen. Jasmin und Saskia seien da auf etwas gestoßen.

Rupp hatte die kurze Unterbrechung gar nicht mitbekommen, derart war er in der für ihn fremden Situation gefangen. »Ja ein wenig hat der Sascha schon den Chef raushängen lassen wollen … und der Jan, naja, der ist schon ein komischer Kerle, aber fachlich geht da gar nix gegen ihn zum sagen, der hat das alles schon im Griff, und der Sascha, der war eh ein ganz anderer in letzter Zeit.«

»Wie sollen wir *ein ganz anderer* verstehen?«

»Ja … wie soll ich das sagen … ich hab oft emole denkt, dass der besoffen ist oder vielleicht Drogen nimmt oder so. Jedenfalls war er oft neben sich gestanden und da war der auch so aggressiv und schnell beleidigt. Deswegen hat des die Chris auch sein lassen mit ihm.«

»Wer ist Chris?«

»Chris, also Christina Andlin – des war seine Freundin.«

»Die Beziehung ist also beendet?«

»Schon seit Anfang vom Jahr her … die wollten ja sogar heiraten und des war auch schon alles hergerichtet … Aufgebot und so … in Österreich drüben … bevor er dann eben anfangen hat durchzumdrehn. Ein Wahnsinn … die Chris!?«

Rupp konnte es kaum glauben, was da geschehen war, und bei Lydia entstand der Eindruck, er hielt die geplatzte Hochzeit für das größere Unglück als den schrecklichen Tod des Bräutigams.

»Mhm. Hat es sonst Schwierigkeiten mit ihm gegeben in der Firma?«, fragte Schielin.

Rupp musste nicht überlegen. »Ja, mit der Kira … Jesses, wege dem Auto … des war auch so a Sach. Er hat auf emole einen Firmenwagen haben wollen, einen neuen … so einen Racing-SUV, aber die Kira hat des ned genehmigen wollen. Und da haben ihn halt manche aufgezogen, von wegen, wer wohl der wirkliche Chef in der Firma sei … des hat ihn total narrisch gmacht.«

»Hat der den SUV bekommen?«, fragte Schielin.

»Noi.«

»Und dieses aggressive Verhalten, das war früher nicht so?«

»Ah wa … überhaupt ned. Der Sascha, des war ja ein Pfundskerle, ganz ein ruhiger … des war super mit ihm … einfach super. Jeder hat den Kerle doch mögen, und fachlich eine Wucht … die Ventilköpfe ein Superdesign … da kann keiner sonst mithalten.«

»Und seit wann haben Sie diese Veränderung festgestellt?«

Rupp überlegte und kratzte unbewusst mit den Fingernägeln am Lenkrad. Es knirschte hässlich. »Vielleicht so ein halbes Jahr, dass es mir aufgefallen ist … seit Winter letztes Jahr, da war auf der Weihnachtsfeier irgendwie was los, aber ich hab da nix Genaues mitgekriegt.«

»Weihnachtsfeier?«, fragte Lydia nach.

Rupp sah kurz nach hinten, hielt sich am Lenkrad fest, bevorzugte jedoch schnell wieder den Blick auf den Liguster. In einer Mischung aus Beschönigung und Widerborstigkeit meinte er: »Naja, so eine Art Produktionsversammlung eben … und krank war danach koiner … jedenfalls ned am Corona.« Lydia schnaubte. »Herr Rupp, wir interessieren uns nicht für illegale Weihnachtsfeiern während der Pandemie, klar!?«

Schielin fragte nach: »Und der Jan Rabus … zu dem nochmal eine Frage. Sie sagten, der ist eher so einer, der was zu sagen hat in der Firma. Wie war das zwischen dem und Sascha Grahl so grundsätzlich?«, wollte Schielin wissen.

Rupp dämmerte so langsam, wie wenig diese Fragen mit einem Suizid zu tun haben konnten. »Es war doch ein Selbstmord … aufgehängt hat er sich doch, der Sascha, oder stimmt des etwa nicht?«

»Er hing im Dachboden der Bendlins«, wich Schielin der Frage aus, »was ist also mit dem Rabus …?«

Rupp blies die Backen auf. »Pfff … ja der Sascha sollte mal seinen Job übernehmen und ist seit einiger Zeit so neben ihm herglaufen … so jobmäßig halt … und des hat auch nie Probleme geben, bis auf des eine Mal eben. Mit der Kira aber ist der Rabus schon besonders speziell. Die Zwoi karteln alles miteinander aus und was die Kira sagt, des is für den Jan gsetzt, wenn Sie verstehn, was ich meine.«

Lydia ließ einen zustimmenden Laut hören und Rupp entspannte ein wenig. Irgendwie hatte er den Eindruck, es sei nun vorüber. Deshalb zuckte er erschrocken, als Schielin abermals eine Frage hatte: »Und aus welchem Grund war der Dustin Kinkelin nicht beim Treffen heute dabei?«

»Der isch weg.«

»Wie … weg!?«

»Der hat nach der Aktion gekündigt und das tut der Firma gar ned gut, er fehlt ja hinten und vorn.«

»Kurze Kündigungsfristen«, meinte Lydia.

Rupp zuckte mit der Schulter. »Der hat des direkt mit den zwei Alten ausgemacht und nach Jobs muss der sich ned umschaun … der ist gleich wieder unterkommen … in Friedrichshafen, da fängt er zum Juni an, bei *ZF*. Gleich zwei Tag nach der Aktion ist er in die Firma kommen, hat seinen Spind ausgräumt, den Schreibtisch leergmacht … und fort war er. Was man hört, hat er sogar noch eine fette

Abfindung kriegt und der Sascha war danach völlig daneben … aber total völlig neben der Spur. I glaub, sein Alter hat ihn kräftig ins Gebet gnomme.«

»Mhm. Und wo wohnt der Dustin Kinkelin?«, wollte Schielin wissen.

»Wasserburg … Untere Ebenhalde … schon seit ein paar Jahren.«

Schielin öffnete die Beifahrertür und stieg aus. »Wir lassen von uns hören, wenn uns noch ein paar Fragen einfallen, und Sie melden sich, falls Ihnen etwas einfällt oder zu Ohren kommt, was für uns wichtig ist …«, er beugte sich herunter, um Rupp ansehen zu können, »und behalten Sie es für sich, solange es geht – es war kein Suizid. Einen schönen Tag noch.«

Lydia war inzwischen auch ausgestiegen und sah zu, wie der Caddy langsam davonrollte – ohne Futter. »Jetzt hat er glatt vergessen, die Brotzeit mitzubringen. Immerhin interessante Informationen, nicht wahr?«

Schielin knurrte. »Ja schon, allerdings weiß ich nicht so recht was damit anzufangen. Diesen Dustin Kinkelin würde ich gerne so schnell wie möglich aufsuchen. Vielleicht ist er zuhaus, kannst du mal recherchieren?«

Lydia murrte. »Mich würde ja eher interessieren, was die zwei Mädels rausgefunden haben. Das dauert ja ewig, bis wir durch die Stadt durch sind und wieder zurück.«

Schielin ließ sich erweichen und fuhr zurück zur Dienststelle, wo die anderen schon warteten. Lydia raunte Wenzel beim Vorübergehen im Gang an, ob er Näheres wisse, doch der schüttelte nur den Kopf und hob die Hände – keine Ahnung.

*

Rupp war zurück in die Firma gefahren, hatte den Caddy direkt vor dem Eingang zur Maschinenhalle stehen lassen und war in den Vorraum getreten. Niemand war zu sehen. Er ging nach hinten, wo Peter Kremper seine fensterlose Kammer hatte, in der die Technik aufgebaut war, die er betreute. Jan Rabus hockte auf dem alten Stahltisch. Peter Kremper auf einem der abgeschabten Holzstühle von früher. Es gab noch einige davon in der Firma und man erzählte sich, sie seien ganz in den Anfängen der Firma bei einem Betriebsausflug ins Allgäu geklaut worden, sozusagen als Mitbringsel.

Rabus sah ihn abschätzig an. »War wohl 'ne kleine Weltreise, oder hast du noch schnell 'ne Schlampe aufgesucht.«

Rupp sah ihn wütend an. »Dein Nümmerle war aber auch ein schnelles, wenn Du schon wieder zurück bist.«

Kremper lachte und kippelte mit dem Stuhl.

»Und wo ist das Futter?«, fragte Rabus ärgerlich.

In den Augen des sonst so scheuen Rupp brannte der Zorn lichterloh. Er plärrte: »Umbracht isser worden, Du Dreckshammel.«

Kremper lachte wieder.

Rabus fixierte Rupp düster.

Rupp wurde lauter, fast schrie er. »Umbracht isser worden ... ihr Schweine ihr!«

Kremper hörte auf zu kippeln und lachte nun auch nicht mehr. Irritiert sah er von einem zum andern.

Rabus wies mit einer kleinen Bewegung des Kinns zu Rupp. »Hey, hey, hey .... beherrsch dich gefälligst, ja?!«

Rupp, der sonst immer kuschte, war nicht annähernd einzuschüchtern. »Ich ... ich soll mich beherrschen!? Ich!? Und wenn nicht, wenn ich mich ned beherrschen tu, was dann, he!? Wollt ihr mich vielleicht auch aufhängen?!«

»Spinnst du jetzt total«, schrie Kremper und sprang vom Stuhl auf, »was redst denn für einen Mist daher?!«

Rupp wies auf Rabus. »Frag doch ihn ... er hat gewusst, dass die Bullerei ned wegen Selbstmord aufmarschiert ist. Ermordet ist er worden. Die blonde Schickse, die tut uns für blöd halten ... die hats doch auch schon gewusst.«

Rabus nahm wieder die Spannung aus seinem Körper und lächelte fies und fragte: »Woher weißt du das jetzt eigentlich?«

Kremper sah ihn erschrocken an. »Wie? Das stimmt?!«

»Halt doch Du jetzt einfach mal die Fresse!«, wendete sich Rabus an ihn.

»Also Ruppi, woher weißt du das?«

»Weil sie mich abgepasst haben, die Bullerei, draußen am Mac und weil sie mir richtig die Hölle heiß gemacht haben und weil die wiederkommen werden und es keine Ruhe gibt, bis das geklärt ist und jetzt kannst meinetwegen den Dreck von deinen Fingern fressen und deiner Kira auch gleich Bescheid geben, dass ihr euch warm anziehen müsst.«

Jan Rabus sah zur Decke und rollte mit den Augen. »Jetzt komm schon wieder runter ...«

Zu beider Überraschung explodierte Dieter Rupp nun erst recht und ausgerechnet er, der Schmächtige, Scheue, trat sogar einen entschiedenen Schritt auf den muskulösen, quadratischen Rabus zu. »Einen Scheißdreck werde ich, weil ich weiß, was ihr geplant habt, und ich weiß genau – der Sascha hätte da niemals mitgemacht!«

Kremper war völlig verwirrt und plärrte nun seinerseits: »Wovon redest du denn?!«

»Verkaufen wollten sie ...«, er deutete mit dem Finger auf Rabus, »verkaufen wollten sie, er und die Kira und vielleicht auch die andern, und sie haben sich schon mit den Amis getroffen dazu und haben es heimlich halten wollen …« Speichel troff über seine Unterlippe und er wischte mit dem Ärmel drüber. »Ja, da schaut er, der Herr Rabus, was der kleine Ruppi alles weiß.«

Er drehte sich um, knallte die Tür zur Kammer zu und marschierte hinüber zu seiner Maschine. Hunger machte sich bei ihm bemerkbar. Hunger. Und hinter dem Hunger, der im Magen schmerzte, spürte er das Zittern, von dem er nicht sagen konnte, ob es ein innerliches war oder gar die Extremitäten erfasste. Er stand und schaute und traute sich nicht, die Hände nach vorne zu bringen, um zu schauen – waren sie ruhig oder nicht. Es war auch nicht erforderlich, denn es war ein freudig-erregtes Zittern. Er! Er, der kleine, scheue Ruppi … er hatte es dem Rabus so richtig gegeben. Unvorstellbar. Er war den Rabus angegangen, vor dem alle Angst hatten, von dem niemand mehr wusste, als dass er hier arbeitete, und das nach so vielen Jahren. Die Zeiten änderten sich eben und ein wenig spürte er auch Trauer um Sascha, den alten Sascha, den er gekannt hatte. Umgebracht! Der Gedanke daran wandelte das Freudig-Erregte zu einem ängstlichen Gefühl. Jemand, vermutlich jemand, den er kannte, hatte Sascha umgebracht. Das war ein Gedanke, der Angst in ihm aufkommen ließ.

*

Jasmin Gangbacher und Saskia Pröll bauten den Taschenbeamer im Besprechungsraum auf und warteten, bis alle einen Platz gefunden hatten, von wo aus man gut sehen konnte. Die Spannung war nahezu physisch geworden.

Auch Hundle war den Geräuschen gefolgt, schlich eine Weile zwischen all den Beinen und Füßen umher und schaute ein wenig unglücklich drein, bis auch er einen Platz unter dem Tisch gefunden hatte und sich dort an Kimmels

Unterschenkel lehnen konnte. Der genoss die Wärme, die von dem Tierkörper ausging, und vor allem die Ruhe, die ihn dabei durchströmte.

Während die anderen mit der Technik befasst waren, fragte er nach den Ergebnissen des Firmentermins und Lydia setzte die anderen knapp von den Angaben Rupps in Kenntnis.

»So langsam fügt sich eins ums andere«, kommentierte Robert Funk.

Der Beamer meldete sich mit leisem Surren und einem grellen Lichtschein. Eine bunte, in fröhlichen, belebenden Farben gehaltene Tortengrafik leuchtete auf, die auf Anhieb nicht zu entschlüsseln war.

Jasmin berichtete in kurzen Sätzen, wie sie sich entschieden hatten, zuerst das Notebook von Sascha Grahl zu untersuchen, wie zäh das Prozedere mit dem Administrator in der Firma *B&G* gewesen war, bis der die *Credentials* von Grahl herausrückte, er es aber recht gerne getan hatte, als er sich mit der Drohung konfrontiert sah, man würde gegebenenfalls eine Beschlagnahme durchführen müssen.

Gommi verzog bei *Credentials* das Gesicht. Saskia Pröll, die neben ihm saß, flüsterte ihm zu: »Benutzerkennung und Passwort.«

»Wer ist der Administrator in der Firma?«, fragte Schielin.

»Ein gewisser Peter Kremper«

»Ah … «, Schielin sah zu Lydia. »Und wann hast du mit ihm telefoniert?«

»Heute Morgen, und es hat sich gelohnt, denn der Grahl hat das gleiche Passwort auch an seinem Notebook verwendet. So sind wir schneller als gedacht an die Daten gekommen.«

Lydia sah verwundert zu Schielin. Dieser Kremper hatte völlig ahnungslos getan. Es war in allem ein obskurer Fall.

Jasmin zeigte die Profile der Socialmedia-Accounts, auf denen Sascha Grahl unterwegs gewesen war – Facebook, Twitter, Instagram. Doch außer Fotos von Eishockeyspielen und Training und einigen Kneipenbesuchen ergab sich aus diesen Auftritten keinerlei weiterführender Hinweis.

Sie rief nun eine neue Übersicht auf und erläuterte, es handele sich um die Aktivdaten von Sascha Grahl – Gewicht, Atemverhalten, Puls, Blutdruck, Aktivitätsparameter wie gelaufene Schritte, gestiegene Etagen und sportliche Aktivität. Sie klickte weiter und ein Balkendiagramm wurde sichtbar.

Die anderen wussten nicht so recht, was sie damit anfangen sollten.

Robert Funk ließ immerhin ein »Mhm …« hören.

»Wir sind auf dem Notebook auf ein Withings-Konto gestoßen. Das ist eine Plattform für eine Smartwatch. Seit Anfang Dezember letzten Jahres ist dieser Account mit Daten befüllt und wir haben hier alle Daten von Sascha Grahl vor uns.«

Schielin überlegte. Eine Uhr hatten sie bei dem Toten nicht gefunden. Auch kein Smartphone.

Jasmin klickte auf ein Register und vergrößerte den Bildschirm. Sie sprach nun besonders leise. »Das, was wir hier sehen, sind die letzten Aufzeichnungen von Sascha Grahl. Sie stammen aus der vorletzten Woche und enden am Samstag in den frühen Morgenstunden.«

Sie ließ einen roten Laserpunkt auf den Darstellungen wandern und erläuterte die Daten: »Jetzt wird es etwas gruselig … folgt dem roten Punkt. Wir sehen hier den Puls von Sascha Grahl, alles halbwegs normal die Tage über … Mittwoch, Donnerstag, Freitag«, sie klickte auf den Samstag. »Um Mitternacht von Freitag auf Samstag, ein Puls von durchschnittlich siebzig …«, sie scrollte weiter, »Samstagmorgen um Nulldrei und vierzehn Minuten … der Puls steigt abrupt auf hundertvierzig an, im weiteren Verlauf sogar auf hundertachtzig, zweihundert … und dann …«, sie unterbrach und sah in die Runde, »drei Minuten später fällt er … es ist ein freier Fall … unter fünfzig, unter zwanzig … der letzte Impuls fand um drei Uhr und neunzehn Minuten statt. Dann Nulllinie.«

Es war mucksmäuschenstill im Besprechungszimmer. Kimmel hatte Schweiß auf der Stirn, Robert Funk fühlte einen trockenen Mund.

Wenzel fragte bewusst naiv: »Hat er die Uhr da vielleicht abgenommen?«

Sie verzog den Mund und schüttelte den Kopf. »Eher nicht.«

Schielin meldete sich gedämpft. »Jasmin – gehe ich recht in der Annahme, dass wir hier den exakten Todeszeitpunkt von Sascha Grahl vor uns sehen … aufgezeichnet von einer Smartwatch?«

»So ist es. Wir wissen auch, wann das letzte Update zwischen dieser sogenannten Scanwatch und und seinem Smartphone erfolgte. Diese Daten hier wurden um drei Uhr siebenundvierzig von Grahls Smartphone übermittelt.«

»Wir haben aber weder ein Smartphone noch eine Smartwatch gefunden«, meldete sich Lydia.

»Das schon. Aber hier sehen wir, dass am Samstagmorgen um drei Uhr fünfundvierzig eine Datenaktualisierung zwischen Smartwatch und Smartphone stattgefunden hat, und danach wanderten die Daten vom Smartphone auf das Withingskonto von Sascha Grahl.«

Schielin schüttelte immer wieder den Kopf. Er versuchte ein Szenario zu diesen Erkenntnissen zu finden.

Wenzel meldete sich wieder. »Jasmin, ich verstehe das nicht so ganz … Hast du eine Vorstellung, was geschehen ist … also habt ihr versucht, diese Daten in Bezug zu einem Geschehen, zu einer Tathandlung zu bringen?«

Saskia Pröll meldete sich zu Wort. »Das haben wir. Fest steht: Erstens – Sascha Grahl trug zum Zeitpunkt seiner Ermordung eine Smartwatch, und zweitens – er muss auch sein Smartphone im Dachboden dabei gehabt haben, weil ein Datenabgleich zwischen den beiden Geräten vom Dachboden zur Wohnung nicht möglich gewesen wäre; wir haben das überprüft. Drittens – erst zwanzig Minuten nach dem Eintritt der Nulllinie wird eine Datenübertragung ausgelöst. Wir vermuten, der oder die Täter haben die Uhr entdeckt und sie ihm abgenommen. Dies war für die Uhr das Initial einen Datentransfer zu starten. Der oder die Täter haben beides – Smartwatch und Smartphone – verschwinden lassen.«

Jasmin Gangbacher nickte. »Wir haben inzwischen die SIM-Kartentätigkeiten auswerten lassen. Sein Smartphone war bis um vier Uhr siebzehn in der Basisstation auf der Insel eingebucht. Um vier Uhr vierzig meldete es sich allerdings in der Basisstation Hergensweiler an und kurze Zeit darauf folgte ein geordneter Abmeldevorgang … jemand muss es ordnungsgemäß ausgeschaltet haben. In den nächsten Tagen bekommen wir noch den Einzelverbindungsnachweis – alle ein- und ausgehenden Gespräche.«

Lydia ergänzte: »Wir gehen demnach nicht davon aus, dass es sich um Sascha Grahl handelte, der das Handy ausschaltete, denn der hing zu diesem Zeitpunkt am Balken im Dachboden, nicht wahr?«

»Genau. Wer immer es auch war, er hat das Ding nicht in Panik oder großer Aufregung einfach weggeworfen … von der Seebrücke in den See zum Beispiel … das könnte man ja annehmen. Nein. Er hat die Insel mit einem Auto verlassen, ist den Schönbühl hochgefahren und hat erst in der Umgebung von Hergensweiler angehalten. Die Zelle strahlt nicht bis Wildberg oder Rothkreuz. In der Nähe von Hergensweiler muss er das Ding dann ausgeschaltet haben. Ziemlich cool, nicht wahr? Eine Person mit starken Nerven.«

»Eisekalt«, kommentierte Robert Funk, »gibt es da vielleicht auch noch GPS-Daten?«

»Nein, das Tracking ist erst aktiv, wenn man einen Workout beginnt, also Laufen, Gehen, Schwimmen, Radfahren …«

Robert Funk wiederholte: »Workout …«, und richtete den Blick auf Jasmin Gangbacher, »Gartenarbeit, Hausputz, Holzhacken, Fensterschleifen … das ist nicht drin im Workout, nehme ich an.« Sie zwinkerte ihm zu. »Noch nicht.«

Schielin klopfte mit den Fingerknöcheln auf die Tischplatte. »Sehr gut, Jasmin, sehr, sehr gut. Das, was ihr da rausgefunden habt, klingt logisch und wir sind nun auch in der Lage einen Zeitstrahl anzulegen, der für die anstehenden Befragungen von immenser Bedeutung ist. Beginnen wir doch am Donnerstag, dem einundzwanzigsten April, also zwei Tage vor seinem Tod … da hat er am späten Nachmittag die Firma verlassen. Danach ist er nicht mehr gesehen worden, weder im Firmengebäude noch in der Stadt oder sonstwo.«

Er wendete sich an Wenzel. »Haben wir schon was zu seinem Auto?«

»Ja. Wir haben das Türschloss auslesen lassen. Er hat seinen Wagen am Donnerstag abgestellt und ist von da an nicht mehr damit unterwegs gewesen … also das Garagentor ist nicht mehr geöffnet worden.«

»Mhm. So wie es ausschaut, ist er am Donnerstagabend in seine Wohnung und hat die nicht mehr verlassen. Samstagmorgen gegen drei Uhr Todeseintritt im Dachboden. Am Montag erscheint er nicht zur Arbeit, am Dienstag erstattet seine Mutter Vermisstenanzeige und zwei Tage später findet ihn sein Onkel da droben. Wir brauchen von allen, die einen Zugang zum Haus haben, die Angaben zum Aufenthaltsort im betreffenden Zeitfenster.«

Saskia Pröll schaltete sich nun wieder ein. »Bei der Auswertung seiner Aktivitätsdaten ist uns noch etwas aufgefallen. Er hatte offensichtlich erhebliche gesundheitliche Probleme. Sein Puls war manchmal völlig daneben, einmal unglaublich hoch, dann wieder extrem niedrig, und auch der Blutdruck hatte erhebliche Schwankungen. Er hatte ab und an einhundertachtzig zu einhundertfünfzehn, am nächsten Tag wieder ganz niedrigen. Ich vermute zudem, dass er schreckliche Nächte durchlebt hat. Wir haben ja unter seinem Bett diese elektronische Analysematte gefunden und wissen inzwischen, dass sie mit dieser Smartwatch kommuniziert. Er hat sich etwas konstruiert, das einem kleinen Schlaflabor gleichkommt. Er hat fast täglich, also immer, wenn der Blutdruck zu hoch oder zu niedrig war oder wenn der Puls durchdrehte, ein EKG aufgezeichnet. Diesen ganzen Aufwand treibt ein junger, durchtrainierter Mann doch nicht ohne Grund.«

Wenzel musste schmunzeln – es klang seltsam, aus ihrem Mund dieses *junger Mann* zu hören.

»Wissen wir schon, seit wann er das betrieben hat?«, fragte Lydia.

»Wie gesagt, die Daten liegen seit Anfang Dezember vor. Wir gehen demnach davon aus, dass er gesundheitliche Veränderungen spürte oder schon Probleme hatte, was ihn veranlasst hat, sich dieses Equipment zu beschaffen. Vielleicht stoßen wir ja noch auf Onlinerechnungen.«

Lydia wendete sich an Schielin. »Das passt in etwa zu der Angabe von Rupp, der meinte, seit Weihnachten eine Veränderung bei Sascha Grahl bemerkt zu haben.«

Kimmel war ganz bei der Sache und von der Thematik aus zweierlei Gründen fasziniert. Zum einen lieferten die gefundenen Daten Erkenntnisse, die den Fall angingen, zum anderen war es für ihn persönlich von Interesse, was mit so einer Uhr alles überwacht werden konnte. Er fragte kritisch nach: »Und ein EKG hatte der auch noch?«

»Nein, das hat er auch mit der Uhr aufgezeichnet.«

»Mit der Uhr … mit der Armbanduhr?!«

»Ja, es gibt zwei Uhren, die medizinisch auswertbare Daten liefern. Die *Apple Watch* und die *ScanWatch* – letztere hat allerdings den Vorteil, dass man sie nur etwa einmal im Monat laden muss.«

»Ah …« Kimmel war erstaunt. EKG mit einer Armbanduhr. Das war sie wohl, diese Digitalisierung.

»Alibis … wir werden zunächst die Alibis überprüfen«, sagte Schielin.

Die Besprechung verlor sich zunehmend in Details. Das Spurenteam des LKA hatte sich für morgen in Ulm angekündigt und wollte anschließend in Lindau vorbeischauen. Der Stuhl vom Dachboden, der in der Asservatenkammer stand, durfte nicht vergessen werden.

*

Auf Lydias Schreibtisch stand eine Plastikkiste, in der sich jene Unterlagen stapelten, die in Sascha Grahls Wohnung sichergestellt worden waren. Sie stöhnte und ging die Sachen oberflächlich durch. »Ganz schön viel analoges Zeug für so einen jungen digitalen Kerl. So langsam lichtet sich auch ein wenig das Dickicht, meinst du nicht auch?«

Schielin schrieb gerade an einigen Notizen zu einer Information, die gerade von Robert Funk hereingekommen war, der die Aussage der Grahls routinemäßig überprüft hatte.

»Robert hat bei dem Hotel in Radolfzell angerufen. Am betreffenden Freitagabend hat nur Marion Grahl eingecheckt, ihr Mann kam erst am Samstagvormittag.«

Lydia wiegte den Kopf. Schielin notierte weiter. *Aus welchem Grund ging Bendlin in den Dachboden? Wozu das Werkzeug da oben?* Als er fertig war, sah er auf und fragte: »Was sagst du dazu?«

»Was soll man dazu sagen ... vielleicht ein Erinnerungsfehler, was man angesichts der Aufregung verstehen könnte. Das wird nicht schön, wenn wir da nachhaken, und was die Firma anlangt, das ist keine Veranstaltung von Friede, Freude, Eierkuchen. Diese Kira lag mit ihrem Cousin doch regelrecht im Clinch, wenn ich das richtig deute, und da ging es nicht nur um einen Geschäftswagen, das war doch nur ein Stellvertreter-Machtspiel. Da ist noch was anderes im Busch. Ich hätte sie zudem für klüger gehalten ... den Mitarbeitern zu sagen, sie sollten der Polizei gegenüber nichts sagen ... das ist doch wirklich nur dämlich.«

»Wir werden sie danach fragen, wenn sie drüben im Vernehmungsraum sitzt.« Er wies auf die Kiste: »Was ist das für Zeug?«

»Alte Zeitschriften, Zeitungsausschnitte, Papierkram, Versicherungsunterlagen, Autoprospekte, einige Ausgaben *DUMP & CHASE* ... Eishockeykram halt ... ich werde mich mal drübermachen. Und du – schon ein Szenario?«

Schielin ächzte. »Immer wenn ich versuche einen Tatablauf zu konstruieren, lande ich umgehend bei der Leiche, wie sie da oben am Seil hängt. Es ist mir schleierhaft. Was wollte er da droben? Umbringen, soviel wissen wir ja nun, wollte er sich nicht. Und wir haben keine Spuren, die darauf hindeuten, dass er gewaltsam hochgeschafft worden wäre, was auch schwierig gewesen wäre angesichts seiner körperlichen Präsenz ... den hat man nicht rumgeschubst, du verstehst?«

»Der Alkoholpegel war ansehnlich«, gab sie zu bedenken.

»Durchaus … dennoch. Wer immer dabei war – Sascha Grahl muss ihn oder sie gekannt haben.«

»Mehrere Täter?«

»Ist doch auch denkbar. Vielleicht war eine Frau dabei … als Lockvogel …«, er schüttelte den Kopf, »lassen wir das und warten auf weitere Spuren. Vielleicht kriegen wir ja was von der Truppe aus dem LKA und der Abschlussbericht der Obduktion steht auch noch aus.«

*

Schielin führte im Anschluss einige Telefonate. Das letzte Gespräch galt Kira Bendlin, die er mit äußerst nüchternen und knappen Worten zur Vernehmung für den nächsten Morgen einbestellte.

Sie war einverstanden und blieb noch für einen Moment in der Haltung des Telefonats verharren, als Schielin schon aufgelegt hatte. Dann löste sich ihre Anspannung und sie drehte sich langsam um. »Du bist richtig gelegen mit Ruppi. Das war dieser Schielin … morgen früh Vernehmung.«

Jan Rabus lachte böse. »Der kleine Krüppel … der ist mich vorhin echt angegangen … hätte ich auch nicht gedacht, das einmal erleben zu müssen … Ruppi! Ausgerechnet diese Kröte.«

»Er wird ihnen alles erzählt haben«, sagte sie und stützte sich mit den Armen am Tisch ab.

Jan Rabus machte eine wegwerfende Handbewegung. »Was für ein *alles* denn schon? Und es ist doch egal … ist ja schließlich nichts Verbotenes.«

»Aber sie werden sich Gedanken machen und es kommt zur Unzeit … und außerdem ärgert mich, was dieser kleine Knilch alles weiß. Hast du eine Ahnung, woher?«

»Keine Ahnung … vielleicht hat Sascha ihm was gesagt …«

Sie stieß sich abrupt vom Tisch ab und richtete sich auf. »Dann hätte er es ja gewusst!?«

»Ja und? Das halte ich jedenfalls für die wahrscheinlichste Variante … egal nun.«

Sie sah ihn eindringlich an. »Dich lässt das alles völlig kalt, oder?«

»Ich bin genauso traurig wie du«, antwortete er bissig.

Sie sah ihn zunächst skeptisch an, nickte dann aber langsam und nachdenklich. Mit einer plötzlichen Bewegung ließ sie sich in den Bürostuhl fallen und versenkte sich in die Daten auf ihrem Bildschirm. Jan Rabus schien für sie nicht mehr existent zu sein.

Kurz nachdem er ihr Büro verlassen hatte, klingelte ihr Smartphone. Ihre Mutter war dran und bat sie, auf die Insel zu kommen. »Was ist?«, fragte sie, doch da war die Verbindung schon wieder getrennt.

Sarah Bendlin stand am Fenster und sah hinaus. Die alte Linde auf der Gerberschanze stand in frischem Grün, dahinter schimmerte die Wasserfläche des Sees und hinter dem Dunst war die Skyline der Berge immer noch als dunkler Schatten erkennbar. Sie drehte sich um, warf das Smartphone auf die Ledercouch und ging langsam auf und ab, den Blick immer wieder einmal hinaus auf die fesselnde Szenerie gerichtet. Ihr Mann hatte sich wieder hingelegt, was ihr recht war, da es schwierig war, Worte zu finden – für sie gleichermaßen wie für ihn. Sie konnte es einfach nicht mehr hören, dieses *Das kann doch nicht sein!* oder *Es ist doch nicht möglich!*, *Wie kann es nur geschehen sein?* – und das Schlimmste: *Wer?*!

Sie kannte keine Antwort auf die Fragen, und wenn sie zaghaft versuchte, ein rationales Gespräch mit ihm zu führen, sah er sie nur ausdruckslos an. War der erste Schock des Suizids schon furchtbar genug gewesen, hatte die zweite Nachricht – es sei Mord gewesen – ein Gefühl in ihr zum Leben erweckt, das sie in dieser Form noch nie erlebt hatte: Angst. Jemand war in ihrem Haus, in ihrer Wohnung gewesen und hatte Sascha umgebracht. Dieser Gedanke machte ihr mehr zu schaffen als die Trauer über das Schicksal ihres Neffen. Nachts lag sie wach und versuchte, ihre Gedanken zu einem schlüssigen Konstrukt zu führen, worüber sie in alptraumhaften Halbschlaf sank.

Sie hörte das vertraute Klappern der Wohnungstür. Kira war da.

Als sie ins Wohnzimmer trat, sah sie auf den Rücken ihrer Mutter, die sie am anderen Ende des Raumes erwartete, sich jedoch für den Blick hinaus in die dunstige Weite entschieden hatte. Von Bregenz kam gerade die *Vorarlberg* über den See und steuerte den Seehafen an. Sie sprach, ohne den Blick von der Szenerie zu wenden: »Setz dich.«

Sie wartete auf das angenehme Knautschgeräusch des weichen Leders. »Gibt es etwas, was ich wissen sollte?«, fragte sie und wunderte sich darüber, wie wenig anklagend oder sonst emotional aufgeladen ihre Stimme klang.

Ihre Tochter sah sie aus engen Augen an. »Ich weiß nicht, wovon du sprichst.«

»Das denke ich schon.«

Kira Bendlin ließ sich nach hinten in die Lehne fallen und sah kopfschüttelnd zur Decke. »Nicht schon wieder, ja …«

Ihre Mutter blieb ruhig. »Das hier ist das Haus unserer Eltern und Großeltern. Helmut und ich haben entschieden, hier mit unseren Familien zu leben, weil wir gute und schöne Erinnerungen daran haben. Wir haben viel investiert – nicht nur finanziell –, um es zu realisieren. Es ist mein Zuhause. Vor einigen Tagen war jemand hier in diesem Haus und hat

Sascha getötet und im Dachboden an einen Balken gehängt. Ganz abgesehen von diesem Geschehen ist mein weiteres Leben darüber hinaus betroffen – ich will wissen, was geschehen ist, und werde dabei auf niemanden Rücksicht nehmen … verstehst du … auf niemanden.«

Kira Bendlin wendete sich ihrer Mutter zu. »Als wenn du jemals auf irgendetwas oder irgendjemanden Rücksicht genommen hättest.«

Unbeeindruckt davon fragte Sarah Bendlin nun mit fordernder Stimme: »Hat er etwas damit zu tun?«

Kiras Augen blitzten. Sie sprach gepresst und wütend: »Das musste ja kommen …«

»Ich will eine Antwort auf meine Frage.«

»Es ist doch völlig egal, was ich sage …«

»Ist es nicht.«

»Das ist lange her …«, versuchte Kira Bendlin einzulenken.

»Er hat eine Vorgeschichte, das ist das eine, und nun meine ehrliche Meinung zu dieser Person: Er kleidet sich wie ein Zuhälter, benimmt sich wie einer, fährt das Auto eines Zuhälters und er handelt wie ein Zuhälter. Was glaubst du also, mit wem du es zu tun hast?«

Kira Bendlin stand auf und entgegnete angewidert: »Dass du das denkst, weiß ich bereits, aber du hättest es nicht sagen müssen. Gerade jetzt nicht!«

»Doch – es war an der Zeit, es endlich einmal auszusprechen, und gerade jetzt, denn eines ist gewiss – die Polizei wird dem allen nachgehen und noch ganz andere Fragen stellen und da möchte ich nicht erleben müssen, dass du in irgendeine Sache verstrickt bist. Hat es etwas mit der Firma zu tun?«

Kira Bendlin konnte den Schluckreflex nicht unterdrücken und wendete sich schnell zur Tür, um es vor ihrer

Mutter zu verbergen, zuckte sogleich erschrocken zusammen, als sie ihren Vater im Türrahmen stehen sah. Er sah furchtbar aus. Bleich im sonst von Seglerbräune gegerbten Gesicht, der sportliche Körper zusammengesunken, tief in den Augenhöhlen wässrige Augen.

»Wovon redet ihr?«, fragte er müde.

»Gabor von Strehlitz«, beantwortete seine Frau die Frage.

»Was ist mit ihm?«

»Das hätte ich gerne von meiner Tochter gewusst«, sagte sie, »ich hätte gerne, dass sie es mir selbst sagt und nicht ich ihr es sagen muss ...«

Kira Bendlin fühlte, wie ihr plötzlich schwindlig wurde und das Gefühl aufkam, sich übergeben zu müssen. Sie setzte sich wieder. Auch ihr Vater ließ sich auf die Couch sinken, blickte aber teilnahmslos auf den Boden. »Das ist doch alles verrückt. Wie kann so etwas nur geschehen? Es hätte doch nicht so weit kommen müssen ...«

Seine Frau erschrak angesichts seiner Worte. Was meinte er damit: *Es hätte nicht soweit kommen müssen*? Sie verzichtete allerdings darauf, ihn zu fragen; er war wieder in dieses leise Weinen verfallen. Es erschreckte sie, wie wenig er der Situation entgegenbringen konnte, und die Beziehung ihrer Tochter zu diesem Kerl schien ihn nicht im Geringsten zu stören.

Sie ging zum Sofa und strich ihm über den Kopf. Zu ihrer Tochter gewandt, sagte sie: »Ich möchte, dass du gehst, und du sollst wissen, es bleibt dabei – er wird dieses Haus nie betreten. Ich hätte zudem gerne etwas von dir gehört, weil ich der Meinung bin, du hättest etwas zu sagen.«

Kira Bendlin stand auf und es war ihr dabei nicht anzumerken, wie schwer es ihr fiel. »Du wirst dich an den Gedanken gewöhnen müssen, dass sich vieles ändern wird. Nichts wird bleiben, wie es ist, und das ist gut so, und Gabor und ich planen unsere Zukunft. Dieses Haus hier wird keine Rolle dabei spielen und die Firma auch nicht.«

Grußlos, ohne sich ein weiteres Mal umzudrehen, verließ sie den Raum.

Sarah Bendlin musste schlucken und war sprachlos. Das kam nicht oft vor.

*

Wenzel und Saskia Pröll kamen von der Insel zurück, wo sie Befragungen durchgeführt hatten. Sie suchten umgehend das Büro von Schielin und Lydia auf.

Manfred und Sarah Bendlin waren im Zeitraum des Tatgeschehens in Lindau und überwiegend zuhause in ihrer Wohnung gewesen. Am betreffenden Freitagabend hatten sie sich in einer größeren Gesellschaft zum Essen getroffen, zuerst im Lindauer Hof, danach waren sie noch bei Freunden in Schachen gewesen. Gegen drei Uhr in der Nacht waren sie nach Hause gekommen. Manfred Bendlin habe bis weit in den Vormittag geschlafen, seine Frau war früher auf und schon gegen acht am Markt gewesen. Ihnen war nichts aufgefallen.

Schielin hörte aufmerksam zu. Vor allem, als sie auf eine Befragung in der Nachbarschaft eingingen. Eine ältere Dame, die im Kopfhaus der Gasse wohnte und weite Teile ihrer Tage am Fenster verbrachte, weil es da immer etwas zu sehen gäbe, wie sie freundlich gesagt hatte, wartete mit einer interessanten Information auf. Seit etwa zwei Wochen sei ihrer Beobachtung nach immer wieder ein Mann unten in einer Nische des Hauses gestanden, schräg gegenüber des Hauses der Grahls und Bendlins. Ein Fremder sei es gewesen. Ihre Beschreibung war ziemlich akkurat: um die vierzig Jahre, zwar im Anzug, aber mit weit offenem Hemd und ohne Krawatte. Eine Goldkette hätte sie einmal im Sonnenlicht funkeln sehen. Dunkle Haare, schlank, braune Gesichtsfarbe.

Wenzel grinste. »Sie meinte, er wäre so ein seltsamer Typus eben.«

»Zuhälter?«, fragte Lydia.

Wenzel zuckte mit den Schultern. »Es klang jedenfalls so.«

»Was sollte so einer da in der heimeligen Ecke zu suchen haben?«

Saskia Pröll sah Wenzel von der Seite strafend an. »Du bist ganz schön gemein, sie so lange hängen zu lassen«, sie sah auf das Display ihres Smartphones und strich darauf herum, während sie spach: »Einmal will die Dame beobachtet haben, wie der Typ in ein Auto gestiegen sei, das ihn wohl abgeholt hat – und sie hat das Kennzeichen notiert. Feldkirchener Nummer.«

Lydia notierte das Kennzeichen. »Freund Walter wird sich freuen, uns mal wieder helfen zu dürfen.«

*

Alsbald erschienen die Grahls auf der Dienststelle. Helmut Grahl blickte finster drein, als er durch den Gang in Richtung des Vernehmungszimmers ging. Wenzel lief vorweg. Hinter Grahl kam seine Frau, aufrecht im Gang, keinem Blick ausweichend, mit einer latenten Aggressivität in ihrer Körpersprache. Man konnte meinen, sie nähme ein Defilee ab. Sie war einen Kopf kleiner als ihr Mann. Auffallend war ihre stampfende Art zu gehen. Die dunkelbraunen, lockigen Haare waren kurz gehalten. Das Mürrische und Grämliche in ihrem Gesicht fand seine Ursache nicht in den schrecklichen Ereignissen – es war Teil ihres Wesens.

Schielin kam ihnen aus dem Büro entgegen, sprach nochmal sein Beileid aus und ließ die beiden vorweg in den Vernehmungsraum. Wenzel wählte die schmale Seite des Tisches, sodass Schielin dem Paar alleine frontal gegenüber saß. Helmut Grahl sah verlegen auf die Tischplatte, wo seine Augen ziellos hin und her wanderten. Er wusste nicht, wohin mit seinen Händen, die fahrig von einer Position zur nächsten wechselten.

Schielin nestelte an seinen Dokumenten, um Zeit verstreichen zu lassen. Ab und an sah er auf. Marion Grahl machte Eindruck auf ihn. Ganz anders als ihr Mann, saß sie still und aufrecht da. Ihre Hände lagen ruhend und gefaltet in ihrem Schoß, ihr Blick fixierte Schielin abschätzig.

Es missfiel ihm und er tat so, als würde er etwas Bestimmtes in seinen Unterlagen nicht finden, murmelte vor sich hin und wartete.

Tatsächlich sprach Marion Grahl ihn an. »Können wir dann bitte anfangen?«

Schielin sah auf und sagte: »Wir sind schon mittendrin, Frau Grahl.«

Ihr Blick wurde um Nuancen düsterer.

Schielin behielt nur sie im Blick, als er fragte: »Zunächst die für uns bedeutsame Frage – wo waren Sie beide am vorvergangenen Freitag und Samstag? Wir benötigen diese Information möglichst detailliert.«

»Weswegen?«, fragte sie unverblümt.

Wenzel, der bisher wie unbeteiligt dabeigesessen war, straffte seinen Oberkörper und nahm nun Blickkontakt zu Helmut Grahl auf.

»Beantworten Sie bitte die Frage«, entgegnete Schielin ruhig und wartete.

Helmut Grahl antwortete statt seiner Frau, die es mit Missmut begleitete. »Das haben wir doch schon gesagt. Wir waren an diesem Wochenende in Radolfzell.«

Schielin tat nicht länger rum. »Laut Hoteldaten haben Sie, Frau Grahl, am Freitagabend alleine eingecheckt und Ihr Mann kam erst am Samstagvormittag dazu. Ist das so richtig?«

Sie kniff die Augen zusammen und sah Schielin voller Verachtung an. Allerdings löste ein Schluckreflex ihre Selbstkontrolle auf, zuerst gerieten die Hände in Bewegung, sie fuhr sich mit der Rechten über Auge und Stirn und ihre Füße trappelten ein wenig unter dem Tisch. »Das wird wohl so gewesen sein, wie Sie das sagen. Ich muss sagen, ich erinnere mich aufgrund der Umstände nicht mehr genau. Das wird man wohl auch kaum von mir verlangen können.«

»Mhm. Es ist ein bedeutsames Element für unsere Ermittlungen«, sagte Schielin und wendete sich an Helmut Grahl. »Wo waren Sie von Freitagabend bis Samstagvormittag?«

»Wie gesagt … mit Manfred in der Firma … ich weiß nicht mehr genau wie lange, es ist aber sehr spät geworden, weil wir eine wichtige Charge mit einer Fehlproduktion hatten. Danach war ich einige Zeit zuhause und bin am Samstagvormittag nach Radolfzell gefahren.«

»Mhm … und Ihr Sohn, den haben Sie an diesem Freitagabend nicht mehr getroffen … gesehen?«

Grahl schüttelte den Kopf.

»Sie waren also von Freitagnacht auf Samstag im Haus bei der Fischergasse auf der Insel?«

»Ja.«

»Sie haben nichts gehört … nichts mitbekommen … irgendetwas …?«

»Nein!«, fuhr er Schielin aggressiv an. »Wie oft soll ich das noch sagen – nein! Ich habe nichts mitbekommen.«

Wenzel wendete sich unvermittelt an Marion Grahl. »Aus welchem Grund sind Sie nicht zusammen am Samstagmorgen gefahren … Sie hatten doch am Freitagabend keine weiteren Treffen mehr, oder?« Sie sah ihn bestürzt an. Er setzte unverhohlen nach: »Gab es vielleicht Streit?«

Sie musste abermals schlucken und schüttelte den Kopf. Wenzel sah sie an, legte die Stirn in Falten und wartete.

Sie sprach mit belegter Stimme. »Wir wollten am Freitagabend gemeinsam fahren, doch dann kam noch diese Sache in der Firma dazwischen, ich bin irgendwann, als es mir zu lange gedauert hatte, einfach gefahren.«

»Mhm.« Wenzel tat wieder so, als ginge ihn alles nichts an, sah auf einen unbestimmten Punkt im Raum und machte keine weiteren Anstalten, den beiden Aufmerksamkeit zu schenken.

Schielin wendete sich nun der Frage zu, wer alles Zugang zum Haus hatte, wer also über Schlüssel verfügte. Jedes Familienmitglied verfügte über Wohnungsschlüssel, es gab einen eigenen Schlüssel für die Gäste- und Ferienwohnung, in der manchmal Geschäftspartner untergebracht wurden. Daneben gab es eine Putzfrau, die in allen Hausbereichen tätig war und einen Generalschlüssel besaß. Sie putzte auch in der Firma.

Schielin fragte, wer sonst noch Generalschlüssel hatte, die es ermöglichten, sowohl in die Wohnung der Bendlins, der Grahls als auch in die von Sascha Grahl und in die Gästewohnung zu kommen. Es bestand dadurch der Zugang zum gesamten Haus.

Helmut Grahl erläuterte, alle Schlüssel befänden sich in einem Schlüsseltresor in der Firma. Jeder Zugriff würde protokolliert.

Schielin notierte *Schlüsseltresor Firma* und stellte anschließend Fragen, die die Beziehung des Opfers zu seinen Eltern betraf.

Den beiden fiel es sichtlich schwer, sich zu diesem Bereich zu äußern. Sie schilderten ihren Sohn als sportbegeisterten, intelligenten, zurückhaltenden jungen Mann, zu dem sie beide ein gutes, offenes und herzliches Verhältnis gepflegt hätten.

Schielin ging auf die Verwerfungen der Persönlichkeit von Sascha Grahl ein, von denen sie erfahren hatten, und die bei den beiden zu einer gewissen Ratlosigkeit führte. Sie bestätigten verhalten diese Charakterveränderung, wussten jedoch keinen Grund dafür zu nennen. Neben einigen Aussetzern, wie Grahl meinte, hatte es sonst keinen Streit in der Firma oder in der Familie gegeben. Er fügte an, auch in der Beziehung mit Chris Andlin könne er keinen Grund dafür sehen. Seine Frau blieb ohne Reaktion, als er das sagte. Weder bestritt sie seine Aussage noch ließ sie Zustimmung erkennen. Wie eingefroren.

Eine eigenartige Position, wie Schielin fand. Auffällig bemüht, so gar nicht zu reagieren.

Mit dem Gefühl, nicht sonderlich neue Informationen gewonnen zu haben, entließ Schielin die beiden.

Zurück im Büro, erzählte er Lydia von der Vernehmung. Die sortierte gerade konzentriert die Unterlagen, die in Sascha Grahls Wohnung sichergestellt worden waren, nach einem für ihn nicht nachvollziehbaren Schema. Ohne aufzusehen, meinte sie versonnen: »Das mit seinem Alibi ist doch eine seltsame Angelegenheit, oder nicht? Das klingt irgendwie sehr wacklig, wenn du mich fragst.«

»Ja schon, ich habe da nicht weiter insistiert, aber du wirst Manfred Bendlin dazu nochmal in die Mangel nehmen müssen.«

Sie stöhnte. »Naja, das wäre das geringste Problem …«, sie deutete auf die Papierstapel vor sich, »aber was dieser junge Kerl da alles zusammengetragen hat … ich weiß ja nicht. Passt nicht so ganz zum Bild des jungen sportlichen Eishockeyspielers. Jede Menge esoterisches Zeug und alte Zeitungsausschnitte. Und insgesamt beginne ich tiefes Mitleid für den armen Kerl zu empfinden, nicht etwa weil sein Leben auf diese schreckliche Weise geendet hat, sondern für das armselige Leben, das er geführt haben muss«, sie legte alles zur Seite und richtete sich auf, »ich habe mir nochmals die Fotos von seiner Wohnung angesehen – alles modern, schnieke, geradlinig und so, aber weit und breit kein Esstisch! Stell dir das mal vor. Hat der nur auf dem Sofa gehockt und vorm Bildschirm seine bestellten Pizzas verdrückt? Schrecklich, finde ich, und der Blick in eine traurige Welt … ich meine, die traurigste Art zu essen, ist immer noch die – alleine zu essen, oder findest du nicht? Viel Kontakt scheint er nicht zu seinen Eltern gehabt zu haben.«

Schielin stimmte ihr zu. Es gab kaum Wohltuenderes, als gemeinsam an einem Tisch zu sitzen und miteinander zu schmausen. Sie verabredeten schließlich, noch heute in die Firma zu fahren, um das Schließprotokoll des Tresors auszulesen.

*

Zuhause bei Schielins klingelte das Telefon und Marja nahm ab. Verwundert hörte sie die Stimme von Sarah Bendlin, die unumwunden fragte, ob sie sich treffen könnten. Marja fühlte sich regelrecht überrumpelt und wusste nicht so recht, was sie darauf sagen sollte. Auf der anderen Seite – was sollte schon problematisch daran sein, wenn sie sich mit Sarah treffen würde, und so sagte sie zu. Ein Spaziergang sollte es werden. Treffpunkt am *Corner-Café* im Hafen.

Marja war nach dem Gespräch noch eine ganze Weile gedanklich damit beschäftigt. Sollte sie von dem verabredeten Treffen erzählen? Sie ächzte, weil sie dieser Zwiespalt, in den sie wieder geraten war, aufwühlte. Sie lenkte sich mit belanglosen Arbeiten im Haus und im Garten ab und kam zu dem Schluss, es für sich zu behalten und einfach abzuwarten, was Sarah Bendlin von ihr wollte. Zum einen hatte sie die Befürchtung ausgenutzt zu werden, was ihr leidtäte, denn sie empfand schon immer eine große Sympathie für diese blonde, löwenmähnige Frau, die sich Respekt verschaffte und deren Engagement von vielen verächtlich und sogar hämisch begleitet wurde. Immer wieder erinnerte sie das Telefonat mit ihr und fragte sich, ob es wirklich so sein konnte, dass darin der Versuch begründet lag, über die Frau des Polizisten Informationen über den Ermittlungsstand zu bekommen? Nein – das erschien ihr als zu plump, zu gewagt, zu dreist für eine Person wie Sarah Bendlin.

Sogleich wurde ihre Selbstgewissheit dahingehend aber von jenen Erfahrungen erschüttert, die sie durchaus hatte machen dürfen, da sie durch ihren Mann den Varianten menschlicher Abgründe etwas näher kam als andere. Sie könnte diesen Beruf niemals ausüben, niemals.

Als Schielin am Abend nach Hause kam, war er wie an vielen anderen Tagen auch sprechfaul und hing ganz seinen Gedanken nach, die er von der Dienststelle mit nach Hause gebracht hatte. Beiläufig und abwesend reagierte er auf das, was Marja vom Tag erzählte, von der Zoomkonferenz mit Lena und Laura, wenigstens eine positive Neuerung, die sich der Pandemie verdanken ließ. Insgeheim musste sie grinsen, wenn sie ihn so beiläufig »Mhm« und »Ach ja, schön« sagen hörte, und an ihr kleines Geheimnis, dem verabredeten Treffen mit Sarah, dachte. Was er wohl dazu sagen würde?

Detektive

Gleich am Morgen traf das Spurenteam des Landeskriminalamts im pathologischen Institut in Ulm ein und nahm mit nüchterner Gelassenheit seine Arbeit auf. Der Kapo war ein schweigsamer Kerl mit kräftigen Schultern, zu dem die anderen *Charly* sagten. Wenn er etwas sagte, konnte er das Niederbayerische nur ungenügend verbergen.

Die Leiche Sascha Grahls war unverändert geblieben und aufgrund der durchgehenden Kühlung gut zu untersuchen.

Lydia Naber war gar nicht erst auf die Dienststelle gekommen, sondern hatte sich direkt von zuhause aus nach Ulm aufgemacht, um dabei zu sein. Zum einen konnten Fragen auftauchen, die nur von ihrer Seite zu beantworten wären, zum anderen war sie vom Interesse getrieben, zu beobachten, wie Spezialisten an die Sache herangingen; man konnte immer dazulernen oder etwas Neues erfahren. Schon das Equipment war beeindruckend. Vier große Stative für Speziallampen wurden an den Ecken des Stahltisches aufgebaut, der in einen kleinen gekachelten Raum geschoben worden war. Lydia fror, weil sie nur zusah und selbst nichts zu tun hatte. Zudem musste sie einen knisternden Plastikanzug tragen und eine FFP3-Maske. In einer bestimmten Reihenfolge wurde der Leichnam mit eigentümlich riechenden Flüssigkeiten besprüht, Lichtstrahlen unterschiedlicher Wellenlänge fluteten in der Folge über den Körper. Zwei des Teams suchten mit überdimensionalen Lupen, die auf einem fahrbaren Gestell montiert waren, jeden relevanten Bereich exakt ab. Vor allem das mühsame *Mini-taping* dauerte eine gefühlte Ewigkeit, die sich noch eine Spur ewiger anfühlte, weil dabei nicht ein Ton gesprochen wurde.

Den Job musste man auch mögen, dachte sie und verfolgte, wie nach den ersten Durchgängen die Kleidung vorsichtig abgenommen wurde.

Was die anderen jetzt wohl machten? Ein wenig fehlte ihr die Morgenbesprechung schon, vor allem aber der Kaffee. Schielin konnte die anderen auch alleine von dem unterrichten, was sie am Vortag noch in Erfahrung gebracht hatten. Ihr erneutes Auftauchen am späten Nachmittag in der Firma hatte bei den Beteiligten sichtbares Unbehagen ausgelöst. Rupp und Kremper waren ihnen aus dem Weg gegangen. Rabus war das nicht möglich, da er ihnen als Ansprechpartner diente und die erforderlichen Informationen besorgen musste. Der Schlüsseltresor war zuletzt vor einigen Monaten, im September und Ende Dezember geöffnet worden. Manfred Bendlin hatte dem Protokoll zufolge den ihm zugeordneten Code eingegeben, einen Wohnungsschlüssel entnommen und drei Tage später wieder zurückgelegt. Laut Schlüsselliste befanden sich alle Schlüssel im Tresor und die Überprüfung, die sie durchführten, bestätigte dies.

*

In Schielins Büro klingelte das Telefon und er eilte mit schnellen Schritten vom Gang zurück, wo er sich noch mit Wenzel und Saskia Pröll ausgetauscht hatte. Etwas atemlos nahm er das Gespräch entgegen. Walter Lurzer meldete sich mit seinem wohligen Ländle-Dialekt. »Das Autokennzeichen, das Lydia durchgegeben hat … in welchem Zusammenhang braucht ihr die Informationen dazu?«

Schielin fasste den Kontext in wenigen Sätzen zusammen und fragte: »Hast du schon was?«

Walter Lurzer druckste ein wenig herum. »Naja … schon irgendwie …«

»Na, dann werde halt mal ein wenig konkreter …«

»Das Auto gehört zu einer Privatdetektei aus Feldkirch.«

Schielin hatte mit einigem gerechnet, nur damit nicht. »Ein Detektivbüro?«, fragte er verdutzt.

»Ja, ein Detektivbüro, und die Beschreibung des Typen ist derart treffend … ich weiß schon, mit wem wir da zu tun haben … ein Ex-Kollege, du verstehst ?«

»Einer von euch?«

»Ja.«

»Begeistert klingst du nicht gerade … was is'n das für einer?«

»Schwer zu sagen … Mario Ganahl lautet sein Name. Er hat vor einigen Jahren gekündigt, um eine Detektei aufzumachen und den Gerüchten zufolge ist er damit einem Verfahren zuvorgekommen, dessen Ausgang ihn hätte zwingen können zu gehen. Das hätte seine Aktenlage nicht unerheblich verschmutzt und die Detektei wäre nicht mehr als ein Traum geblieben. Es gab da wohl so eine Art Kuhhandel … du verstehst?«

»Ich denke schon … er hat wohl deutlich gemacht, wie sehr er in der Lage wäre, mit Dreck zu werfen, wenn man den geradlinigen Weg ginge …«

»So in etwa.«

»Und in welchen Bereichen war er so unterwegs?«

»Sein Geldbeutel war wohl für die ein oder andere Einzahlung empfänglich.«

»Ahhh … so einer … na gut.«

»Ja, schon ein Schluri dahingehend, aber dennoch einer mit einem Riecher, gar kein schlechter Schandi, und die Nummer mit eurem ermordeten Suizidenten, die passt überhaupt nicht in sein Repertoire. Soweit mir bekannt, ist er eher im Bereich Betrug, Finanzen, Wirtschaftskriminalität unterwegs – nix mit Toten. Da hätte er sich am Ende das Maßanzüglein schmutzig gemacht.«

»Ach, einer von der Anzugfraktion … wird man mit ihm reden können?«

Walter Lurzer meinte: »Am einfachsten würde es sein, wenn ihr ihn drüben bei euch aufgabelt und ein wenig grillt. Hier bei uns wird das so einfach nicht gehen, du verstehst, also nicht auf dem kurzen Dienstweg, das würde mit ihm nicht funktionieren.«

»Ah ja, verstehe.«

Walter Lurzer gab Schielin noch zwei weitere Autokennzeichen, die auf die Detektei Ganahl liefen, und wünschte ansonsten viel Glück.

Schielin klapperte mit dem Bleistift auf der Schreibtischplatte herum. Ein Privatdetektiv, der das Haus der Grahls beobachtet haben sollte? In wessen Auftrag?

Er schrieb eine Notiz für Kimmel zur Weiterleitung, in welcher eine Personenbeschreibung und die drei Autokennzeichen enthalten waren. Vielleicht lief dieser Mario Ganahl ihnen ja vor die Füße, wenn sie Glück hatten.

Lydia rief an. Sie war bereits auf dem Rückweg. Die Spurentechniker hatten tatsächlich einiges finden können und sie hoffte, die Nachsuche im Dachboden würde genauso ergiebig werden. Er verneinte, als sie fragte, ob er mitkommen wolle. Er hatte vor, sich endlich diesen Dustin Kinkelin vorzunehmen, den er bisher nicht ans Telefon bekommen hatte. Unzählige Male hatte er schon die Nummer durchläuten lassen.

Doch als er es gleich nach Lydias Anruf erneut versuchte, hatte er Erfolg. Eine unwirsche Stimme meldete sich. »Wie oft denn noch, he!?«

»Kripo Lindau, Herr Kinkelin. Mein Name ist Schielin. Hätten Sie eben vorher mal hingehen sollen! Ich kann Sie auch auf die Dienststelle vorladen und Ihnen die Zeit diktieren, die mir passt. Wir müssen mit Ihnen reden – Sascha Grahl.«

Es herrschte Stille am anderen Ende. Er meinte Getuschel zu hören, Flüstern, Geräusche – es konnte allerdings auch das Eigenleben von Lautsprechern sein. Er wartete.

Dustin Kinkelin klang versöhnlicher. »Ich bin eigentlich flexibel …«

Schielin unterbrach ihn. »Sie sind gerade zuhause … Wasserburg?«

»Nein … Nonnenhorn.«

Schielin notierte die Adresse. »Wir sind in einer Viertelstunde bei Ihnen. Bis dann.« Er legte auf und begab sich auf die Suche nach dem *wir*. Wenzel und Saskia Pröll waren unterwegs, um Manfred Bendlin nochmal zu befragen, Gommi schied aus, Jasmin Gangbacher hockte vor ihren Bildschirmen – wenigstens war Robert Funk in seinem Büro und begleitete ihn.

*

Dustin Kinkelin war ein bulliger Kerl von Ende zwanzig mit kurzen, braunen Haaren. Über die kantige Stirn verlief eine schorfige Schrunde bis zur Schläfe.

Seine Wohnung befand sich im Dachgeschoss eines Mehrfamilienhauses, das gar nicht weit vom See entfernt lag. Immobilienmakler hätten von direkter Seelage mit Bergblick gesprochen.

Er erwartete die beiden im Treppenhaus, dessen Steintreppe spiegelte und glänzte. Es roch nach Putzmitteln und jedes Geräusch hallte.

Entgegen seiner massiven Körperlichkeit wirkte er zurückhaltend, ja geradezu verunsichert. Beinahe hätte man den Eindruck gewinnen können, er kenne sich in seiner eigenen Wohnung nicht aus, derart umständlich bugsierte er den unerwünschten Besuch ins Wohnzimmer.

Eine breite Gaube machte den Blick nach Süden frei. Hinter Hausdächern und Baumwipfeln schimmerte ein Streifen Seefläche hindurch, darüber der Alpstein. Um den Säntis zogen Dunstschwaden.

Schielin und Robert Funk setzten sich, lehnten das Angebot eines Kaffees ab und kamen schnell zur Sache. Robert Funk begann. Schielin ließ seinen Blick durch den Raum wandern. Keine Vorhänge – das wäre Lydia zuerst aufgefallen. Ein ausgefranster Teppich auf dem Laminat. Stapel mit Büchern und Zeitschriften auf dem Boden, an der Wand oder in die Nischen geschoben, die sich aus der Dachschräge ergaben. Der Kniestock war nicht sonderlich hoch. Bilderrahmen standen herum und in der Ecke hinter der Tür noch zwei Umzugskartons. Lange konnte er hier noch nicht wohnen.

Robert Funk hatte Dustin Kinkelin die allgemeine Frage gestellt, was er noch so über Sascha Grahl zu erzählen wisse.

Kinkelin kratzte sich am Ohr, strich über seine Nase, um ruhig zu sagen: »Ein Arschloch halt.«

Robert Funk richtete einen ernsten und fragenden Blick auf ihn.

Dustin Kinkelin fuchtelte mit den Händen – abwehrend, entschuldigend, wackelte dazu mit dem Oberkörper: »Ja … was soll ich sonst sagen … durchgeknallt halt … wundert mich alles nicht.«

»Was wundert Sie alles nicht?«, hakte Schielin streng nach.

»Ja, was da passiert ist.«

»Was ist denn passiert? Sagen Sie es uns«, forderte Robert Funk ihn auf.

»Das war einfach ein verrücktes Ding mit ihm. Der war zum Schluss von der Sorte *Mach eine Sache, und zwei gehen schief.*« Er sah die beiden an, ob sie verstanden, was er sagen wollte, doch er sah nur in zwei ernst dreinblickende Gesichter. »Er war ein ganz anderer geworden ... ein ganz anderer.«

»Haben Sie eine Erklärung dafür?«

»Ja die Sauferei halt ... der hat doch gesoffen wie ein Loch, aber niemanden hat das interessiert, alle haben einfach drüberweg gesehen. Der kam ja manchmal früh in die Firma und hat ausgesehen wie der Leibhaftige persönlich. Den hat's sogar manchmal weggedreht beim Laufen.«

»Sie waren miteinander befreundet«, stellte Schielin fest.

»Ja schon. Eigentlich von Kindheit an ...«

»Und ... das hat sich einfach so aufgelöst?«

Kinkelin sah weg. Die Frage traf ihn. »Nein ... einfach so nicht ..., aber der Kerl, der hat mich fast umgebracht ..., wenn ich nicht ...«, er machte eine wegwerfende Handbewegung, »ist jetzt auch egal.«

»Wann hatten Sie den letzten Kontakt zu ihm?«

Kinkelin sah wieder auf. Unbewusst fuhren seine Schneidezähne langsam über die Unterlippe. »Zuletzt, wann ich ihn zuletzt gesehen habe?«

»Ja.«

»Am Freitag vor zwei Wochen.«

»Mhm. Und wann da genau und wo?«

»In seiner Wohnung.«

Robert Funk richtete wieder seinen Blick auf Kinkelin. Jetzt wurde es in der Tat interessant.

»Wie lange waren Sie in der Wohnung?«

»Ich bin am späten Nachmittag da gewesen, so gegen fünf Uhr vielleicht.«

»Allein?«

»Ja.«

»Worüber haben Sie geredet … worum ging es bei Ihrem Besuch? Wieso haben Sie ihn besucht – das Arschloch?«

Kinkelins Augen funkelten ihn wütend an. »Ich wollte mit ihm reden. Er tat mir leid.«

»Obwohl er Sie fast umgebracht hätte … obwohl Ihre Freundschaft zerbrochen war?«

»Er ist mein einziger echter Freund … war …«

»Was ist passiert?«

»Ja nichts ist passiert. Er war an seinem Computer gehockt und hat mit alten Zeitungsausschnitten rumgemacht und gegoogelt … gesoffen natürlich … Whiskey … *Macallan* … das teure Zeug natürlich auch noch.«

»Und weiter?«

»Ja nichts weiter. Er hat mich reingelassen und sich an den Bildschirm gehockt und mich gar nicht angesehen. Ich hab wissen wollen, was mit ihm los ist, aber er ist nur ausgewichen. Er war ganz komisch drauf … irgendwie hab ich richtig Angst vor ihm bekommen.«

»Wann sind Sie gegangen?«

»Thh … ich war vielleicht so zwanzig Minuten bei ihm … also ne halbe Stunde war es sicher nicht. Ich bin dann raus und rüber in die Fischergasse und hab mich drunten ins *Augustin* gesetzt, was gegessen und getrunken.«

Robert Funk lächelte ihn scheel an. Also dieser Eishockeytyp war nun wirklich keiner, der von sich aus ins *Augustin* gehen würde. Niemals. Er fragte daher: »Ins *Augustin*, mhm, und Sie waren da allein?«

Kinkelin druckste abermals herum. »Nein. Meine Freundin hat da auf mich gewartet.«

»Ah«, ließ Robert Funk hören. Das war nun schon eher nachvollziehbar. »Wer ist Ihre Freundin, wir müssen sie befragen.« Kinkelin wurde bleich und er musste schlucken, bevor er fragen konnte: »Wieso das denn?«

»Gehört zum Job in so einem Fall. Also … wer ist das?«

»Annalena …«

»Annalena … und weiter?«

»Grahl. Die Schwester von Sascha.«

Robert Funk lehnte sich zurück und sah zu Schielin.

Der fragte: »Sie sind der Lebensgefährte von Annalena Grahl!?«

»Ja.«

»Mhm.«

»Und sie war an diesem Freitag hier in Lindau … bei Ihnen?«

»Ja.«

»Erklären Sie uns das bitte … es klingt alles ein wenig nach Heimlichtuerei, oder täusche ich mich da?«

»Heimlichtuerei nicht …«

Schielin wurde ungeduldig. »Wissen die Grahls von Ihrer Beziehung, also die Eltern, oder nicht?«

Kinkelin nickte. »Die wissen es nicht. Es ist eh kompliziert.«

Robert Funk fuhr ihn an. »Was ist bitte kompliziert daran, he?«

»Sie hat keinen Kontakt mehr mit ihren Eltern, mit Sascha aber schon und ich habe ihr erzählt, was so mit ihm los ist und in der Firma und da hat sie sich Sorgen gemacht und mehrmals mit ihm telefoniert und sie wollte, dass er sich endlich mal untersuchen lässt und nicht mehr zu diesen Geistheilern geht, und sie hat mich eben gebeten, doch nochmal mit ihm zu reden, weswegen ich an dem Freitag bei ihm war. Er hätte mit rüberkommen sollen ins *Augustin* … zum Reden.«

»Ist er aber nicht«, stellte Schielin fest.

»Ja, ist er nicht. Wie ich schon gesagt habe, war er schon angedüdelt und voll daneben. Hat mich ein paar Mal angeschrien ›*Jetzt weiß ich's, jetzt weiß ich alles!*‹ und hat auf den Tisch geschlagen. Ich sage ja – komplett durch, der Typ. Total versoffen.«

»Hat Ihre Freundin Schlüssel für das Haus?«

Kinkelin sah ihn irritiert an. »Nein … nicht dass ich wüsste.«

»Was haben Sie beide an diesem Freitag noch gemacht?«

»Sie ist rüber zum Haus und hat geklingelt, aber er hat gar nicht reagiert, und danach sind wir gleich nach Ulm gefahren, zu ihr, weil sie in Lindau nicht bleiben wollte … ach ja … und in der Baustelle vor Ulm sind wir geblitzt worden.«

Robert Funk notierte sich Autokennzeichen und die Uhrzeit.

»Was wissen Sie von dem, was im Haus vor sich gegangen ist?«, fragte Schielin.

Dustin Kinkelin zuckte mit den Schultern – eine belanglose Geste. »Naja, dass er halt am Kranbalken gehangen hat und es angeblich kein Selbstmord gewesen sein soll.«

Schielin hätte beinahe eine körperliche Reaktion gezeigt, als er aus Kinkelins Mund das Wort *Kranbalken* vernahm. »Woher haben Sie diese Information?«

Dustin Kinkelin zögerte mit der Antwort und sah von einem zum andern. »Erst hat mich Rabus angerufen … gestern. Er hat mir gesagt, Sie seien in der Firma gewesen und Ruppi hätte gequatscht, also erzählt, was passiert ist.«

»Was hat Rabus genau gesagt?«, insistierte Schielin streng.

Kinkelin sah ihn verständnislos an. »Hab ich doch grad gesagt.«

»Wie kommen Sie auf – Kranbalken!?«

Kinkelin musste überlegen und wiederholte: »Kranbalken …«

Schielins Stimme wurde unangenehm. »Ja, Herrgott! Sie haben uns doch gerade gesagt, Sascha Grahl hätte am Kranbalken gehangen. Woher haben Sie das?! Raus jetzt mit der Sprache!«

»Ach so … das habe ich, wenn ich mich recht erinnere, von Kira. Die hat mich gestern angerufen und gefragt, ob ich nicht wieder in der Firma anfangen will … also, jetzt …«

Schielin sah konsterniert zu Robert Funk. »Jetzt, wo Sascha Grahl tot ist … wollen Sie das sagen? Kira Bendlin hat Sie gestern angerufen und gefragt, ob Sie wieder in der Firma anfangen wollen … sozusagen, jetzt, wo Sascha Grahl ja nicht mehr da ist?«

»Ja. Ja …, aber ich muss sagen, ich hab mir nichts dabei gedacht.«

»Und, fangen Sie da wieder an?«, fragte Robert Funk.

Er schüttelte heftig den Kopf. »Nein, das ist rum und außerdem erzählt man, die würden an die Amis verkaufen wollen. Das brauch ich wirklich nicht.«

»Ah … verkaufen. Na gut. Weiß Kira Bendlin von Ihrer Beziehung zu Annalena Grahl?«

»Nein, ich denke nicht.«

»Gut. Von welchen Geistheilern haben Sie da vorhin gesprochen, zu denen Sascha Grahl angeblich ging?«

Kinkelin zuckte mit den Schultern. »Ich weiß nur, es war auf der Insel. Aber seit er da hingegangen ist, ist es nur noch schlechter geworden.«

»Streit, Ärger in der Firma – kann das vielleicht ein Grund für die Veränderungen gewesen sein … könnte es mit dem Verkauf der Firma zu tun haben?«, fragte Schielin.

Kinkelin überlegte. »Streit nicht, Ärger schon, aber ich denke nicht, dass das der Grund gewesen ist. Mit Kira ist er eh nicht zurechtgekommen und da war ja auch die Sache mit dem neuen Geschäftswagen, aber … nein … im Grunde war das alles im normalen Bereich, wenn er nicht so irre reagiert hätte in letzter Zeit und nicht ständig Mist gebaut hätte. Der hat ja Daten geliefert, jenseits von Gut und Böse. Hat die Firma viel Geld gekostet.«

»Überfordert?«

»Nein. Der war supergut im Job und auch supergut privat und so … war er …«

Schielin fragte: »Hatte er vielleicht Covid … könnte es eine Folge von Covid gewesen sein, diese auffällige Persönlichkeitsveränderung?«

Kinkelin musste nicht überlegen. »Ja, der Sascha hat Covid gehabt, gleich am Anfang, aber völlig unproblematisch. Drei, vier Wochen war er gelegen, wenn ich mich recht erinnere, aber nachher war er sofort wieder fit … Eishockey … da merkt man, ob einer fit ist oder nicht. Ne … irgendwas hat ihn saufen lassen. Ich vermute, es hat mit der Firma zu tun und der heiligen Familie.«

»Wie meinen Sie das?«

»Naja, bei denen darf keiner aus der Reihe tanzen – die Firma ist alles, der Einzelne nix. So halt.«

Robert Funk schaltete sich ein. »Und Ihre Freundin ist aus der Reihe getanzt.«

»Ja. Sie hat eben andere Dinge im Sinn als dieses Familienprojekt.«

»Erklären Sie das näher … was Sie mit Familienprojekt meinen.«

»Sie hätte ja eigentlich in die Wohnung sollen, die jetzt Ferienwohnung ist, so hätte das ihre Mutter haben wollen … alle aufeinander, alle zusammen und immer nur Firma, Firma, Firma … sieben Tage die Woche, rund um die Uhr. Verstehen Sie, was ich meine? Für die gibts nur die Firma und nichts anderes.«

»Wen verstehen Sie unter *die*?«

Jetzt musste er überlegen. »Na der alte Grahl und seine Frau, die Sarah, seine Schwester und der Manfred, ihr

Mann … der ist ned ganz so arg … aber schon auch mit dabei … was soll er auch machen …«

»Ned ganz so arg, aber schon auch«, wiederholte Schielin, ohne dabei sarkastisch zu klingen.

Kinkelin nickte.

*

Sarah Bendlin trug einen schwarzen Hosenanzug, beigefarbene Seidenbluse, hatte ein dunkelblau changierendes Tuch übergeworfen und am dezent gebräunten Hals ordnete sich in mattem Glanz eine schlichte, umso edlere Perlenkette. Eine Erscheinung, die auffiel.

»Viel zu chic für einen Spaziergang«, sagte Marja, als sie sich vor dem *Corner-Café* trafen.

Im Hafen selbst ging es an diesem Tag mitten unter der Woche entspannt zu. Helle Wolken zogen langsam von Westen kommend über die Insel, eine leichte Brise wehte, frischte ab und an auf und die Wolken schufen einen angenehmen Wechsel von Sonne und Schatten. Die *Stuttgart* lief gerade in den Seehafen ein und passierte die Engstelle zwischen Leuchtturm und Bayerischem Löwen routiniert. Möwen drehten ihre Runden, und zwischen den Cafétischen hüpften Spatzen umher. Draußen zog langsam die *Hohentwiel* vorbei. Fetzen von Musik waren zu hören – Dixie. Wer dieses Schiff buchte, wollte pure Nostalgie mit einem kräftigen Schuss Sentimentalität und guter Laune.

In den Cafés waren noch Tische frei und nur ein Straßenkünstler zeigte an diesem Tag seine Kunststücke im Schatten des Mangturms.

Die beiden Frauen passierten die Südseite des Bahnhofsgebäudes und nahmen den Weg an der Eilguthalle vorbei.

Seit der Gartenschau war der ehemals schmale holprige Schützingerweg zu einem Ufer-Boulevard ausgebaut worden. Ein Genuss.

Bis zur Karlsbastion gingen sie schweigend nebeneinander her. Marja hatte kein Interesse, von sich aus das Gespräch zu beginnen, schließlich war es nicht sie gewesen, die das Treffen angefordert hatte.

Sie mochte den Blick hinaus auf den See und zu den Bergen und sie mochte es, ja es war so, von dieser Frau begleitet zu werden. Gespannt war sie allemal, wie es vonstattengehen würde.

Als hätte Sarah Bendlin ihre Gedanken lesen können, begann sie plötzlich mit einem überraschenden Satz. »Eines Tages im Verlauf unseres Lebens kommen die Menschen unserer Jugend wieder zu uns, einer nach dem anderen, jeder zu seiner Stunde, und reden zu uns, auch die Toten.«

Marja sah sie an und antwortete nichts darauf.

»Das habe ich vor einiger Zeit gelesen und es hat sich festgesetzt, weil es zu einer Zeit war, da ich genau diese Erfahrung gemacht habe. Geht es dir ähnlich?«

»Manchmal, ja. Aber es ist bislang nicht zu einem Dauerzustand geworden.«

»Mhm. Mich verwundert es nur deshalb, weil gerade, als ich diese Erfahrung mache, dieses Drama Einzug hält in mein Leben. Es heißt ja so lapidar klug klingend: *Das Leben geht weiter.* Ich habe aber im Moment nicht den Eindruck, dass es so wäre. Ich empfinde es eher so, als würde nicht das Leben weitergehen, sondern nur die Zeit. Sie geht einfach weiter und über alles, einfach über alles hinweg und lässt einen zurück. Solche Gedanken hatte ich noch nie zuvor. Ich war immer der Meinung, mit der Zeit gleichhalten zu können. Tja ...«

Sie kamen in die Nähe des Pulverturms. Marja sagte: »Das

ist sicher eine schwere Situation. Aber aus welchem Grund wolltest du dich mit mir treffen und weswegen hast du mich neulich angerufen?«

Sarah Bendlin ließ die Frage stehen, bis sie den Pulverturm passiert hatten. »Ha! Weil ich niemanden sonst habe, mit dem ich in dieser Situation reden könnte. Ich weiß schon, dadurch, dass Conrad die Ermittlungen führt, könnte ein anderer Eindruck entstehen, doch es geht mir nicht darum, etwas über seine Arbeit zu erfahren. Es ist anders. In unserer Familie ist niemand da, mit dem ich reden könnte, da zum einen alle involviert sind und schon der Alltag nicht mehr im gewohnten Rahmen funktioniert. Es ist mir eine blanke Horrorvorstellung, gemeinsam am Tisch beim Essen zu sitzen. Dieses Schweigen! Schon das eigene Atmen wird einem schwer und zu laut. Und der engere Freundeskreis hat sich unmittelbar distanziert, was auch eine mindestens interessante Erfahrung ist. Meine Freundinnen können stundenlang darüber schwafeln, welches Wellness-Hotel gerade das angesagte ist und ob man nun eher in Schottland eine Golfwoche einlegt oder besser in Südafrika.« Sie ächzte. »Nein … ich dachte mir, dass du als Polizistenfrau einen nüchternen Zugang zu einem solchen Geschehen hast.«

»Ah … das klingt wirklich interessant«, sagte Marja, »ich, die Polizistenfrau.«

Sarah Bendlin lachte. »Im Grunde reicht es mir, mit dir hier spazieren zu gehen. Ich muss gar nicht über das Geschehene reden, verstehst du? Das hier tut mir gut … wenn du nicht dabei wärst – ich hätte das Haus gar nicht verlassen. Es ist schwer zu erklären, doch ich habe das Gefühl, alle starren mich an, schauen mir nach … Manfred geht nur noch bei Dunkelheit raus und läuft eine Runde über die Insel, um zu vermeiden, jemandem zu begegnen, der ihn kennen könnte, und die damit verbundene schwierige

Situation: Schaut man hin, schaut man weg, begrüßt man, was könnte man sagen … dann doch eher so tun, als würde man ihn nicht sehen und weiterlaufen, weiter, um aus der Situation rauszukommen.«

Marja sah sie an und sie liefen schweigend die neue Promenade entlang bis zur Sternenschanze.

Sarah Bendlin erzählte von sich, von der Familie, und davon, wie schmerzlich es war, sich von den Anforderungen zu lösen, die einem von Eltern und Verwandten mit auf den Lebensweg gegeben worden waren. »Weißt du, irgendwie fühle ich mich wie der große Bruder von Helmut. Ich muss irgendwie immer auf ihn aufpassen. Ich bin ja ein paar Jahre älter, das schon, aber ablegen kann ich das einfach nicht. Und die Firma ist das eine, das Inselhaus das andere. Wir … also mein Bruder und ich … unsere Familien … wir leben im Grunde das, was unsere Eltern sich erträumt haben. Und da kommen nun die Kinder und sagen einem, sie könnten mit diesem Traum nichts anfangen. Kira ist so und Annalena auch. Sie steigen einfach aus. Und da steht man da und muss darüber nachdenken, ob man selbst nicht auch hätte aussteigen sollen … müssen … mhm …«

Marja schwieg, sah aber hinüber zu ihrer eleganten Begleiterin, die, so stolz sie auch daherkam, ihr leidtat. Sie sagte: »Ja, ich verstehe, was Du meinst. Aber Sascha wurde ausgestiegen … das ist das Problem.«

Sarah Bendlin blieb stehen. »Ja. Und es wird alles zerstören, einfach alles.«

*

Kremper lief durch die Halle des Firmengebäudes von *B&G* und stapfte mit energischen Schritten in den Verwaltungstrakt, wo Jan Rabus sein Büro hatte. Er klopfte an und drückte sogleich die Tür auf. Rabus sah ihn ärgerlich an. »Mach das nie wieder, einfach so reinzuplatzen, ja!«

Kremper nutzte die Gelegenheit zur Provokation, schlug die Tür laut zu und lehnte sich an die Wand. »Hör mal her, du bist der Letzte, der mir hier noch was anzuschaffen hat, verstanden. In was für eine Scheiße reitest du mich gerade rein, he? Ich hätte gerne eine Erklärung, oder ich mach 'nen Termin mit den Bullen oder mit Kira … weiß die eigentlich Bescheid?«

Jan Rabus stieß sich vom Schreibtisch ab und rollte mit dem Bürostuhl nach hinten. »Was willst du?«

»Was ich will!? Die Bullerei hat unsere Server kopiert, und die werden bald wissen, was los ist, weil die die Zeitstempel vergleichen werden – wer war in der Firma und wer war an den Rechnern angemeldet. Standardprozedur, würde ich sagen.«

Jan Rabus warf ihm einen überzogen theatralischen Blick zu. »Was? Ich weiß gar nicht, wovon du redest. Was genau sollen die Bullen bald wissen?«

Kremper grinste hässlich. »Von deinen Zugriffen auf Saschas Benutzerkonto werden sie bald wissen. Die Tussi von denen checkt das ganz genau, das ist kein Veganchen nicht.«

Rabus grinste ihn an. »Wovon redest du? Ich, auf Saschas Profil … das geht doch gar nicht. Ich habe dazu doch gar keine Rechte.«

»Richtig. Hast du nicht. Aber ich hab sie dir verschafft.«

Rabus lachte nun laut auf und klang erleichtert. »Ja, aber das ist doch dein Problem. Ich weiß ja gar nicht, wie das alles geht, und überhaupt: Ich wäre ganz vorsichtig an deiner Stelle, was die Bullerei angeht, denn am Ende wird es so sein, dass du es warst, der sich auf Saschas Konto eingeloggt hat, weil du der Administrator bist. Wer sonst sollte so etwas machen und aus welchem Grund?«

Kremper wartete eine Weile und sah Rabus in die Augen, die triumphierend leuchteten.

»Und jetzt raus hier!«, blaffte der.

Kremper drehte sich langsam um und öffnete die Tür. Bevor er allerdings hinausging, drehte er sich nochmal um und sagte: »Mag sein, dass ich der Administrator bin und dir den Zugang verschafft habe, aber weil ich wusste, was du für ein Schwein bist, habe ich das alles auf Video … schön zu sehen, wie du in Saschas Account rummachst und die Dateien durchwühlst. Also … völlig egal, ob die Bullen oder du mir zu nahe kommst – du bist immer geliefert, klar!? Arschloch!« Er ließ die Tür offen und tappte wieder zurück, währenddessen er das Grinsen nicht unterdrücken konnte, diesem Kerl endlich einmal die Meinung gesagt zu haben.

Rabus sah ihm durch das Fenster nach. Die Schlieren auf den Scheiben fielen ihm dabei auf. Wann waren eigentlich die Putzfrauen das letzte Mal hier gewesen?

Er blieb lange im Bürostuhl sitzen und dachte nach. Es schien ihm, als sei die ganze Welt in Bewegung geraten und flösse auf ein großes, schwarzes Loch zu.

*

Lydia Naber zog mit dem Spurenteam des LKA durch das Inselhaus. Sie arbeiteten sich nach oben, begannen in der Wohnung und kamen über den alten Treppenaufgang zum Dachboden.

Ihre Siegel waren unversehrt, und obschon es ein Dachboden wie jeder andere eines Inselhauses war, tauchten immer wieder die harten Kontraste der Fotografien vor ihr auf und füllten den Raum mit finsteren, beinahe gespenstischen Eindrücken. Sie war froh, als die Arbeit endlich getan war und sie zurück zur Dienststelle konnte, wo sie im Büro auf Schielin traf, der ihr von der Vernehmung Kinkelins berichtete. Als er den Begriff Geistheiler erwähnte, rief sie: »Ah ... da habe ich was ...«, und griff in den Stapel Unterlagen, der auf ihrem Schreibtisch lag. Nach einigem Stöbern hielt sie eine Handvoll Papiere hoch. »Rechnungen über Sitzungen ... Behandlungen, wie immer man es nennen will, von einem *Institut für Psychotherapie und integrale Gemütsentfaltung*.« Sie las die Anschrift vor. »... das ist mitten auf der Insel.«

»Passt«, sagte Schielin, »das hat der Kinkelin gesagt ... Insel ... die schauen wir uns mal näher an.«

»Bin schon dran«, sagte Lydia und klickte sich durch eine Website und las laut aus dem dort publizierten Lebenslauf vor. »Wow, hör mal zu!«, sagte Lydia und kicherte. »Die Heilerin trägt den Namen *Christella*, Studium der Heilpflanzenkunde am Institut für Phytotherapie in Berlin-Kreuzberg, es folgte in Todtmoos das Erlernen verschiedener Meditationstechniken und Studium des tibetischen Buddhismus, Beraterin für radionisch-informiertes Kochen, Ausbildung zur Gesundheitspraktikerin bei der *Deutschen Gesellschaft für alternative Medizin*, gewaltfreie Kommunikation nach *Rosenberg* sowie die Arbeit mit Symbolen, es folgte Visionssuche in Lappland, Ausbildung zur Visionssucheleiterin am Institut für schamanische Heilweisen *Women and Earth* und Gestalttherapie, weiterführendes Studium der schamanischen Heilweisen.«

Sie sah auf und blickte Schielin aus engen Augen fragend an.

»Klingt umfassend kompetent«, sagte der.

»Da müssen wir unbedingt hin ... ich glaube, die kann beamen.«

*

Sie gerieten in eine Diskussion über die bisherigen Erkenntnisse und übten sich in Hypothesen. »Es kann nur jemand aus dem persönlichen Umfeld von Sascha Grahl gewesen sein«, war sich Schielin sicher, »wer wüsste sonst vom Dachboden, und, noch vertrackter, der versteckte Aufgang, der da hinaufführt … dazu die alte Tür, die sich von außen leicht öffnen lässt, von der nur Insider wissen können.«

Lydia stimmte ihm zu. »Anders kann es nicht sein. Und … alle, die wir bisher befragt haben, schildern diese eminente Veränderung in Grahls Verhalten. Es muss etwas geschehen sein, das ihn derart frustriert hat … etwas wirklich Fundamentales, etwas, das sein Leben verändert hat – ihn regelrecht krank hat werden lassen. Ich vermute, es steht in Zusammenhang mit dieser Firma. Ich kann mir vorstellen, er ist für dieses Konstrukt Familie – Firma zu einer Gefahr geworden …«

Schielin sah sie skeptisch an. »Komm, das glaubst du doch wohl nicht wirklich …, dass die Familie …, dass sie sich seiner entledigt haben … auf diese Weise?!«

Sie blieb dabei. »Meine Motivation,, dich zu beruhigen, hält sich in Grenzen. Und was den Tathergang anbelangt … das könnten auch Frauen getan haben oder daran beteiligt gewesen sein … man braucht nicht so viel Kraft bei einem derart betrunkenen Kerl und für das Aufhissen mit dem alten Flaschenzug am Kranbalken … die Familie oder das nähere Umfeld …. meiner Meinung nach absolut im Fokus, auch wenn du dir das nicht vorstellen magst.«

Er winkte ab. »Nein, nein, das hat nichts mit meiner Bekanntschaft zu tun. Ich halte es nur für ein nicht ausreichendes Motiv – Schwierigkeiten in der Firma. Das ist kein ausreichendes Motiv für eine derart brutale Tat. Vorbereitet, geplant, hinterhältig … Nein. Und schau, die Tochter der Grahls will mit der Firma auch nichts zu schaffen haben und lebt noch … nein, da muss es noch etwas anderes geben.«

»Wir wissen – Sascha Grahl hat sich von einem jungen, sportlichen, umgänglichen Mann zu einem mürrischen, aufbrausenden Typen entwickelt, der das Saufen angefangen hat und seinen Gesundheitszustand mit allen erdenklichen Mitteln überwachte, der eine Heilerin aufsuchte …, aber umbringen wollte er sich gewiss nicht, dafür liegen uns keine Anzeichen vor.«

»Ja schon, davon ist auszugehen.«

»Aber aus welchem Grund ist er hoch auf den Dachboden gegangen? Welchen Grund hatte er dafür? Wir haben keine Spuren, die darauf hinweisen, dass er gezwungen worden sein könnte.«

»Das ist richtig. Zu viele Fragen … zu wenige Antworten darauf. Zum Kotzen!«

Sie nahm missmutig den Stoß mit Dokumenten, Schriftverkehr und Zeitungsausschnitten zur Hand und ging sie durch, während Schielin Berichte tippte. Nach einer Weile sah er auf und sagte: »Er ist zu einer Gefahr geworden … Sascha Grahl ist für jemanden aus seinem Umfeld zu einer existentiellen Gefahr geworden, anders kann ich mir das nicht erklären und es gab für den oder die Bedrohten keine andere Option, als ihn zu töten. Kein Geld, keine Gespräche, keine Substitution – es blieb nur der Mord.«

»Dann müssen wir die Bedrohung finden. Ich schaue mir diese Firma noch mal genauer an …«, sie hielt den Papierstapel hoch, »das ist lauter altes Zeug, Kopien alter Zeitungsausschnitte … keine Ahnung, was das sollte … was er damit wollte. Schwäbische Zeitung, Südwest Presse, Allgäuer Zeitung, Pforzheimer, Badische, Augsburger Allgemeine …«

Sie arbeiteten weiter und es war später geworden als beabsichtigt, als Schielin das Auto zuhause neben dem Stadel abstellte. Die Glyzinie hing voller blauer Blütenträubel und noch im letzten Licht des Tages summte und surrte es. Ab und an zog eine süße Schwade daher und er sog den Duft tief durch die Nase ein. Ronsard schrie von der Weide. Er hatte das Auto gehört und fühlte sich in den letzten Tagen ziemlich vernachlässigt. Schielin füllte zwei Schäufelchen mit Eselspezialfutter in den alten, ausgeblichenen Plastikeimer und marschierte zur Weide. Einer der zwei Friesen sah einmal kurz auf, um sich gleich wieder den frischen Grasspitzen zu widmen, die noch übrig waren.

Dumme Viecher, dachte Schielin, und begrüßte seinen Esel, der besonders charmant tat, angesichts des Eimers. Nach einer punktuellen Begutachtung Ronsards, einigen Streichel- und Krauleinheiten ging er rüber ins Haus.

Marja hatte im Wohnzimmer das Bügelbrett aufgebaut, hörte laut Musik und winkte ihm zu. Sie sah fröhlich aus, fand er. Nach der Dusche goss er zwei Gläser Rosé ein und kam gerade recht, um das schwere Bügelbrett wieder nach oben zu räumen.

Einigermaßen fassungslos nahm er die Nachricht auf, dass sich Marja mit Sarah Bendlin auf einen Spaziergang getroffen hatte. »Auf einen Spaziergang«, wiederholte er und sah seine Frau mit einer Mischung aus Überraschung und Entsetzen an. »Ja, aber … wieso das denn?«

»Wieso nicht«, lautete die schnippische Antwort.

Er beließ es dabei und fragte: »Was wollte sie?«

Marja erzählte, wie der Termin zustande gekommen war, wie angenehm sie ihn empfunden hatte und wie wahrscheinlich weitere solcher Spaziergänge waren, da es dabei um alles Mögliche ging, nur nicht um den Tod von Sascha Grahl.

Es dauerte eine Weile, bis er vom Rosé kostete und immer

noch nicht wusste, was er von der Sache halten sollte. »Und sie hat nichts wissen wollen!?«, fragte er zweifelnd.

»Nein, habe ich doch schon gesagt.«

»Mhm. Na dann.«

Asservatenkammer

Die Besprechung am folgenden Morgen verlief nach gewohntem Muster. Gommi hatte Kaffee gekocht, nach und nach trudelten alle ein, samt Hundle, der seinen Platz unter dem Tisch suchte, ein jeder berichtete von den Ergebnissen des letzten Tages und den Plänen für den anstehenden Tag.

Als Gommi an der Reihe war, erzählte er mit saurer Miene von den Ergebnissen der Baubegehung anfangs der Woche. Im Grunde sei alles in Ordnung am alten Bau, nur im Dachboden müsste aufgeräumt werden.

Kimmel kratzte sich am Kinn, denn es passte ihm gar nicht. Das Bauamt hatte bemängelt, dass sich dort oben ein altes Akten- und Asservatenlager befand, das aus Gründen des Feuerschutzes geräumt werden musste. Einmal waren es rein sentimentale Gründe, die ihn hemmten, und schließlich hatte man in der Vergangenheit dort oben durchaus Akten und Unterlagen finden können, die sich im ein oder anderen Fall als nützlich erwiesen hatten. Zudem waren die alten Akten und Asservate, obschon er kaum jemals dort oben unterwegs war, wie eine latente Verbindung zur Vergangenheit seines Berufslebens, die weiter zurückreichte als nur zum schnöden Datum seines Eintritts. Vielmehr gründete sie auch auf Anekdoten, Geschichten und Erzählungen der Kollegen, die ihn als jungen Burschen ausgebildet und in vielerlei Hinsicht geprägt hatten. Seit einigen Tagen plagte er sich mit dem Gedanken herum, wie er dieser ihm unangenehmen Aufgabe entledigt werden könnte, doch dann war am späten Nachmittag des Vortages ein offizielles Protokoll der Begehung eingetroffen, die es ihm unmöglich machte, die Angelegenheit zu *verschmieren,* wie man es nannte, wenn man unangenehme oder unerwünschte Vorgänge in der Unendlichkeit bürokratischer Galaxien verschwinden ließ. So blieb ihm nichts anderes, als mit Gommi und den anderen das geplante Vorgehen zu besprechen. Man würde ein Umzugsunternehmen beauftragen und die sachgemäße Entsorgung der Akten und Asservate überwachen müssen.

*

Gleich nach der Morgenbesprechung machten sich Schielin und Lydia Naber auf den Weg zur Heilerin auf der Insel und kündigten ihren Besuch telefonisch an. Im Auto erzählte Schielin von Marjas Spaziergang mit Sarah Bendlin am Vortag. Lydia war sich nicht darüber im Klaren, was sie davon halten sollte und wog die Argumente hin und her, während sie die Unterführung am Langenweg passierten, in den Kreisverkehr am Europaplatz gelangten und schließlich auf die Seebrücke. »Es kann ja nichts passieren, Marja weiß ja nichts … und wir wissen ja auch noch nichts … und vielleicht ist es wirklich so, dass das Herrische und Beherrschte an der blonden Löwenmähnigen täuscht und sie wirklich Furcht hat angesichts dieser Situation … die Familie fliegt doch gerade völlig auseinander, so ist es ja wirklich.«

Schielin presste die Lippen aufeinander. Lydia lag richtig mit ihrer Analyse – leider. Gleich welches Ergebnis ihre Ermittlungen haben sollten, das Konstrukt, das die Bendlins und Grahls lebten, gehörte bereits jetzt der Vergangenheit an.

Ein stahlblauer Himmel spannte sich über dem See auf und eine gleißende Sonne zog über das Firmament. Dennoch brachte ein beständiger Nordost eine unangenehme Erinnerung an das kalte Frühjahr an die frisch ergrünten Ufer.

Heftige Böen fuhren in Bäume und Sträucher, rissen und schüttelten an ihnen, als gäbe es etwas dabei zu gewinnen. Auf die unwirschen Äußerungen folgten Phasen der Ermattung, bevor der Jähzorn des Windes wieder zupackte. Schielin parkte den Wagen in der Nähe der Burggasse. Ein loser Fensterladen schepperte heftig im Wind und die Sonnenschirme vorne am Hafen raschelten laut angesichts der unwirschen Böen. Das dreifache Tönen der *Karlsruhe* zwängte sich in das Rauschen und ein Trupp Spatzen suchte schimpfend Schutz unter einem überhängenden Efeu. Der Blick in die Burggasse verhieß Bedächtigkeit.

Die Räumlichkeiten des *Instituts für Psychotherapie und integrale Gemütsentfaltung* befanden sich im ersten Stockwerk eines Inselhauses. Der Blick aus den Fenstern ging in einen Innenhof, in dessen Mitte ein Gingko stand, den man vor Jahren gepflanzt hatte. Drumherum, entlang der Hauswände, von Buchs gefasste Blumenbeete, die den maroden Charme der Mülltonnengalerie brachen. Inselromantik pur.

Christella war eine Frau mit langen dunklen Haaren, die sie zu einem einfachen Knoten zusammengebunden hatte. Schielin schätzte sie auf Mitte vierzig. Auffallend war ihre dominante Ausstrahlung. Kein Lächeln, kein Grinsen, kein freundliches Getue, stattdessen kühle Distanz und ein forschender Blick.

Sie bat sie herein, ging schweigend durch einen Gang voran, von welchem sich Blicke in offenstehende Räume ergaben, die ohne jedes Möbelstück auskamen; Holzboden, abgetöntes Weiß an den Wänden, größere und kleinere Kissen in den Ecken – das war alles.

Sie trug ein leichtes Kleid, das blau-rot-weiß gesprenkelt war und das bei jedem Schritt um ihren Körper wehte. Unter den schwarzen Leggins war sie barfüßig. Lydia schnupperte, als sie ihr folgte: kein Parfum, keine duftende Creme, kein Schmuck, keine Uhr. Basic-Style.

Sie gelangten in ein kleines Zimmer, das offensichtlich als Büro diente. Auf dem schlichten Schreibtisch stand ein MacBook. Einige Unterlagen lagen herum, ein Telefon. In der Ecke sammelten sich um einen kleinen runden Bistrotisch schmale Bistrostühle. Dort nahmen sie Platz.

»Bitte?«, fragte Christella und eröffnete voller Selbstbewusstsein das Gespräch. Sie blickte die beiden aus engen, beinahe zusammengekniffenen Augenschlitzen an. Eine schöne, energetische Frau, fand Lydia. Ihnen gegenüber allerdings offenbarte sie die kühle, abweisende Seite ihrer Persönlichkeit.

»Sascha Grahl«, sagte Lydia Naber ohne weitere Information. Sie wollte sehen, was die Heilerin schon alles gehört und erfahren hatte.

Sie blieb distanziert. »Schlimme Sache, aber was könnte ich Ihnen dazu sagen?«

»Was ist daran schlimm?«, fragte Lydia.

»Derart zu enden, an einem Strick«, lautete die nüchterne Antwort, die frei war von Mitgefühl.

»Seit wann und aus welchem Grund war er hier bei Ihnen … in … Behandlung – sagt man so?«

»Gleich, wie man sagt. Er war hier, weil es ihm schlecht ging, weil er Hilfe brauchte – deswegen. Er spürte, dass mit seinem Leben etwas nicht mehr stimmte, er spürte, wie wenig er im Einklang mit seinem Körper, seiner Seele und seiner Umwelt war«, sie unterbrach und sah zur Decke, »im Herbst letzten Jahres kam er und wir hatten zwei, drei Sitzungen, um den Einstieg in schamanische Sichtweisen und

Reisen vorzubereiten, bei denen es im Wesentlichen darum gehen sollte, sein Krafttier zu finden … ja, darum ging es. Alles ist beseelt – alles hat Bewusstsein – das ist eine der Grundlagen schamanischer Seelenarbeit.« Sie nickte den beiden ernst zu und in ihrer Haltung gab es nichts, was Interesse daran zeigte, ob die beiden ihr zustimmten oder nicht.

»Wie muss man sich das konkret vorstellen?«, fragte Schielin, weniger aus Interesse, vielmehr um sie am Reden zu halten, und er dachte dabei, wie wohl ihr wirklicher Name lauten würde, denn *Christella* hielt er für einen Kunstbegriff, ein Pseudonym.

Tatsächlich ging sie auf seine Frage ein. »Ach, es handelt sich um verschiedene Heilrituale und Zeremonien, die der Vereinigung mit universellen Kräften dienen. Visions- und Trancearbeit gehören ebenso dazu wie die Erörterung von Leben und Tod aus schamanischer Sicht, was letztlich zur Stärkung der Persönlichkeit führt und damit auch Körper und Seele fördert und stärkt.«

»Und die Umwelt«, fügte Lydia Naber ernst und ohne jeden ironischen Schlag dazu.

»Ja. Für uns Schamanen existiert nicht nur eine sichtbare, sondern auch eine geistige, unsichtbare Welt. Wir sind Vermittler zwischen der materiellen und der geistigen Welt und leben nach der Philosophie, dass alles beseelt und alles mit allem verbunden ist. Jede Trennung ist eine Illusion! Eine Belastung und ein Problem im Leben ist auch energetisch – in Form von Energiemangel oder Blockierungen – sichtbar. Bewusst oder unbewusst isolieren wir uns ja nicht selten genau von dem, was uns nährt und stärkt, wodurch die Kraft fürs Leben mit all seinen Herausforderungen fehlt. Genau dort setzt die schamanische Energiearbeit an. Durch das Erkennen und Verstehen dieser komplexen Zusammenhänge kann sich die Lebensführung leichter in die gewünschte

Richtung entwickeln. Du fühlst wieder mehr Freude und Leichtigkeit bei all deinen Vorhaben und sie gelingen auch besser!«

Schielin sagte: »Und – ging es Sascha Grahl denn besser?«

Ihre dunklen Augen blitzten ihn böse an. »Offensichtlich nicht. Wollen Sie mich etwa für das, was geschehen ist, verantwortlich machen? Er war nicht bereit … er war einfach nicht bereit. Zuviel Fleischkonsum, zuviel Alkohol, zuviel Verantwortung für die Firma – er wollte einfach nicht loslassen. Dann ist das natürlich schwierig.«

Lydia fühlte sich angesichts der Nüchternheit und Empathielosigkeit dieser Schamanin in ein Gefühl zwischen Staunen und Abscheu gebracht – ihre Erwartungen waren völlig andere gewesen, nachdem sie den Lebenslauf gelesen hatte. Mehr Atmosphärisches, Zugewandtes und Vergeistigtes hätte sie erwartet und nicht diese frostige Haltung. War es vielleicht Selbstschutz? Hielt diese Christella mit ihrer fundamentalen Ablehnung und der Konzentration auf das Allgemeine etwas auf Distanz, vor dem sie sich fürchtete? Furcht – das war kein zutreffender Begriff für diese Frau. Sie fragte: »Wie würden Sie seine Verfassung beschreiben?«

Ohne auch nur eine Sekunde nachzudenken, sagte sie: »Entgleist. Ein entgleister Charakter … fahrig … nicht mehr zu Konzentrationsübungen fähig, auch nicht mehr in der Lage, Stille und Ruhe auszuhalten. So würde ich das beschreiben.«

»Wie oft war nach dem Einstieg insgesamt so bei Ihnen?«

»Einmal in der Woche, manchmal zweimal.«

»Er hat doch sicher von Problemen, Schwierigkeiten, von Ärger oder Streit berichtet«, fragte Lydia Naber.

»Sicher hat er über Schwierigkeiten und dergleichen berichtet, aber das ist eine eher vordergründige Angelegenheit, da sie lediglich Folge des persönlichen Ungleichgewichts sind und darin nicht die Ursache zu finden ist. Der schamanische Ansatz ist ganzheitlich angelegt und geht an die Wurzel des Übels.«

»Ah … waren Sie einmal bei ihm in der Wohnung … im Haus?«

»Nein. Niemals. Das entspräche nicht der erforderlichen Distanz, ganz abgesehen von der fehlenden Aura.«

»Kennen Sie seine Eltern, oder Freunde von ihm?«

»Nein.«

»Wie ist er auf Ihre Angebote aufmerksam geworden?«

»Internet.«

Schielin nickte ihr zu und ließ ihre letzten kurzen Antworten noch einige Sekunden wirken. Sie wollte dieser Situation entkommen, darin war er sich sicher. Er sagte: »Wir benötigen Ihren Personalausweis zur Aufnahme Ihrer Personalien … *Christella* ist nicht Ihr bürgerlicher Name, nehme ich an.«

Sie ging auf seine Frage nicht annähernd ein, stand auf, verließ das Zimmer und kam kurz darauf mit ihrem Ausweis zurück. Lydia notierte die erforderlichen Daten ihrer Zeugin – Adelheid Krumbichler.

Als sie sich verabschiedeten und erneut den Gang entlanggingen, diesmal zum Ausgang, fiel Schielins Blick auf die andere Seite eines der Meditationsräume. An der Wand hing ein schlichter Rahmen mit Zeichenfolgen. An der Tür fragte er: »Ach, Frau Krumbichler, noch eine Frage. Sagen Ihnen die Namen Peter Kremper oder Dieter Rupp etwas?«

Sie verzog ihre Lippen und deutete ein Kopfschütteln an. »Nein, sagt mir im Moment nichts.«

»Und Jan Rabus, der Name vielleicht?«

Sie war auch von diesem Namen nicht annähernd berührt. »Nein. Noch nie gehört.«

Schielin fragte nach einem Alibi für die Tatzeit von Freitagabend bis Samstagmorgen, worauf sie entgegnete, hier in der Wohnung neben dem Institut gewesen zu sein, alleine, den Abend mit Meditation verbracht zu haben und am Samstagmorgen bei Sonnenaufgang an der Gerberschanze zum Schwimmen gewesen zu sein, um darauf zum Markt an der Inselhalle zu gehen.

»Zeugen?«, fragte er.

»Der Wiedemann … der schwimmt in der Früh auch immer dahinten und sein Hund wartet am Ufer auf ihn und winselt.«

Schielin sah zu Lydia, deren Gesichtsausdruck ihm verriet, dass auch sie keine weiteren Fragen mehr hatte.

Sie verabschiedeten sich.

Christella Adelheid Krumbichler trat vorsichtig ans Fenster und beobachtete mit einigem Abstand, so dass sie nicht gesehen werden konnte, wie Schielin und Lydia Naber drunten in der Gasse verschwanden. Ihre Hände zitterten, als sie zurück ins Büro ging und ihr Telefon zur Hand nahm. Aufgeregt tippte und wischte sie am Display herum, bis endlich die Nummer gewählt wurde, die sie herausgesucht hatte. Als die Stimme am anderen Ende zu hören war, sagte sie hastig und voller Aufregung: »Sie waren da, wie du gesagt hast. Nur allgemeine Fragen, nichts Konkretes … ah … ich bin wahnsinnig aufgeregt.«

Immer wieder wollte sie etwas sagen, doch sie kam nicht dazu, ihre Gedanken vorzubringen. Ganz zum Schluss brachte sie doch noch einen Satz heraus und hatte nun ihre Selbstbeherrschung wiedergefunden. »Ich will das nicht, verstehst du! Ich will das nicht … nicht mehr und nicht unter diesen Umständen. Jetzt ist dann Schluss … endgültig.« Schnell drückte sie das Gespräch weg.

Am Auto angekommen, schnaufte Lydia gequält. »Was ein warmherziges Schamanlein diese Frau Krumbichler doch ist, nicht wahr?!«

Er lachte. »Christella … den Namen muss sie von *Kristall* abgeleitet haben … Eiskristall.«

»Wieso wolltest du wissen, ob sie die Typen kennt?«

»Dieser große Rahmen mit den Zeichen in dem einen Raum, als wir rausgegangen sind …«

»Ja, der ist mir auch aufgefallen … und?«

»Das hat mich an die Tätowierung von Rabus erinnert.«

»Ah, schau an … das stimmt … in der Tat … das stimmt. Aber sie war völlig beherrscht und kontrolliert, als du gefragt hast. Keinerlei Regung. Man könnte ihr glatt glauben.«

»Glaubensfragen … das ist eher was für die Glaubenskongregation. Wir werden die Dame in jedem Falle mal genauer unter die Lupe nehmen.«

*

Zurück auf der Dienststelle, schob Lydia Naber alle Dokumentenstapel und Unterlagen beiseite und begann zunächst mit Recherchen zur Firma *B&G*. Das Internet hielt nur wenige Informationen vor, weswegen sie im Grunde den ganzen Mittag und Nachmittag über mit Leuten telefonierte, von denen sie sich Informationen erhoffte – Stadtverwaltung, Landratsamt, Stadtwerke und zwei Schnittstellen aus der Finanzwelt.

Als Schielin wieder im Büro auftauchte, referierte sie monoton den Erkenntnisstand.

Helmut Grahl und Manfred Bendlin hatten die Firma vor dreißig Jahren gegründet – erst produzierten sie in einem alten Stadel bei Wasserburg, zogen von dort in eine alte Schmiede in Hergensweiler und bauten letztlich das Firmengebäude in Lindau. Keine Affären, keine Skandale, keine hässlichen Aktionen ehemaliger Mitarbeiter und vor allem stand die Firma finanziell ausnehmend gesund da. Zeitgleich mit dem Firmenneubau renovierten die Geschwister Grahl das Inselhaus. Lydia hatte den Architekten ausfindig machen können, der sich ungewohnt redselig gab. Vollständige Entkernung und Modernisierung. Sie zuckte mit den Schultern. »Das ist alles derart langweilig, brav und erfolgreich – da muss es ja hinter den Kulissen richtig krachen und scheppern. Aber – nach wie vor keine Ahnung, wo sich da ein Mordmotiv verstecken sollte.«

»Tut es aber«, blieb Schielin leidenschaftslos, »hast du was über diese Christella herausfinden können?«

»Was glaubst du denn, wie lange ich hier rumtelefoniert habe … wo war der Herr eigentlich so unterwegs?«

»Bei Kimmel war der Herr unterwegs … sein Schwager ist der Vermieter dieser Christella. Ist mir vorhin eingefallen. Keine Probleme … Miete kommt pünktlich … keine Beschwerden von Nachbarn. Im Grunde sei es so, als würde da niemand anwesend sein. Es scheint auch kein starker Publikumsverkehr zu bestehen, was wohl anfänglich von den anderen Bewohnern im Haus befürchtet worden ist.«

»Wenn ich mir so die Rechnungsbeträge in Erinnerung rufe, die Grahl abdrücken musste, kann ich mir gut vorstellen, dass sie nicht viel Kundschaft braucht.«

»Sie stammt aus dem Ostallgäu … Rückholz, ist gelernte Krankenschwester, war in Ravensburg mit einem Steuerberater verheiratet, aber nur drei Jahre … geschieden … und mindestens zehn Jahren schon hier in Lindau mit ihrem *radionisch informierten Institut*. In unseren Beständen – null.«

Lydia ächzte. »Ich klemme mich trotzdem mal dahinter.«

Familienbande

Schielin war überrascht, als er am Morgen darauf Jasmin Gangbacher schon im Besprechungsraum vorfand, wo sie den kleinen Taschenbeamer an das Notebook anschloss und sich dabei in leiser Zwiesprache mit Hundle befand, der jede ihrer Bewegungen aufmerksam verfolgte.

Und im Büro traf er auf Lydia, die schon wieder am Telefon hing, ihm zur Begrüßung zuwinkte und mit dem Zeigefinger auf das Telefon deutete. Er hörte ihrem Gespräch also aufmerksam zu. Sie stellte Fragen zu den Interessen von Sascha Grahl, ob der historisch interessiert gewesen sei. So recht schlau wurde er daraus nicht und war froh, als sie endlich auflegte und ihm erläuterte, worum es gegangen war. Gestern noch hatte sie Robert Funk gefragt, ob Sascha Grahl vielleicht Mitglied im *Museumverein* war, was der verneint hatte. Danach hatte sie Kira Bendlin angerufen, die von einem historischen Interesse ihres Cousins auch nichts wusste.

»Stell Dir vor – ich frage sie das und sie sofort: Warum fragen Sie das? Und ich noch vor dem Frühstückskaffee: Weil ich eine Antwort von Ihnen will. Eine ganz unangenehme Gestalt ist das, diese Kira Bendlin. Der geht das Mondäne, Erotische, das ihre Mutter ausstrahlt, völlig ab.«

Schielin lächelte. »Soso. Und was ist jetzt mit diesem historischen Zeug?«

Sie nahm einen Papierstapel zur Hand und hielt ihn hoch. »Alte Zeitungsseiten, die er hat ausdrucken lassen – DIN A3. Das macht man doch nicht ohne Grund. Alle stammen aus dem gleichen Zeitraum – Juli bis Oktober vor sechsundzwanzig Jahren. Immer wieder bin ich die durchgegangen und bin der Meinung, gefunden zu haben, worauf es ihm dabei ankam. Es geht um eine Frau, die damals verschwunden ist. Manche Zeitungen haben groß darüber berichtet, in anderen ist es nur als Randnotiz zu finden.«

Schielin setzte sich. »Vermisste Frau … wo?«

»Hier in Lindau. Eine gewisse Ute Lohder, neunundzwanzig Jahre alt, alleinerziehende Kellnerin, Töchterchen zwei Jahre alt.«

Schielin überlegte, doch der Name der Vermissten wollte ihm nichts sagen. Allerdings war das auch vor seiner Zeit bei der Kripo in Lindau gewesen.

Sie kam seiner Frage zuvor. »Ich habe schon rumgefragt. Kimmel erinnert sich dunkel an den Namen, hat aber nichts Konkretes dazu und auch Robert meinte den Namen schon mal gehört zu haben, aber … zu lange her … und in unserem System ist über eine Ute Lohder überhaupt nichts zu finden.«

»Nach der langen Zeit …«

Lydia ging zur Tür und lauschte in den Gang. Vom Besprechungsraum her waren Gesprächsfetzen und Geklirr von Tassen zu hören. »Aus den Artikeln ist nur zu entnehmen, dass eine Ute Lohder seit Tagen vermisst wurde, die zweijährige Tochter hat man weinend in der Wohnung vorgefunden und in Obhut des Gesundheitsamts gegeben. Einige Wochen später dann ein kleiner Artikel in der Augsburger Allgemeinen, in dem mitgeteilt wird, es gäbe bislang keinerlei Hinweise auf den Verbleib dieser jungen Frau.«

»Mhm … und Grahl hatte alle Zeitungsberichte dazu?«

»Alle … wirklich alle. Er hat sich den Zugriff auf die Archive auch was kosten lassen.«

Kimmel rief zum Treffen. Der Beamer war bereits in Betrieb. Jasmin Gangbacher warf einige Screenshots an die

Wand, für alle gut sichtbar, was vielerlei Erläuterungen überflüssig machte.

Bei der Auswertung der Daten des Firmenrechners von Sascha Grahl war sie auf eine Ungereimtheit gestoßen. Sascha Grahl war an seinem Rechner angemeldet gewesen, obwohl er sich gar nicht in der Firma aufgehalten hatte. Kimmel sah sie fragend an.

»Ja, das bedeutet mit großer Wahrscheinlichkeit, jemand anderes hat sich als Sascha Grahl angemeldet und hat unter seiner Benutzerkennung gearbeitet.«

»Vielleicht hat er ja nur vergessen sich einzuchippen«, meinte Wenzel und Jasmin erklärte ihm ausführlich, aus welchem Grund das nicht so gewesen war, weil er sich die zwei Mal, an denen das der Fall gewesen war, zuvor ausgeloggt und ausgechippt hatte.

»Du bist dir also sicher, ein Fremder hat sich an seinem Rechner angemeldet?«, rekapitulierte Robert Funk.

»Genau so. Das können wir für zwei Situationen so nachvollziehen. Im letzten Dezember. Einmal am Nachmittag und wieder nachts gegen zweiundzwanzig Uhr. Das ist schon seltsam und funktioniert ja nur, wenn jemand die Anmeldedaten hat. Wir werden uns diesen Kremper diesbezüglich nochmal vornehmen müssen. Auf dem privaten Notebook sind wir die Suchbegriffe in der Googleliste durchgegangen. Eines ist da besonders auffällig – er hat sehr intensiv das Umfeld einer Ute Lohder recherchiert ... immer wieder in unterschiedlichen Kombinationen und Kontexten.«

»Treffer!«, rief Lydia und schlug vor Begeisterung auf den Tisch. »Treffer!« Schnell erzählte sie, was sie Schielin kurz zuvor bereits unterbreitet hatte.

Bevor Jasmin weitermachte, moserte sie herum, Jan Rabus sei mit einem Elektroauto an ihr vorbeigedüst. »So funktioniert das in modernen Firmen eben – und was kriegen wir bei der Polizei? Ein E-Bike, Vorjahresmodell …«

Kimmel winkte energisch ab. Diese Diskussion hatten sie hier schon mehrfach gehabt und er wollte sie nicht noch einmal führen müssen.

Schielin war aufgestanden, hatte den Flipchart aus der Ecke geholt. Er riss das vollgekritzelte Blatt ab und zeichnete anschließend das Inselhaus der Bendlins und Grahls in der Draufsicht. Die Eingänge markierte er rot.

Wenzel kommentierte jeden seiner Striche: »Hund … Maus … Schiff … Katze … Auto …«

Schielin lachte leise. »Hier also das Haus der Bendlins und Grahls.« Er wies mehrmals auf die drei Eingänge, während er die Bewohner aufzählte, die über Schlüssel verfügten: die Ehepaare Grahl und Bendlin, das Opfer Sascha Grahl und die Bewohner der Ferienwohnung, das Ehepaar Nagelsee. Annalena Grahl hatte keinen Schlüssel, Kira Bendlin einen für die Wohnung ihrer Eltern. Mit zwei dicken Strichen grenzte er das Haus zu den Nachbargebäuden ab, weil auch von den Altanen her keine Möglichkeit bestand, in das Innere des Hauses zu gelangen – der oder die Täter somit ausschließlich über die Eingänge ins Haus gekommen sein konnten. Von jeder Wohnung war der Dachboden zu erreichen – von Sascha Grahls Wohnung, der seiner Eltern, der Wohnung der Bendlins. Vom Dach her bestand auch von der Ferienwohnung her die Möglichkeit.

Während des Tatzeitraums befand sich das Ehepaar Bendlin in Lindau. Sie waren die ganze Zeit über zusammen oder mit Freunden unterwegs. Das Ehepaar Nagelsee befand sich übers Wochenende nicht in der Ferienwohnung. Annalena Grahl war mit Dustin Kinkelin am Freitagabend nach Ulm gefahren. Sie waren auf der A7 in der Baustelle bei

Nersingen nach einundzwanzig Uhr geblitzt worden. Grahls Eltern hatten angegeben, in Radolfzell gewesen zu sein, doch Frau Grahl hatte am Freitagabend alleine das Hotel aufgesucht, ihr Mann war erst am Samstag nachgekommen. Schielin sagte: »An keiner Tür waren Einbruchsspuren oder Manipulationen an den Schlössern feststellbar. Der oder die Täter mussten demnach über einen regulären Schlüssel verfügen. Aus diesem Personenkreis hat derzeit nur Helmut Grahl kein schlüssiges Alibi für die Tatzeit. Man muss es so deutlich sagen. Wir werden ihn also nochmals intensiv befragen müssen … und zwar als Beschuldigten.«

»Wie passt dieser ominöse Detektiv in den Kram und die Zugriffe auf Grahls Computer in der Firma?«, fragte Kimmel.

Schielin malte ein großes Fragezeichen neben die Zeichnung. »Der offizielle Antrag zur Vernehmung ist ja schon rausgegangen, und sollten wir Glück haben, gerät er uns vorher in die Finger. Den Kremper müssen wir uns zur Brust nehmen und dieses blonde Gift, Kira Bendlin. Dieser ominöse Firmenverkauf an irgendwelche Amerikaner, von dem alle reden, vielleicht bekommen wir dazu mehr Info. Aber jetzt erst einmal Helmut Grahl … der steht im Fokus. Es ist an der Zeit, Druck auszuüben.«

*

Nach der Besprechung rief Schielin bei Helmut Grahl an und bestellte ihn für den nächsten Tag zur Vernehmung ein.

»Am Samstag?«, fragte Grahl verwundert.

»Ja. Samstag. Das ist so bei solchen Ermittlungen. Da gibt es keine Wochentage oder Feiertage mehr, sondern nur noch

Sonnenaufgang und Sonnenuntergang. Ganz so, als wäre man in der Tierwelt.«

Grahl zeigte sich irritiert und legte auf.

Die Ermittlungsmaschine begann wieder ihre Räder zu drehen. Wenzel und Saskia Pröll befanden sich auf dem Weg zu Peter Kremper. Lydia telefonierte mit der Aktenstelle in Kempten. Ihr ging es um die Vermisste Ute Lohder. Niemand wusste etwas zu diesem Namen zu berichten. Auch als gegen Mittag ein Rückruf kam, weil der Kollege sich auf den Weg ins alte Archiv gemacht hatte, um nachzusehen, kam nur die Information, es gäbe nirgends eine Unterlage über Ute Lohder. Frustriert machte sie sich auf den Weg durch die Dienststelle. Wenzel und seine neue Büropartnerin waren nicht greifbar, Robert Funk telefonierte, Jasmin Gangbacher war sonstwo unterwegs. Sie strandete im Büro von Gommi, der dem Bildschirm Grimassen schnitt.

Hundle hob kurz den Kopf, sah sie an, um schnell wieder in Apathie zu verfallen.

Sie blieb im Türrahmen stehen und giftete: »Ich komme nicht weiter … ich komme mit dieser Ute Lohder einfach nicht weiter.«

Gommi sah auf. »Ahh … die Vermisste …«

»Was machst du da?«, fragte sie streitlustig.

»Die Mängelliste von der Baubegehung für das staatliche Bauamt fertig machen … muss heute noch raus.«

»Mhm.« Da war schwer zu meckern. Im Gegenteil, man musste froh sein, jemanden zu haben, der diese grausigen Jobs übernahm. Sie blieb im Türrahmen lehnen und überlegte, wie sie weiter vorgehen sollte, als Gommi, ohne von seiner Arbeit aufzusehen, sagte: »Fahr halt mal beim Longo vorbei, der war damals doch im Gschäft und der hat ein Gedächtnis wie ein Elefant … wenn der nix weiß …«

»Longo?«

»Ja. Norbert Dietrich … der Longo halt.«

Sie überlegte. Vom Sehen kannte sie ihn noch … ein Schlaks mit schmalem Gesicht, wachen Augen und einer Nickelbrille und immer einer Kippe im Maul. »Der Durstige?«

Gommi wackelte mit dem Kopf. »Jaa … im *Köchlin* und vor allem in der *Weinstube Reutin* hätte der nicht unbedingt die Zeche, sondern Miete zahlen können, oder wie man heut so sagt – Flatrate. Aber der müsste da wirklich was drüber wissen.«

Gar keine so schlechte Idee, wie sie fand. Nach einigen Beleidigungen gegen Gommi, Hundle und die Anfechtungen des Daseins überhaupt, die Hundle aufschauen ließen und Gommi zum Lachen brachten, ging sie schon besser gelaunt zurück ins Büro.

Schielin sah auf, als er sie telefonieren hörte, und fragte verwundert: »War das Longo? Unser Longo?«

Sie stand auf und zog sich die Jacke über. »Ja. Ich werde ihn besuchen und zu Ute Lohder befragen.«

»In der *Weinstube Reutin*, oder?«, kommentierte Schielin grinsend.

»Rotmoosstraße …«

»Ist ja gleich um die Ecke«, sagte er, doch da war Lydia schon draußen im Gang.

Ihm fiel eine aufgeregte Diskussion ein, die sie vor vielen Jahren hatten und die Longo mit der Bemerkung beendete: »Was ihr nur alles erwartet. Ich erwarte, dass mal ein Grabstein irgendwo steht, auf dem eingemeißelt ist: *Norbert Dietrich – geboren am, gestorben am* – und fertig.« Seltsam, was einem nach so langer Zeit wieder an Details einfiel, die scheinbar ausgelöscht waren.

Er lachte leise. Longo! Seit Jahren hatte er ihn nicht mehr gesehen, obwohl er eigentlich fast in der Nachbarschaft war. Beim *Fidelis* hätte man sich schon mal über den Weg laufen können, und auch sonst. Naja.

Lydia fielen auf ihrem Weg nach Reutin wieder ein paar der Anekdoten ein, die es von diesem Typ gab. In der Wohnung traf sie dann auf einen immer noch schlaksigen Kerl mit wachen Augen. Er lebte alleine. Auf dem Küchentisch lagen Zeitungen herum, obenauf der *Spiegel* und daneben das *Jazz Magazin*. Sie betrachtete das Titelbild länger – *Donald Fagen* und *Steely Dan*.

Ricky don't lose that number tönte es spontan in ihr. Vom Nebenraum drang leiser Bigband-Sound. Die Tür zum Wohnzimmer stand einen Spalt offen. Auf dem Tisch war ein überlaufender Aschenbecher zu sehen und auf einem Instrumentenhalter hing ein Saxophon.

Sie setzten sich. Longo holte einen frischen Aschenbecher von der Spüle und begann eine Zigarette zu drehen. Seine langen Spinnenfinger zitterten ein wenig dabei. »Ute Lohder also«, sagte er, »das ist lange her, ganz schön lange her.«

»Erzähl«, forderte sie ihn schnörkellos auf, was ihn nicht unruhig werden ließ; umständlich klebte er das Zigarettenpapier und zündete das krumme Ding anschließend mit einem der alten, ovalen BIC-Feuerzeuge an. Die Unterseite zeigte die rissigen Spuren des Missbrauchs als Flaschenöffner.

Den ersten Zug sog er tief in sich hinein, als hinge sein Leben daran, und blies nach einem Innehalten blauen Rauch zur Decke hin. Nach einem kleineren Hustenanfall, der Rauchern keine Angst macht, begann er von der jungen Frau zu erzählen, die auf der Insel gewohnt hatte, und wie Nachbarn von dem schreienden Kind berichteten, weshalb sie die Wohnung geöffnet hatten und nichts und niemanden angetroffen hatten. Das Kind eben. Am Anfang waren sie von einer *Reise* ausgegangen. »Sie hatte keinen sonderlich guten Ruf, weißt du. Aber ihr Kind, das hätte sie niemals alleine gelassen. Das war mir schnell klar, als ich mit der Befragung im Haus durch war. Da waren zwei Schwestern in der Nachbarschaft, die sich um die beiden gekümmert hatten, wenn ich mich recht erinnere. Aber ich war dann auch raus und der Heusinger hat den Fall weiter bearbeitet … auch schon lange tot … hast du ihn noch gekannt?«

Sie schüttelte den Kopf. »Pah – das war ganz ein trockener Typ, unnahbar, distanziert und ein geborener Pessimist. Ich weiß noch, wie wir in der Wohnung von ihr standen und er sich umblickte und mich todernst fragte: *Was ist das Wichtigste an einer Reise, he?* Ich hatte mich umgedreht, weil er mich an dem Tag genervt hat, und er hat mir lachend in den Rücken geplärrt: *Die Heimkehr! Die Heimkehr!* So einer war das … schon seltsam, an was man sich mit einem Mal so wieder erinnert … mhm …«

Sie schwieg und beobachtete, wie er selbstvergessen in den sich verwirbelnden Zigarettenrauch blickte, bis die Glut kurz vor den zittrigen Zeige- und Mittelfingern angekommen war. Ihre Fragen hatten ihn ganz in die Vergangenheit versetzt.

Er fragte unvermittelt: »Aus welchem Grund interessiert ihr euch für diese Ute Lohder? Hat man sie etwa gefunden?«

Lydia erzählte in groben Zügen von ihrem aktuellen Fall.

Er nickte, murmelte etwas, griff nach dem Tabakbeutel und begann an einer neuen Zigarette zu arbeiten. »Wenn sie diesen Grahl derart beschäftigt … Zeitungsausschnitte … Internetrecherche … mhm … da muss er ja einen Bezug zu ihr haben, einen starken Bezug, sonst käme er nicht auf diese Frau nach all den Jahren, für die sich im Grunde niemand interessiert hat.«

»Wie meinst du das?«

Statt auf ihre Frage einzugehen, beugte er sich über den Tisch. »Soweit ich weiß, haben die Kemptener den Fall damals übernommen und da ist einfach nicht mehr viel dabei rausgekommen … vielleicht sind noch alte Akten da … habt ihr schon mal gesucht?«

Sie berichtete von ihren Telefonaten mit Kempten und er winkte energisch ab. »Nein. Damals hatten wir doch eigene Aktenführung. Schaut mal nach … schaut einfach mal nach.«

Sie blieb noch eine Weile sitzen und hörte ihm zu. Er erzählte Belangloses und fragte nach nichts, was mit ihrer Arbeit zu tun hatte, wollte auch nichts über Kollegen wissen, was sie ungewöhnlich fand.

Zurück in der Ludwig-Kick-Straße, traf sie im Gang auf Schielin, der mit Gommi am Drucker stand und die Blattausgabe abwartete. Er winkte ihr zu. »Komm … komm mit … es gibt Neuigkeiten … der Obduktionsbericht ist gerade gekommen …«

Sie folgte ihm und wunderte sich, was dabei Neues hätte herauskommen können. Das Wesentliche war ihnen doch bereits bekannt. Sie warf ihre Tasche in die Ecke und setzte sich. Die Suche droben im Speicher nach alten Akten musste warten.

*

Wenzel und Saskia Pröll marschierten mit ernsten Gesichtern in das Firmengebäude von *B&G* und hielten sich am Empfang nicht lange auf. Bestimmt forderte Wenzel die Beschreibung, um zum Büro von Kira Bendlin zu kommen, deren Auto sie draußen am Parkplatz bereits festgestellt hatten. »Ein Mini natürlich«, hatte Wenzel gesagt, »wie könnte es auch anders sein.«

Saskia Pröll kommentierte nicht. Sie konnte ihn noch nicht so recht einschätzen. Sie fuhr auch einen Mini.

Die Juniorchefin war wenig angetan, als Wenzel die Tür energisch aufstieß, kaum dass er angeklopft hatte.

»He, he, he …«, fuhr sie ihn an, stand auf und hob das Kinn an, »so funktioniert das hier nicht!«

Wenzel ließ sie gar nicht weiter zu Wort kommen. Er ging direkt auf sie zu und blaffte: »Bei Ihnen in der Firma läuft ja alles drunter und drüber, nicht genug, dass der Juniorchef ermordet wird, jetzt müssen wir auch noch feststellen, dass in seinem Firmencomputer gearbeitet wurde, als er gar nicht hier im Gebäude war. Geister!? Oder wissen Sie etwa davon und geschah das mit Ihrer Einwilligung, oder haben Sie es gar beauftragt, seinen Account auszuschnüffeln«, er deutete mehrmals mit dem Zeigefinger in Richtung ihrer Stirn, »so funktioniert das hier offenbar!«

Kira Bendlin verlor für einen Moment die Beherrschung und ließ einen gellenden Laut hören. Derartige Behandlung war sie nicht gewohnt. Entgeistert starrte sie die beiden Polizisten an, zweimal schlug ihr Kehlkopf heftig auf und ab, bevor sie mit einigen fahrigen Bewegungen die Dinge auf ihrem Schreibtisch sortierte, um dabei ihre Beherrschung wieder zu erlangen.

Gar nicht schlecht, wie sie das macht, dachte Wenzel.

Mit fester Stimme entgegnete sie, nicht zu wissen, wovon überhaupt die Rede sei. Wenzel unterbrach sie rüde mit einer Handbewegung und befahl: »Holen Sie den Kremper, das ist doch der Administrator?! Holen Sie ihn, aber sofort!«

Diese Art von Aggression war ihr unbekannt, machte sie nervös. Sie griff zum Telefon und rief an.

Kurz darauf erschien Jan Rabus im Büro. Sie erklärte ihm mit aufgeregten Worten die Situation.

Jan Rabus blieb die Ruhe selbst und wendete sich Wenzel zu. »Sie wollen Kremper sprechen?«

»Ja.«

»Der ist heute leider nicht zur Arbeit erschienen … unentschuldigt. Wir wissen auch nicht, wo er ist … vielleicht krank.«

»Soso …«, antwortete Wenzel und überlegte, wie er nun weitermachen wollte, als ihm Rabus mit einer überraschenden Aussage zuvorkam.

»Aber vielleicht kann ich Ihnen in der Sache weiterhelfen.«

»Wirklich?«

»Ja schon … ich war es nämlich, der sich zweimal auf dem Rechner von Sascha eingeloggt hat.«

Wenzel sah überrascht zu Saskia Pröll. »Na jetzt wird es interessant … erzählen Sie mal.«

Jan Rabus sah zu Kira Bendlin. »Ist okay, oder?«

Sie nickte und setzte sich wieder. Zu sehen war nichts, aber Wenzel war sicher, dass sie zitterte.

Jan Rabus erklärte, von Kremper die Zugangsdaten eingefordert zu haben, um sich ganz gezielt auf dem Rechner von Sascha Grahl einzuloggen. In der Vergangenheit war es zu häufigeren Fehlern gekommen, ganze Serien seien fehlproduziert worden, weil die Konstruktionsanweisungen, die Sascha Grahl erstellt hatte, fehlerhaft gewesen waren. Nach dem Vorfall mit Dustin Kinkelin habe er mit Kira Bendlin besprochen, heimlich Kontrollen durchzuführen, um Fehlproduktionen künftig vermeiden zu können. Mit Sascha Grahl hätte man nicht reden können, er wäre sofort aggressiv geworden und für eine konstruktive Diskussion nicht bereit gewesen.

Kira Bendlin nickte immer wieder, während Rabus seine Erklärung abgab.

»Ich gebe das zu … ich hab dem Kremper schon Druck

gemacht, die Dinger rauszurücken … er hat ja auch Fotos von mir gemacht, wie ich am Bildschirm hocke und da rummache.«

»Fotos?«

»Ja … oder Filmchen. Wir sind erst deswegen aneinander geraten … jetzt, wo das alles rumort wegen der Situation. Kremper kann nichts dafür … ich bin verantwortlich.«

Wenzel schwenkte ab. Die Sache mit dem Computer verlief ihm zu glatt. »Es wird erzählt, die Firma soll verkauft werden. Ist da was dran?«

Kira Bendlin nickte betroffen. »Nicht die Firma, aber ich möchte mich von meinen Anteilen trennen und Herr Rabus auch.«

Wenzel verbarg seine Verwunderung und wendet sich an Rabus: »Sie haben Anteile?«

Jan Rabus bestätigte: »Nur ein paar wenige Prozent, aber in der Tat, ich wollte mich auch davon trennen.«

»Aus welchem Grund?«

Rabus fuhr Wenzel an: »Ich finde Ihre Frage ziemlich aufdringlich … das geht Sie doch im Grunde nichts an!« Schnell hatte er sich wieder im Griff und lenkte ein: »Ich habe halt mitbekommen, dass Kira ernsthaft nach Interessenten sucht und da habe ich mich einfach drangehangen, denn wo sonst sollte man Firmenanteile verkaufen … auf eBay funktioniert das nicht und nur so ein paar Prozent. Zusammen ist es doch für einen Käufer ein interessantes Paket … und der Grund? Das hat hier nicht mehr funktioniert … mit Sascha und überhaupt. Es passte einfach nicht mehr und jetzt schon gar nicht mehr. Ich bin froh, wenn ich hier mal raus komme – zu viel Stress, zu viel Arbeit, einfach von allem zu viel und ich mache das ja schon einige Zeit.«

»Seit wann?«, fragte Wenzel, ohne lange zu überlegen.

Die Frage entstand mehr aus einem Reflex, als aus einer bewussten Konstruktion. Die Reaktionen von Rabus registrierte er – mehr nicht.

Die letzte Frage hatte Rabus aus dem Konzept gebracht. »Seit wann … ja seit wann … ganz von Anfang an halt schon. Ich bin eigentlich gelernter Zimmerer und komme vom Bau. Als die damals das Inselhaus herrichten wollten … das habe ich gemacht …, also die Entkernung und die Restauration geleitet. Ich kenne Helmut von der Bundeswehr her und bin dann einfach in der Firma geblieben. Das hat sich so ergeben. War damals ja auch ne kleine Klitsche und konnte ja niemand wissen …« Er wies rundherum.

»Und Sie?«, wendete Wenzel sich an Kira Bendlin.

In lakonischer Weise antwortete sie: »Im Grunde sind es nicht so unterschiedliche Gründe … der Wunsch nach Veränderung eben.«

Wenzel war das eine Spur zu gleichgültig, um glaubwürdig zu wirken. Er beließ es jedoch fürs Erste dabei und sah zu Saskia, die den Gesprächen mit ausdrucksloser Miene gefolgt war.

Sie fragte: »Wäre der Zustand Ihres Cousins ein Verkaufshindernis gewesen … hätte es den Verkaufspreis gesenkt?«

Kira Bendlin musste erneut schlucken, bevor sie antwortete. Ihre Stimme klang belegt und wenig überzeugend. Die so offensichtlich auf ein Motiv ausgerichtete Fragestellung hatte sie getroffen. »Nein, das natürlich nicht … das ist … es ist eine hinterhältige Frage.«

»Hinterhältig war der Mord an Ihrem Cousin, wenn Sie mir erlauben, das festzustellen.«

Kira Bendlin blitzte sie böse an, verzichtete jedoch auf weitere Kommentare.

*

Zurück auf der Dienststelle fiel ihnen schon im Gang der laute Diskurs auf, der im Besprechungsraum im Gange sein musste. Lydia debattierte mit Kimmel und unterbrach, als sie sich dazusetzten. Die anderen hockten stumm herum.

»Gibts was Neues?«, fragte Wenzel in die Runde.

»Der Obduktionsbericht ist vorhin reingekommen.«

»Oh …« Wenn der Obduktionsbericht derartige Diskussionen auslöste, konnte etwas nicht so ganz im Lot sein. »Doch ein Suizid und kein Mord?«, fragte er ein wenig resigniert.

»Ganz im Gegenteil«, antwortete Lydia und fügte mit dunkler Stimme an: »Tetrahydrozolin.«

»Aha … dieses Tetrazeugs hatten wir doch schon mal … bei dem Typen draußen im Lindenhofpark.«

»Nein, nein, nein … das war was anderes … das war das Kugelfischgift Tetrodotoxin … TTX. Das hier ist was anderes und hat mit TTX nix zu tun.«

Robert Funk erläuterte den beiden, dass der pharmakologische Befund im Obduktionsbericht auf Tetrahydrozolin verwies, was besser unter dem Begriff *K.-o.-Tropfen* bekannt sei.

»Boah … das wird ja immer doller«, meinte Saskia Pröll und angelte am Tisch nach dem Ausdruck des Obduktionsberichts, um es genau nachzulesen.

»Das Zeug ist geschmacklos, farblos und geruchlos«, ergänzte Lydia, »die klassische Vergewaltigungsdroge eben … heimlich verabreicht, um das Opfer gefügig, widerstandslos und steuerbar zu machen. Erleichtert natürlich jede Art von Übergriffen und als Extra – schränkt es das Erinnerungsvermögen der Opfer ein. Die Opfer können zur Vorgeschichte wie zur Tat selbst keinerlei Angaben mehr machen. Richtig ekliges Zeug. In manchen Städten ist das ein echtes Problem. Da häufen sich die Berichte über den Einsatz solcher Substanzen. Das hat so einen Status erreicht, dass fachsprachlich der Begriff *Drug-facilitated sexual assault*, abgekürzt *DFSA*, also substanzunterstützter sexueller Mißbrauch eingeführt wurde.«

Saskia Pröll las nach Aufforderung durch Kimmel laut vor, weil der den Bericht bisher nur überflogen hatte. »THZ ist ein Imidazolderivat, das seit den 50er Jahren sowohl als verschreibungspflichtiges Nasenspray als auch frei verkäuflich in der Anwendung als Augentropfen unter zahlreichen Handelsnamen erhältlich ist. Es wirkt gefäßverengend und abschwellend und lokal angewendet bindet THZ an die Alpha-1-Adrenozeptoren, wird gegen verstopfte Nase, allergische Rhinitis und Augenreizungen und -rötungen eingesetzt und hat keine oder kaum merkliche Wirkung auf das zentrale Nervensystem. Wird es allerdings oral aufgenommen, folgt eine rasche gastrointestinale Resorbtion; die Wirkung ist in diesem Fall vor allem durch Bindung an zentrale Imidazol- und Alpha-2-Adrenozeptoren charakterisiert und daher durchaus dramatisch: Es kommt zu Blutdrucksenkung und Herzverlangsamung, Hypothermie, Sedierung und allgemein einer deutlichen zentralnervösen Dämpfung, wobei die Wirkung auf den Herzkreislauf sogar gefährlich werden kann.«

Sie sah auf und las betont weiter: »*Im vorliegenden Fall wurde THZ zusammen mit Alkohol eingenommen und führte zu Lethargie, zentralnervöser Dämpfung und Bewusstlosigkeit. Erbrechen könnte mitbedingt durch die Alkoholaufnahme aufgetreten sein, konnte jedoch nicht nachgewiesen werden. Da die THZ-Konzentration im Urin ungewöhnlich hoch war, muss dem Opfer eine erhebliche Menge der Substanz verabreicht worden sein.*«

Saskia Pröll sah zu Schielin. »Da sind wir doch ein ganzes Stück weitergekommen ... das heißt ja nun, der Täter muss im direkten Umfeld, also in der Wohnung von Grahl gewesen sein, um das Zeug irgendwo beizumischen.«

Schielin wiegte den Kopf. »Könnte durchaus ein Anhaltspunkt für diese Vermutung sein.«

Lydia deutete auf den Obduktionsbericht. »Da ist aber noch was ... geh mal nach hinten ... und ließ vor ...«

Als sie die Stelle gefunden hatte, schüttelte sie den Kopf. « Glioblastome?«

»Lies vor!«, sagte Kimmel.

»Bei den eigentlichen Hirntumoren handelt es sich wiederum in der Hälfte der Fälle um meist gutartige Tumoren der Hirnhäute, die Meningeome, die meist durch eine Operation geheilt werden können. Die andere Hälfte sind die problematischen Fälle: die diffus wachsenden Gliome, in der Mehrzahl die besonders aggressiven Glioblastome. Glioblastome haben viele Eigenschaften, die es uns wirklich schwermachen, sie erfolgreich zu bekämpfen. Zunächst einmal wachsen sie sehr diffus in das Gehirn ein, sodass es unmöglich ist, sie bei einer Operation vollständig zu entfernen oder präzise zu bestrahlen. Unsere eigenen aktuellen Ergebnisse zeigen sogar, dass die Krebszellen untereinander eine das gesamte Gehirn durchziehende Netzstruktur ausbilden. Wir gehen daher davon aus, dass ein Glioblastom auf mikroskopischer Ebene das gesamte Zentralnervensystem infiltriert. Der Tumor, den wir im Röntgenbild sehen, ist nur die Spitze des Eisbergs!

Dazu kommt: Die Glioblastomzellen sind extrem resistent gegen alle Therapien und sie sind molekular sehr vielgestaltig. Darüber hinaus beuten sie sehr geschickt das umgebende gesunde Gewebe für ihr Wachstum aus.«

Schielin sagte: »Den Hausarzt haben wir vorhin angerufen; er war ziemlich betreten, weil er von einer Schilddrüsenfehlfunktion ausgegangen war. Das Ding, das er da im Hirn hatte, war verantwortlich für seine Persönlichkeitsveränderung, für die Kopfschmerzen, die Entgleisungen des Blutdrucks, die Herzrhythmusstörungen … ein armer Kerl.«

»Das heißt, wenn man das gefunden hätte … es wäre heilbar gewesen?«

»Nein«, sagte Schielin, »in der Pathologie ist man sich sicher, dass es inoperabel war.«

»Und jetzt?«, fragte Wenzel.

»Sacken lassen, diese neue Information … wir werden es den Eltern natürlich sagen müssen. Für morgen habe ich Helmut Grahl zur Vernehmung vorgeladen … auf ein Neues.«

Schielin war zudem der Meinung, es wäre gut, eine Nacht über die neuen Informationen zu schlafen, um sie entsprechend nüchtern bewerten zu können.

Saskia Pröll berichtete von den Ergebnissen ihrer Befragung in der Firma.

»Klingt alles sehr logisch und nachvollziehbar«, meinte Robert Funk, »wir sollten nur ein Auge auf diesen Kremper haben …, wenn er wieder auftaucht … wenn.«

Lydia war nun an der Reihe, um von ihrem Besuch bei Longo zu erzählen. »Die Kemptener hätten den Fall totgemacht … so ähnlich hat er sich ausgedrückt, und es könnten noch Handakten droben im Speicher lagern. Ich gehe da aber heute nicht mehr rauf … morgen dann.«

»Hast du eigentlich den Bericht gelesen von unserer Befragung von Manfred Bendlin?«, fragte Wenzel, an Schielin gerichtet.

»Noch nicht«, antwortete der, »war was?«

»Du wolltest doch wissen, aus welchem Grund er hoch in den Dachboden ist?«

»Ja.«

»Er wollte den Boden kontrollieren, weil es so geknackt hat. Die Spanplatten sind unter zu großer Spannung verlegt worden und bei Wetterwechsel knacken die wohl recht … diesmal, als die Wärme endlich kam, war es so heftig, dass er nachschauen wollte.«

Schielin sah die beiden an. Etwas Lauerndes war ihnen anzumerken.

»Ja … und?«

»Ah … deswegen waren auch die Werkzeuge da oben … du erinnerst dich, der Pickel, Fäustel … Stemmeisen.«

»Ah ja.«

Saskia Pröll meinte: »Von den Werkzeugen wusste Bendlin nichts … er war wirklich überrascht. Von ihm waren die nicht.«

Schielin überlegte. »Dann hat sie jemand anderes da hochgebracht, um die Spanplatten aufzuhebeln … vielleicht Sascha Grahl. Kann er die Geräusche in seiner Wohnung auch gehört haben?«

»Keine Ahnung, wie sich das auswirkt, aber ich meine eher nicht«, meinte Wenzel, »allerdings, wenn da oben schon so Werkzeuge rumstehen, hätte man die ja auch nehmen können, um ihn ganz einfach zu erschlagen, oder nicht?«

Schielin schüttelte energisch den Kopf. »Nein, nein. Wer immer das getan hat, ist einem festgefügten Plan gefolgt, hatte das Seil vorbereitet, den Dachboden ausgekundschaftet hinsichtlich des Flaschenzugs … der ist davon nicht abgewichen und Ziel war es ja, das als Suizid erscheinen zu lassen. Um nichts in der Welt wollten die oder der Täter das Ganze nach einem Mord aussehen lassen.«

Haussegen

Schielin verbrachte eine unerwartet unruhige Nacht, die ihm einen Wechsel zwischen Halbträumen und Halbschlaf bescherte. Er war froh, als draußen die ersten Amseln ihren Gesang begannen, bald gefolgt von Meisen, Finken und Mönchsgrasmücken. Als alle Stimmen beieinander waren, erinnerte es mehr an Gezeter.

Er stand leise auf, zog sich an, kochte Kaffee und machte sich nach einer ersten Tasse auf den Weg zur Weide. Es war kühl. Feuchtigkeit hing in der Luft und über dem Boden schwebte ein feiner Nebel. Irgendwie steckte Kälte in diesem Jahr. Immer wieder kamen Ostwinde daher und selbst die feinste Brise stach und schnitt unangenehm auf der blanken Haut.

Auf seinem Weg durch die klare, kalte Luft erschnupperte er schnell die Anflüge würzigen Tabakaromas. Albin Derdes war auch schon auf den Beinen.

Er traf ihn direkt an der Weide, wo er auf einem Radkasten des Anhängers hockte und versonnen paffte. Er trug seine dicke Winterjacke. »Immer noch kalt in den Nächten«, sagte er lapidar zur Begrüßung und starrte zur Weide, deren Teile am Waldrand noch ganz im Dunkeln lagen.

Schielin trat an das Gatter und hielt nach Ronsard Ausschau.

»Schon so früh unterwegs heut«, stellte Albin Derdes fest und trat die Kippe aus. Es knirschte, als die Schottersteine aneinanderrieben.

Ronsard trabte matt heran.

»Große Lust hat der heut auch keine«, knurrte der Alte. Schielin lachte leise. »Der Appetit kommt mit dem Essen.«

»Schon auch so eine Sach mit dem jungen Grahl, gell? Jetzt erzählt mer schon, er hätt sich gar ned selbst da an den Balken hingehängt … gestern Abend im *Köchlin* hab ich des ghört. Kann sich keiner vorstellen so was, wo doch alles passt sonst in so einem Leben, gell. Jung, reich, gesund, eine Firma, die von selber laufen tut …«

Schielin verzog das Gesicht. Unglaublich, wie die Fegefeuer immer noch durch die Stadt fegten, ganz ohne Internet. Er blieb im Allgemeinen. »Schaut von außen halt immer so aus.«

Derdes kruschtelte nach einer neuen Zigarette. »Den alten Grahl, den hab ich noch gekannt. Die haben ja früher keine Firma gehabt … nur des Haus. Oben waren Mietwohnungen und eine Ferienwohnung und die selbst haben unten gewohnt, wo es halt feucht und dunkel war. Und davon haben die gelebt. Der alte Grahl, des sag ich dir – immer mit Anzug, Schlips, Gehstock und Hut. Den hat niemand jemals anders zu Gesicht bekommen. Der war in keinem Verein, war nix in der Politik, ist nur einmal in der Woche ins Wirtshaus, ins *Lamm*, wie des noch offen hatte, ansonsten immer nur in seinem feinen Aufzug über die Insel gelaufen, dass ihn jeder sehen tut, und dann wieder heim. Ganz langsam mit kleinen Schritten und den Gehstock aufs Pflaster gsetzt – klack … klack … klack. Wie ein Uhrwerk. Und wenn eine feine Dame gekommen ist, i moin halt des, was er dafür hat halten wollen, dann hat er seinen Hut gelupft. Schau … so gehts auch, mit ganz wenig Aufwand. Von seiner Frau hat man ja kaum mal was gesehen. Am Sonntag in der Kirche halt und vielleicht auf einem Fest … aber Lebenslustige waren die beiden net grad.«

Ronsard war nun bis an den Zaun gekommen und schnupperte an Schielin herum, der nicht ungern hörte, was Albin Derdes erzählte. Vielleicht war das ein oder andere dabei, was ihnen helfen konnte.

»I woiß no … des war ein Riesendrama, wie die Kinder no des Inselhaus haben verkaufen wollen, weil sie Geld für die Firma braucht ham und von der Bank net viel gnug kriegt ham, gell. Da hat mer sich im *Café Wölfle* seinerzeit erzählt, er hätt damit gedroht, sich droben im Haus aufhängen zum tun. Eine Ewigkeit is des her … interessiert heut koine arme Seel mehr, die Aufregung von damals. So ist des halt.«

Schielin sagte: »Das Haus ist aber nicht verkauft worden.«

»Noi. Vielleicht ist des Geld doch noch von der Bank gekommen. Jedenfalls ist zuerst die Frau gestorben und bald drauf auch der alte Grahl, mitsamt seinem Hut, Anzug und Gehstock. Und die haben ja dann des Inselhaus komplett hergerichtet und ein rechtes Schmuckkästle draus gemacht, gell.«

Derdes zündete die neue Zigarette an. Der Rauch brachte ein Aroma von Wildheit und Freiheit in die Morgenluft, während Schielin überlegte, ob sich eine Runde über den Tobel lohnen würde. Aber Ronsard machte nicht den Eindruck, sonderlich motiviert zu sein, und er wollte pünktlich auf der Dienststelle sein. Ein langes Frühstück mit Marja am Samstagmorgen war zudem ein starker Anreiz.

»Und sonst so?«, fragte er Derdes.

»Sonst … sonst … was schon sonst?«, muffelte der ein wenig, doch Schielin kannte ihn. Etwas war da noch.

»Ja, was gibts sonst noch über die Familie? Es interessiert mich.«

Derdes knurrte und murmelte unverständliches Zeug, sog zweimal tief den Rauch hinunter in die Lunge und blies ihn genussvoll aus. Schielin fragte sich, wie man das überleben konnte.

»Mit dem Mädele hat's halt Probleme geben, gell.«

»Mit der Annalena?«, warf Schielin ein und kraulte Ronsard an der Backe, der sich fest gegen seine Finger drückte.

»Ja, so heißt se. Des ist ein paar Jahre her, aber da muss des richtig gscheppert ham, weil die Annalena dann nach Ulm zogen ist. Und weißt du, weswegen …?«

Schielin verhielt sich belanglos. »Erzähl schon.«

»Wegen ihre Großeltern«, sagte Derdes auf seltsame Weise abschließend.

Schielin überlegte. »Aber die konnte ihre Großeltern doch gar nicht mehr gekannt haben.«

»Ja, schau – genau des. Wegen dem Grab … dem von die Großeltern. Weil sie auf den Friedhof ist, des Mädele, und des Grab war weg.«

Schielin behielt die Rechte auf Ronsards Schädel, drehte sich aber zu Derdes um. »Was … was für ein Grab war weg!?«

»Na das von de Großeltern. So lang ist des noch ned her. Des Mädele ist auf den Friedhof und wollte zum Grab von ihrem Opa und ihrer Oma und da war dann nur noch blanke Erde, weil die Herrschaften des Grab ned ham verlängern lassen. Nach fünfundzwanzig Jahren … Ende. Die ham des abtragen lassen.«

Schielin war fassungslos. »Echt?«

»Ja, wenn ich dir des doch sag. Ich weiß noch, wie die Erna sich so aufgregt hat drüber … und gmoint hat, des wär fast wie … wie umbringe.«

»Herrgott, woher weißt du das alles überhaupt?«, blaffte Schielin etwas unfreundlicher als beabsichtigt.

Derdes musste ausgiebig husten, bevor er antworten konnte: »Aber i woiß des doch ned, des hab ich ja nur ghört.«

»Und wo hörst du solches Zeug?«

Derdes moserte zurück. »Ja, da wo ich die Ohren aufsperren tu … des sollt die Polizei vielleicht auch emole …!«

»Mach ich grad. So wie du dahockst, hast du mir noch nicht alles erzählt.«

»Naja«, druckste Derdes herum, »ob des dir was weiterhilft, woiß i ned, aber … als des Mädle geboren ist …«

»Die Annalena«, sagte Schielin.

»Noi! Horch halt einfach zu … als des Mädle, die Sarah geboren ist, des ist da die ältere vo beide … der Helmut kam ja erst danach. Also der alte Grahl war da so enttäuscht drüber, dass des koi Bua gwese is … und da ist die Sarah von dene halt als Bub großzoge wore … bis dann der Helmut da war … da war die Sarah aber fast scho für die Schul alt gnug.«

Schielin sah ihn verdutzt an. »Wie …«

Derdes tat unleidig. »Wie … wie … wie! So wie ich es halt gsagt hab. Die Sarah hat Bubekleider kriegt und Bubespielzeug und kurze Hoor und der alt Grahl hot se nur *Ewald* grufe … was der Name von seim Vadder war. Des war schon eine komische Sach … aber … war halt so.«

Ewald – wiederholte Schielin mehrmals. Ewald.

*

Lydia Naber war an diesem Samstagmorgen zu allererst durch den Garten gegangen, um sich einen Überblick über den Status ihrer Pflanzen zu verschaffen. Hinter dem Stadel war es dunkel. Gärten haben ihre lauschigen Plätze, ihre romantischen Ecken – und ihre dunklen Winkel, voller morbider Geheimnisse.

So fortgeschritten das Jahr auch war – noch immer drohte die Gefahr von leichten Nachtfrösten. Sie beließ die jungen Oleander, das Olivenbäumchen und alle anderen Mimosen daher noch im Gartenstadel, von den Dahlien ganz zu schweigen. Die angezogenen Kräuter, Salate und Gemüsepflanzen hatte sie schon ausgesetzt, die durften nicht so zimperlich sein, und das Holzgestell mit Plastikplanen, das darüber gestellt wurde in den kalten Nächten, das musste genügen. Zufrieden sah sie, wie zwischen den verblühenden Narzissen, Osterglocken und Tulpen die Stauden kraftvoll hervordrangen. Besonders am Rittersporn hielt sie Ausschau nach Schneckenspuren, um rechtzeitig Gegenmaßnahmen einleiten zu können. Die Lilien standen prächtig da und auch die Gräser schoben forsch ins Grün. Sie setzte sich auf die alte Holzbank am Stadel und blinzelte in die Lichtreflexe der aufgehenden Sonne, weit vorne an der Streuobstwiese. Eine Amsel sang laut. Sie lauschte und versuchte, die anderen Instrumente zu erkennen, wie sie es Schielin abgetrotzt hatte. Grünfink und Stieglitz konnte sie inzwischen unterscheiden, doch da war noch etwas anderes dazwischen, etwas Virtuoseres, Aufgeregteres. Sie würde es schon noch herausbekommen. Über die Stille im Garten und den Gesang der Vögel geriet sie in einen Zustand der Seelenruhe. Das bewusste Denken war verschwunden, und damit einhergehend das Konstruieren von Widersprüchlichkeiten. Sie saß da, ganz Teil der singenden Welt um sie herum und ganz bei sich. Irgendwann weckte sie eine kühle Brise aus der Trance. Ein Bonmot, das sie einmal im Fürstenhäusle der *Droste* in Meersburg gelesen und seither nicht mehr vergessen hatte, war durch ihre Gedanken gekreist: *Weit geh ich selten, denn mein Garten ist doch immer mein liebster Aufenthalt.*

Gefestigt für den Tag ging sie ins Haus zurück und fuhr nach einem stillen Frühstück in Richtung Lindau.

Sie war alleine auf der Dienststelle, was selten vorkam. Meistens rumorte Gommi bereits herum. Doch heute war sie tatsächlich für sich – Samstag. Sie blieb im Gang stehen und lauschte. Der Drucker surrte leise, ansonsten Stille –

fühlbar war sie, diese Stille. Noch immer lag die friedliche Aura des morgendlichen Gartens auf ihrem Gemüt. Sie legte ihre Tasche ins Büro und ging in den oberen Stock, von wo eine alte Holzstiege zum Dachgeschoss führte. Die alte Holztüre musste noch aus der ersten Bauphase stammen und erinnerte sie an den Türverschlag im Dachboden des Inselhauses. Der eiserne Riegel quietschte trocken, als sie ihn beiseiteschob, und die schwere Tür knarrte beim Öffnen in den Angeln. Es war kalt hier oben und dunkel. Sie suchte nach dem Lichtschalter und einige der alten Neonröhren blinkten einige Zeit hysterisch, bevor sie endlich surrend und summend leuchteten.

Links und rechts trennten Lattengitter Abteile ab – Aktenlager und Asservatenkammer. Sie ging in den Aktenraum, wo die Holzregale schief und krumm unter der Last des Papiers und der dramatischen Geschehnisse, die darin weiterlebten, ein trauriges Bild boten. Einige waren unter der Last der Akten und der Gräuel und Niedertracht, die darin zu finden waren, ganz in die Knie gegangen, andere litten an purer Altersschwäche.

Sie schnupperte herum. Es roch nach altem Papier, trockenem Holz und Staub.

Die ein oder andere Akte nahm sie in die Hand, blätterte darin. Schreibmaschinenseiten, oft dünnes Butterpapier mit den fettig erscheinenden Buchstaben des dritten oder vierten Durchschlagpapiers. Ob es das heute überhaupt noch gab? An einigen Regalen hingen Pappdeckel mit Aufschriften, die Jahreszahlen angaben, was immerhin als Anhalt diente. Nach einer Weile landete sie in der Ecke, wo das Regal nur noch vom Dachbalken gehalten wurde. Hier lagerten die ganz alten Fälle. Alle sah sie durch, doch weit und breit kein Vermisstenfall Ute Lohder, dagegen Körperverletzungen, Einbrüche, Betrugsverfahren. Einige der alten Fälle erregten ihr Interesse und sie las Vernehmungen, Ermittlungsberichte, Tatortbefunde – und wunderte sich, wie aus den Buchstaben Räume entstanden und sich aus den Dialogen ein Gefühl für Wahrheit und Lüge entwickelte.

Sie kniete nieder und zog die Kartons mit losen Blättern unter den unteren Regalböden hervor. Auch hier kein Treffer.

Ihre Hände waren inzwischen klamm geworden. Vielleicht waren drüben in der Asservatenkammer noch Akten gelagert.

Dort dominierten moderne Metallregale mit geschlossenen Fächern für Asservate, die man nicht dem Staub und Lichtwechseln aussetzen wollte. Sie bekam eine Tüte in die Hand, darin Schnüre und Seilstücke. Sie schaute auf den Pappanhänger und erinnerte sich gleich wieder an den Fall, der erste, an dem sie ermittelt hatte. Mit dünnen Stricken war der Immobilienhändler Kandras gefesselt worden. In der Nachbarschaft schimmerte aus einem trüben Asservatenbeutel ein Messer hervor – Tatwaffe im Mordfall Kinker. Am Pulverturm hatte man ihn aufgefunden und auch die Ukrainerin kam ihr wieder in den Sinn, die mit ihm zusammen gewesen war und das kleine Mädchen. Was wohl aus ihnen geworden war? Das Herz wurde ihr ein wenig schwer angesichts der vielen Erinnerungen, und sie stöberte nun völlig losgelöst von ihrem eigentlichen Ziel durch die Regale – eine Reise durch kriminalistischen Raum und eine lange Zeit. Wer wusste schon – irgendwann in ferner Zukunft würde vielleicht ein anderer hier etwas suchen und dabei auf ihre Akten stoßen, den Namen Lydia Naber lesen und kein Bild, keine Vorstellung von der Person haben – *Lydia Naber*. Sie schüttelte sich und rieb abermals die Hände aneinander, diesmal jedoch, um die melancholischen Anflüge zu vertreiben. In der Ecke standen drei Blechkisten aufeinander. Große Teile mit monströsen Schnallen, die die Deckel zuhielten. Bei Expeditionen hatte man solche Dinger dabei; sie erinnerten an Munitionskisten. In der ersten Kiste lagen Stapel mit Klappordnern unterschiedlicher Farben. Grüne, blaue, graue, gelbe, rote Ordnerdeckel lagen durcheinander. Das sah gar nicht schlecht aus. Es waren Vorgänge jenseits von Strafakten. Beleidigungen, Anbahnungen von Betrugshandlungen. Sie arbeitete nun wieder konzentriert, las, verwarf, nächster Ordner.

Als sie mit der ersten Kiste fertig war, nahm sie sich die zweite vor, die aber nur mit Gommis Berichten über Liegenschaften, Steckdosen, Computerzeugs und anderem Kram gefüllt war.

In der letzten Kiste leuchtete ihr das verblasste Rot staatsanwaltlicher Akten entgegen. Obenauf der Gitteraufdruck für die Zeichnung des Geschäftsgangs. Auf einem dieser Ordner stand, mit Bleistift und in Großbuchstaben geschrieben: *HURENSCHANZE*. Sie las und stutzte. Hurenschanze hatte sie noch nie gehört. Beim Aufblättern entfuhr ihr ein schriller Laut, als sie auf dem ersten dünnen Blatt den Namen *Ute LOHDER* las. Der Familienname in Großbuchstaben, wie das früher so üblich gewesen war. Sie spürte die Aufregung und sah nochmals auf den Einband. Wer immer das Wort *Hurenschanze* geschrieben hatte, musste es als wichtig erachtet haben: Das mit großen Druckbuchstaben hinterlegte Wort war zwei- bis dreimal nachgezogen worden. Eigenartig.

Trotz ihrer drängenden Neugier, die Akte möglichst schnell zu lesen, war es ihr zu kalt und zu dunkel hier oben. Sie räumte die Kisten wieder auf, warf noch einen Abschiedsblick auf die Regale und stieg auf den steilen Stufen der Holzstiege nach unten. Wie die Rückkehr in eine alte, vertraute Welt kam es ihr vor. Mit jeder Stufe, die sie nach unten stieg, war es wärmer geworden und im Gang angekommen, traf sie auf eine Duftwolke von Kaffee. Sie hätte jubeln mögen. Mit einem kurzen Schütteln streifte sie die Kühle des Bodens und die Melancholie ab und lief die Treppe hinunter. Die vorderen Büros waren alle leer, also musste es Schielin sein.

Der hockte im Büro und sah missmutig auf das Smartphone in seinen Händen. »Guten Morgen, Frühaufsteherin … Grahl versetzt mich. Er hat auch sein Telefon ausgeschaltet, seine Frau das gleiche. Ziemlich dreist, oder?«

Sie hielt den Aktendeckel hoch und sagte triumphierend: »Das wird dich aufmuntern – Ute Lohder.«

Schielin beließ es bei einem beeindruckten: »Oh … bin gespannt, was da zwischen den Aktendeckeln ist.«

Er erzählte ihr von seinem Nachbarn Albin Derdes und der Geschichte von Sarah, die als Ewald erzogen worden war. Lydia sah ihn entgeistert an. »Ewald!?«

»Ja«, bestätigte er.

»Eine seltsame Truppe .:. eine seltsame Truppe.«

Sie vertiefte sich in die alte Akte, während Schielin nochmal Kaffee aufsetzte. Bei jedem Schritt im Besprechungsraum war er vorsichtig und schaute immer wieder zur Kontrolle auf den Boden, um Hundle nicht versehentlich zu treten – der gar nicht da war. Er lachte vor sich hin. So waren sie, die Viecher. Sie erzogen einen.

Kaum zurück im Büro klingelte sein Telefon. Ein Anwalt aus Tübingen meldete sich und teilte ihm in förmlicher Sprache mit, die Familie Grahl zu vertreten. Herr Grahl sähe sich nicht in der Lage, den Termin wahrzunehmen, da er sich und seine Familie durch die polizeilichen Ermittlungen unter Druck gesetzt fühle, was er angesichts des Verlusts, der ihnen widerfahren sei, nicht tolerieren könne.

Schielin stöhnte genervt und so laut, dass es auch der Anwalt hören konnte, und wartete ab, bis der mit seinem Sermon zu Ende gelangt war. Dann sagte er: »Ihr Mandant wird eine Vorladung erhalten. Er ist die einzige Person, die über kein schlüssiges Alibi verfügt, ein Motiv lässt sich mindestens konstruieren, und wir haben Spuren vom Tatort, die sich mit ihm in Verbindung bringen lassen. Es wäre besser, er kooperiert, anstatt auf der Straße festgenommen zu werden …, denn das würde ihn und seine Familie noch weit mehr unter Druck setzen als eine freundliche Einladung zum Gespräch. Ich erwarte Ihren Anruf!« Schielin drückte das Gespräch weg, ohne eine Antwort abzuwarten.

Lydia hatte aufgesehen. »Uhh … Herr Schielin sind sauer … und – habe ich was verpasst? Wir haben Spuren … wir haben ein Motiv?«

»Natürlich nicht, aber der Typ hat mich genervt und jetzt hat Helmut Grahl wirklich Druck, glaube mir. Allerdings – der Spurenbericht vom LKA ist gekommen.«

Sie sagte enttäuscht: »Kein Foto.«

»Was?«

»Es ist kein Foto von ihr in der Akte … von Ute Lohder.«

»Ah … das ist natürlich blöd. Man wüsste zu gerne, wie sie ausgesehen hat. In den Zeitungsartikeln war auch kein Foto von ihr?«

»Nein.«

*

Er klickte den Spurenbericht auf den Bildschirm und las ihr die ernüchternden Ergebnisse vor. Auf dem Dachboden konnten im Bodenbereich um den Leichenfundort keine Spuren gesichert werden. Die Kleidung der Leiche war umfassend inspiziert worden. Es gab eine Reihe unterschiedlicher Spuren, darunter auch DNS in Form von Schuppen und Haaren. Er las nun lauter: »... *die sich jedoch nicht in den Kontext einer nach Auffindesituation hypothetischen Tathandlung einordnen lassen.*«

Sie sah auf. »Allerweltsspuren also, die von Leuten stammen, mit denen er im Alltag verkehrte – die Familie, Arbeitskollegen.« Sie schob die Unterlagen zur Hurenschanzen-Akte von sich und überlegte laut. »Wenn die Tat so abgelaufen ist, wie wir das vermuten, dann müsste doch aber etwas zu finden sein ... auf dem Boden da droben. Das ging doch mindestens für ein, zwei Minuten richtig zur Sache. Grahl war besoffen und betäubt, aber wer so würgt, dass die Haut Risse bekommt, wendet enorme physische Kraft auf – Schuppen, Haare, Speichel ... müsste doch vorhanden sein.«

Schielin ächzte: »müsste ... müsste ...«

Sie überlegte. »Hast du 'ne Idee?«

Er blieb zurückhaltend. »So ein wenig, ja ... ich gehe von einer Vorbereitung aus.«

»Vorbereitung?«

»Nach unserem Verständnis vom Tatablauf müssten sich auf dem Boden Gewebespuren, ganze Hautbereiche, dazu jede Menge Speichel finden lassen, ebenso Abriebspuren von den Schuhen, von der Kleidung – ganze Faserkorridore ... nicht wahr?«

»Ja eben.«

»Der Boden da droben ist aber *Meister Propper*, was darauf hinweist, dass der oder die Täter Vorbereitungen getroffen haben, und die sind gar nicht aufwändig. Eine Plastikplane, drei mal vier Meter, die von der festen Sorte ... reicht vollkommen aus.«

»Uhh ... das klingt geradezu dämonisch!«

Schielin sah wieder zum Bericht und scrollte am Bildschirm. »Es gibt allerdings zwei Besonderheiten. Am Riegel des alten Holzverschlags konnten die eine relativ frische Blutspur sichern. Da hat sich jemand den Finger an der spitzen Halterung des alten Eisenriegels aufgerissen – und Sascha Grahl konnte als Spurengeber ausgeschlossen werden … die Spur ist sehr frisch, wie der Feuchtigkeitsgehalt nahelegt. Nicht älter als drei Wochen. Und … in der Wohnung von Grahl wurden auf dem benutzten Whiskeyglas zwei fremde Fingerabdrücke sichergestellt – Daumen und Zeigefinger.«

»Du meinst da sind Grahls Fingerabdrücke drauf und zwei fremde … Daumen und Zeigefinger.«

»Genau so … vermutlich stammen sie von einem Mann, der Größe wegen.«

»Mhm … hat er jemanden trinken lassen?«

»Nö …«

»Nicht … wieso nicht?«

Schielin stand auf und hielt ihr sein Wasserglas hin. »Nimm!«

Lydia fasste zu und nahm es. »Siehst du … du packst es mit der ganzen Hand und hinterlässt dabei vier Finger in Voll- und Teilabdruck, wobei die Abdrücke horizontal weisen. Die Fingerspuren auf dem Glas zeigen jedoch vertikale Spuren, die nahelegen, es wurde von oben mit Daumen und Zeigefinger angefasst … die Abdrücke von Grahl sind hingegen auch horizontal angelegt.«

»Ah … jemand hat das Glas sehr vorsichtig in die Hand genommen …«

»Genau. Derjenige hat nicht getrunken – es geht so nicht.«

»Zurechtgestellt, um K.-o-Tropfen einzufüllen …«

»Das wäre eine Vorstellung, die der meinen sehr nahe käme.«

Lydia nahm die alte Akte wieder zur Hand. »Na also … war am Anfang schon erschrocken.« Sie konnten zufrieden sein. Eine DNS-Spur und auswertbare Fingerspuren waren etwas für Ermittler Beruhigendes. Verstörend war nur die Vorstellung, jemand hätte den Dachboden wirklich mit Plastikplanen für das Vorhaben vorbereitet. Das klang nach bösartiger Verkommenheit, nach Gewissenlosigkeit und Unmenschlichkeit – und vor allem nicht nach Affekt, sondern nach hinterhältigstem Mord.

Weder Grahl noch sein Anwalt meldeten sich den Vormittag über. Lydia packte irgendwann die Akte und meinte, sie werde lieber zuhause im Garten weiterlesen. Und auch Schielin verließ noch vor Mittag die Dienststelle. Wozu die Zeit mit Warten vergeuden. Er sah skeptisch zum Himmel. Im Laufe des Vormittags waren Wolken aufgezogen und das Wolkengebilde hing in bedrohlichen Fetzen über dem See, eine leichte Brise wehte. Er entschied sich trotzdem zur Insel zu radeln und schickte Marja eine kurze Nachricht.

Auf der neuen, weiten Fläche vor der Inselhalle näherte sich das Markttreiben dem Ende. Hinter den Marktständen schimmerte der kleine See durch. Er radelte weiter bis zum Bahnhof und ging in den Hafen, wo gutes Durchkommen war. Über Leuchtturm und Löwe dröhnten die Hörner der Bodenseedampfer. Sternfahrt. Im Hafen waren alle Liegeplätze belegt. *Stuttgart*, *Vorarlberg*, *Baden*, *Bregenz*, *Zürich* und *Lindau* lagen vertäut, während draußen vor der Hafeneinfahrt zwei weitere große Schiffe lagen. Die *Karlsruhe* schob sich gerade mit dröhnendem Motor rückwärts hinaus. Schielin wählte eine Stelle am Mangturm, um das Schauspiel zu verfolgen. Fragmente von Blasmusik kamen von einem der Schiffe und ein heller, feiner Ton mischte sich ein – auf einer Untertasse gleich am ersten Tisch hatte ein Teelöffel begonnen zu vibrieren. Er traf Marja am *Eiscafé Graf*. Sie beschlossen jedoch, dass es mit süßen Dingen nicht getan war und ergatterten einen Platz auf der Terrasse des *Lindauer Hofs* – einer geradezu königlichen Loge über dem Hafentreiben. Kein Ton vom Fall – Marja berichtete Neuigkeiten von Lena und Laura, von der Familie, von ihren Einkäufen. Danach bummelten sie über die Insel, als Teil der Ansammlung von Flaneuren.

Spät am Abend, er lag auf dem Sofa und hörte Musik, Marja war schon eingeschlafen, klingelte das Telefon. Vorsichtig rappelte er sich auf und sah auf die Uhr – 23:08!

»Servus Conny, ihr habt doch den Ösi ausgeschrieben, den Ganahl …«, dröhnte es frisch aus dem Mikro.

Schielin benötigte eine Weile, um zu realisieren, worum es ging. Der Kollege von der Fahndung war schlecht zu verstehen, weil er sich im Auto befand und auf der A7 in Richtung Lindau fuhr. Vor ihnen eines der Fahrzeuge, die auf Mario Ganahl, den Privatdetektiv aus Feldkirch, zugelassen waren.

»Wo seid ihr gerade?«, fragte Schielin, drehte die Musik leiser und mühte sich, seine Gedanken zu sortieren. Der Grauburgunder stand dem ein wenig im Wege.

Der Kollege berichtete, sie seien an der *Raststätte Burgau* auf die alte E-Klasse aufmerksam geworden, rein aus Interesse am Auto. Einer der selten gewordenen 500 E. Sie waren ihm bis zum Autobahnkreuz Ulm-Elchingen gefolgt, nachdem sie die Ausschreibung festgestellt hatten, und als der sich in Richtung Süden orientiert hatte, was nahelegte, er würde in Richtung Lindau und Feldkirch kommen, hatten sie das Telefonieren angefangen.

Schielin sah wieder auf die Uhr – 23:13.

»Ist er schnell unterwegs?«, fragte er.

»Nein – eher chillig.«

»Okay. Folgt ihm weiter. Vor der Ausfahrt Weißensberg holt ihr ihn raus und lotst ihn nach Lindau. Ich will ihn erst nach Mitternacht festnehmen, um ihn bis Montag unter Kontrolle zu haben … ihr versteht … stop-konform – *spätestens am Tage nach der Festnahme dem Haftrichter vorzuführen*?«

Sie verstanden.

Schielin bestellte ein Taxi – selbst fahren war nicht mehr drin.

Auf der Dienststelle angekommen, warf er die Espressomaschine an und lauschte in den Raum. Ein seltsames Gefühl, zu dieser Zeit an diesem Ort, wo sonst, wenn schon nicht quirliges, so doch beständiges Leben charakterisierend war. Warten in der Stille einer vereinsamten Dienststelle.

Gegen ein Uhr erreichte ihn die kurze Nachricht, man würde mit dem Ösi auf die Dienststelle kommen.

Er setzte sich an den Rechner und füllte einige Formulare aus, sodass man nur noch die Personalien benötigen würde. Lange wollte er sich mit Mario Ganahl nicht aufhalten. Der sollte bis zum Montagmorgen schmoren.

Eine halbe Stunde später brachten sie ihn in den Vernehmungsraum. Schielin machte die Unterlagen fertig und setzte sich diesem Mario Ganahl gegenüber. Eine sportliche Erscheinung mit schwarzglänzenden, lockigen Haaren, Dreitagebart mit grauen Einsprenkelungen. Er steckte in einem schicken Anzug, hellblaues Hemd, Krawatte. Viel zu auffällige Gestalt für einen Privatdetektiv, wie Schielin fand. Wo sollte er an einer Ecke stehen und beobachten und nicht selbst auffallen. Unmöglich.

Ganahl bemühte sich um eine coole, unaufgeregte Haltung, saß Schielin gegenüber, den Kopf etwas schräg gelegt, und gab ein Pokerface zum Besten. Über dem rechten

Augenlid zuckte allerdings ein Muskel nervös. Um die innere Ruhe war es demnach nicht sonderlich gut bestellt. Schielin fasste sich kurz, erklärte die Festnahme, nahm sich für die Belehrung viel Zeit. Seine Erläuterung, die Festnahme stehe im Zusammenhang mit dem Mord an Sascha Grahl, erzeugte einen Zug des Entsetzens und der erschrockenen Verwunderung bei Ganahl. Er sagte keinen Ton.

Schielin wünschte flüchtig eine gute Nacht und verließ mit den beiden Kollegen die Dienststelle. Ganahl würde eineinhalb aufgewühlte Nächte in der Zelle verbringen, bevor er am Montagmorgen Gelegenheit bekam, sich zu äußern.

Die Streife fuhr Schielin nach Hause.

Es war kalt. Als die grellen LED-Leuchten des Streifenwagens verschwunden waren, kam eine seltene Schwärze hinzu. Vom Wald her schrie ein Käuzchen und er wartete eine Weile, bis sich die Augen an das Dunkel und die Ohren an die Stille gewöhnt hatten. In einiger Entfernung raschelte es. Er blieb stehen und suchte die Naturgeräusche zuzuordnen. Ein Marder vielleicht? Für eine Maus zu geräuschvoll. Die Kälte begann sich am Oberarm festzusetzen und kroch die Schulter entlang. Er ging nun ins Haus, wo er mit einem Glas Wasser in der Dunkelheit sitzen blieb. Der Kühlschrank surrte und schaltete mit einem lauten Vibrieren ab, ging später mit einem klirrenden Geräusch wieder an. Die Gedanken blitzten unstrukturiert auf. Gesichter, Namen, Worte, Bilder, Sequenzen. Irgendwann legte er sich ins Bett und zog die dünne Decke über sich.

Am Sonntagmorgen weckte ihn Marja. Er ging ausgiebig duschen. Lena und Laura würden zu Besuch kommen.

Nur einmal, am Nachmittag, als sie im Windschatten des Schopfs beim Kaffeetrinken saßen, Albin Derdes lehnte am Eckbalken und blies blauen Rauch in die Luft, blitzte in ihm kurz der Gedanke auf, wie es Ganahl wohl ergehen würde. Doch schnell hatten ihn die Alltagsgeschichten der Töchter wieder weggeholt und am Abend ging er mit Ronsard noch eine Dämmerungsrunde durch den Tobel.

*

Die Arbeitswoche nahm ihren Anfang. Die um den Tisch im Besprechungsraum Versammelten hörten Schielins Bericht zur Festnahme Ganahls. Lydia nutzte die Gelegenheit und fragte Robert Funk, ob er mit dem Begriff *Hurenschanze* etwas anfangen konnte. »Du bist doch bei diesem historischen Museumsverein, da solltest du damit was anfangen können …«

Er hatte zumindest schon einmal davon gehört. Wie er sich zu erinnern glaubte, ging der Begriff auf eine Art Frauenhaus zurück, welches im 16. oder 17. Jahrhundert bei der Sternschanze oder Lindenschanze existierte, und das in den Spelunken der Carolinengassen, der heutigen grub, den Begriff *Hurenschanze* trug. »Der Charly Schweizer hat darüber mal was geschrieben.«

Zum Inhalt der alten Akte wollte sie noch nichts sagen, weil sie sich noch nicht im Klaren darüber war, was sie davon halten sollte. Kimmel sah sie skeptisch an. »Was soll man davon halten wollen – es ist eine Akte.«

»Warte ab … ich bin schon der Meinung, dass man zu dieser Akte eine Haltung haben kann. Ich gehe die nochmal durch und schlafe eine Nacht drüber.«

Kimmel blickte zweifelnd drein und wackelte mit dem Kopf, sagte aber nichts mehr.

*

Kurze Zeit später wurde Mario Ganahl in den Vernehmungsraum gebracht, wo Schielin, Wenzel und Saskia Pröll auf ihn warteten. Er verharrte für einen Moment, als er durch die Türe trat und die drei da sitzen sah. Es war also doch ernst.

Schielin ließ sich seine Verwunderung nicht anmerken. Was doch zwei Nächte in einer Zelle und eine ausgewachsene Portion Ungewissheit anrichten konnten. Ganahl war bleich und sah abgespannt aus – erschöpft. So wie er ging, konnte man auch meinen, er sei ein wenig wackelig auf den Füßen.

Bevor sie begannen, bekam er einen Becher Kaffee und Wasser, das er gierig trank.

Saskia Pröll, die an der Stirnseite des Tisches sah, warf Schielin einen fragenden Blick zu. Der zuckte mit den Schultern. Im Übergabeprotokoll war vermerkt, Ganahl hätte am Sonntag lautstark nach einem Anwalt verlangt, sich aber doch wieder beruhigt. Sonst sei nichts gewesen. Wie von ihm gewünscht, hätte man ihn mit Sachen von McDonalds verpflegt – Pommes, Burger, Cola light. Von daher war der schwächliche, ja beinahe hinfällige Zustand kaum zu erklären.

Sie warteten ab, bis er auch den Kaffee getrunken hatte. Saskia holte einen neuen Becher. Jetzt schien es ihm besser zu gehen. Er räusperte sich und sah in die Runde. »Ich will jetzt einen Anwalt und vor allem wissen, was los ist. Es wird nicht folgenlos bleiben, kann ich Ihnen sagen … nicht folgenlos … mich einfach so wegzusperren.«

Schielin erläuterte, es sei nicht *einfach so*, er würde heute noch dem Haftrichter vorgeführt, man habe Zeugenaussagen, die ihn im betreffenden Tatzeitraum am Haus der Grahls gesehen hätten …

»Welcher Tatzeitraum … welche Tat!?«, fuhr Ganahl ehrlich empört auf und brachte sich nur mühevoll wieder unter

Kontrolle. Zischend blies er den Atem durch die aufeinandergepressten Zahnreihen, ganz so, als müsse er einen Schmerz aushalten und beherrschen. In seinem Fall bestand dieser Schmerz aus Wut. Sein ganzer Körper war in Aufwallung geraten.

Schielin berichtete in knappen, sachlichen Worten vom Mord an Sascha Grahl, ohne auf Details einzugehen. Er kam zur Observation vor dem Anwesen und die Spur, die zu ihm, Ganahl, geführt hatte. Er sprach die erkennungsdienstliche Behandlung an, die noch durchgeführt werden würde und fasste zusammen: »Finden wir passende DNS oder Fingerspuren, schaut es schlecht für Sie aus. Welchen Anwalt sollen wir für Sie verständigen, Herr Ganahl?«

Ganahl war unvermittelt wieder in den klapprigen Zustand zurückgefallen, in welchem er zuvor angekommen war. Die Kraft der Empörung war scheinbar gewichen und er hing schlaff im Stuhl und sah Schielin mit großen, leeren Augen an.

Was war mit ihm los?, fragte der sich und die feine glänzende Schweißspur auf der Stirn führte ihn auf eine Fährte. »Haben Sie vielleicht Entzugserscheinungen, Herr Ganahl … nehmen Sie regelmäßig Drogen … Alkohol?«

Ganahl verneinte schwach. Ausgelaugt.

»Was haben Sie da unten vor dem Haus die ganze Zeit gemacht? Gibt es eine Erklärung dafür?«

Ganahl sammelte sichtlich Energie, um zu antworten. »Auftrag … ich hatte einen Auftrag … mehr nicht. Es wird keine Spuren geben, ich hatte mit diesem Sascha Grahl nie etwas zu schaffen und war auch nicht im Haus.«

»Gut. Sie betreiben eine Detektei. Welchen Auftrag hatten Sie und vor allem, wer hat ihn erteilt?«

»Es ging ausschließlich um Kira Bendlin und ihren Freund – Gabor von Strehlitz.«

»Mhm … und wer hat Sie beauftragt?«

»Sarah Bendlin … ihre Mutter.«

Schielin war ehrlich verblüfft und hatte zu tun, das zu verbergen. »Sarah Bendlin hat Sie beauftragt, sagen Sie.«

»Ja. Sie war bei mir und hat mich beauftragt und sie zahlt auch – eine durch und durch saubere Angelegenheit. Ich möchte gehen.«

»Sie bleiben hier und die ED-Behandlung werden Sie auch noch brav mitmachen, ja! Worin besteht das Ziel Ihrer Überwachung?«

»Die Kleine ist mit diesem Typen zusammen und die Mutter hat den Verdacht, er will irgendwie an die Firma ran … konkret geht es um den Verkauf von Firmenanteilen … denen von Kira Bendlin.«

»Und … was haben Sie dazu rausgefunden?«

»Die Mutter liegt so falsch nicht mit ihrer Vermutung. Der von Strehlitz ist im Grunde pleite … ein Zocker halt, Lebenskünstler würde ich sagen, nicht unbedingt unsympathisch. Wie auch immer, er ist irgendwie an das Dummchen geraten, hat ihr süß was ins Ohr geträufelt, wie sie sich doch ausnutzen lässt, wie wenig sie entscheiden und mitreden darf … das Übliche eben, was so gequatscht wird, um jemanden in die Unzufriedenheit zu treiben. Nicht sonderlich aggressiv, vielmehr die erfolgreiche Methode *Steter Tropfen höhlt den Stein.*«

»Kira Bendlin wollte also ihre Firmenanteile verkaufen.«

»Ja … wollte schon, aber das ging nicht …«

»Es sind doch ihre Anteile … kann sie nicht damit machen, was sie will?«

Ganahl räusperte sich und nahm einen Schluck Kaffee. Seine Hand zitterte. Sie warteten.

»Ja … jetzt wo ihr Cousin tot ist, kann sie in der Tat machen, was sie will, mit ihren Anteilen.«

Schielin musste schlucken. Die anderen sahen ihn an. »Können Sie das bitte nochmal wiederholen und erläutern«, forderte Schielin mit ruhiger Stimme. Die Konturen eines Motivs begannen sich schemenhaft abzuzeichnen.

Ganahl bat um einen weiteren Becher Kaffee, der ihm gebracht wurde. Seine Haare am Stirnansatz und an den Schläfen waren inzwischen schweißdurchnässt.

Entzug, dachte Schielin. Nichts anderes als Entzug.

Ganahl lächelte bitter, nannte den Namen einer Anwaltskanzlei, die er bat zu verständigen, lehnte sich an die Stuhllehne und sah von einem zum anderen, mit lauerndem Blick. »Nichts werde ich mehr sagen … keinen Ton mehr … geben und nehmen, Leute, es heißt: geben und nehmen. Und bei euch gibt es nur nehmen – der Kaffee zählt nicht.« Er blies die Backen auf, reckte die Arme in die Luft und dehnte sich. Ein irres Lachen war zu hören, in dessen Folge er fast plärrte. »Vier Becher Kaffee und drei Wasser … und ich schwitze immer noch wie ein Schwein … irre oder, ist doch irre …!«

Schielin wartete eine Weile und überlegte. Er sprach eine Unterbrechungsnotiz und schaltete das Aufnahmegerät aus. »Ich möchte Ihnen ein Angebot machen. Wir gehen jetzt zu Ihrem Auto, da können Sie sich mit frischen Sachen versorgen, wo Sie doch so schwitzen, und dann reden wir weiter. Die erkennungsdienstliche Behandlung wird folgen müssen … doch sollten wir Erkenntnisse von Ihnen gewinnen, die unsere Ermittlungen weiter befördern, wäre es nicht unwahrscheinlich, wenn Sie den späten Nachmittag oder Abend zuhause verbrächten.«

Ganahl blieb regungslos. Nach einer ganzen Weile stand er auf. »Gut, gehen wir.«

Saskia Pröll blieb im Gang stehen und fixierte Wenzel mit einem streng fragenden Blick.

»Was!?«, warf er ihr entgegen.

»Der ist doch auf irgendeinem Trip. Wir müssten das Auto durchsuchen … das volle Programm halt.«

Wenzel lächelte wohlwollend. »Dir fehlt einfach Erfahrung.«

»Ach …«, kam es schnippisch von ihr.

»Ja. Entzugserscheinungen erkennt man dann, wenn sie einem in den Kram passen. Wir wollen einen Mord aufklären und keinem Drogensüchtigen deutlich machen, drogensüchtig zu sein, klaro!? Rechtsgüterabwägung …«

»Rechtsgüterabwägung!? Hab ich aber anders gelernt.«

»Man lernt nie aus. Und als Zeuge ist er schon gar nicht mehr zu gebrauchen, das hat er schon geschickt gemacht.«

Saskia Pröll klang unsicher. »Geschickt gemacht?«

»Ja, als er gesagt hat, er hätte schon vier Becher Kaffee und drei Wasser und würde noch immer schwitzen wie ein Schwein … das war der Knockout als Zeuge für uns … es geht nur noch darum, von ihm soviel Informationen abzuholen wie möglich.«

»Ah …«

»Ja … ah … man muss eben auch Entgegenkommen zeigen, und das macht Conny gerade.«

Schielin kam mit Ganahl zurück, dessen Erscheinung bereits verändert erschien. Der Körper aufrecht, Energie beim Gehen, ganz anders als das leidende Gestell, das zuvor durch den Gang geschlichen war.

Wieder im Vernehmungsraum angekommen, beugte Ganahl sich nach vorne und legte die Fingerspitzen beider Hände aufeinander, bevor er zu sprechen begann. Einem unregelmäßigen Takt folgend, dehnten und spannten sich seine langen, aufeinanderliegenden Finger.

Saskia Pröll war derart fasziniert von dieser asynchronen Bewegung, dass sie fast vergaß zuzuhören, was er zu berichten hatte. Er erzählte von einer Due-Dilligence-Prüfung, die Kira Bendlin heimlich hatte durchführen lassen, was dazu dienen sollte, das Familienunternehmen grundsätzlich abzusichern, indem sie die Annahmen und Voraussetzungen einer Zusammenarbeit beziehungsweise eines Angebots überprüfen und relevante Risiken identifizieren würde, und wie über diesen Auftrag ihre Mutter erstmals aufmerksam wurde, dann eins und eins zusammenzählte und letztlich ihn beauftragte, ein Auge auf Tochter und deren Liebhaber, mit Schwerpunkt auf Letzterem, zu haben.

Schielin hörte geduldig zu und forderte ihn dann auf, die Dinge grundsätzlicher zu erklären.

Ganahl schnaufte hörbar. »Also … die Firmenanteile sind gleichmäßig auf die Familienangehörigen verteilt. Die Familie Bendlin hat fünfundvierzig Prozent, ebenso wie die Familie Grahl. Diese fünfundvierzig Prozent Anteile sind gleichmäßig auf die Personen verteilt, also jeweils fünfzehn Prozent.«

»Vielleicht liegt es ja an mir, aber ich komme nur auf neunzig Prozent«, meldete sich Wenzel.

»Da komme ich gleich dazu … also, die Tochter der Grahls spielt nicht mehr mit in diesem Spiel, die wurde ausbezahlt … es gab da mal einen Familienstreit und seitdem hängt da auch der Haussegen schief. Aber zurück zum Firmenbeginn – als die Anteile damals verteilt wurden, hat die beauftagte Wirtschaftskanzlei Verkaufshindernisse eingebaut, um im Falle einer Scheidung zu vermeiden, dass ein Partner alleine verkaufen kann. Man wollte vermeiden, dass Anteile an jemanden außerhalb der Familie gelangen würden; dafür müsste man fünfundzwanzig Prozent *plus X* besitzen – so lautet die Regelung.«

Wenzel sah ihn gelangweilt an. »Ja gut…«, wurde allerdings hellhörig, als Ganahl erzählte, dass die zehn Prozent Anteil Jan Rabus zugehörig wären.

»Rabus … Jan Rabus? So viel. Wie das denn?«

»Der ist eigentlich gelernter Zimmerer und von Bundeswehrzeiten her ein Kumpel von Helmut Grahl. Der hat ihn damals angestellt, das Inselhaus herzurichten … muss eine ziemliche Bruchbude gewesen sein und der Rabus hat das prima hinbekommen … mit den entsprechenden Schwarzarbeitern und hier und da schwerem Gerät. Bendlin und Grahl waren da mitten in der Firmengründung und für jeden Pfennig dankbar, um Kredite zu minimieren. Jan Rabus hat ihnen seine ganze Kohle gegeben, einen Bausparvertrag und was er halt sonstwie zusammengekratzt hat – dafür bekam er zehn Prozent.«

»Der ist gar nicht vom Fach …«

»Das nicht, aber der Typ kann organisieren und ist ein Arbeitstier.«

Schielin dachte laut nach. »Wenn nur einer der Grahls oder Bendlins sich mit Rabus zusammentäte, könnten die also ihre Firmenanteile nicht verkaufen, weil nur fünfundzwanzig Prozent – ohne X.«

»Exakt.«

»Soll das heißen, Kira Bendlin und Rabus wollten verkaufen und brauchten dafür einen dritten – Sascha Grahl?«

Ganahl richtete sich auf und winkte ab. »Es gab aber keinen Dritten, der hätte verkaufen wollen.«

»Aber das macht dann doch keinen Sinn, Kaufinteressenten zu suchen«, meinte Saskia Pröll.

Ganahl fühlte sich sichtlich wohl in der Rolle des Vortragenden. Er hob den Zeigefinger. »Jetzt kommt Gabor von Strehlitz ins Spiel. Der hat irgendwie Geld gerochen, als er der kleinen Bendlin begegnet ist, und er steht mit einer

Kanzlei in St. Gallen in Kontakt, die auf Firmenverkäufe und dergleichen spezialisiert ist. Ich habe herausgefunden, dass er denen das Vertragsmaterial zugänglich gemacht hat … meiner Meinung nach, um zu prüfen, inwieweit diese Anteils-Verkaufs-Hemmung rechtlich haltbar ist.«

Schielin schaltete sich ein. »Wir haben von amerikanischen Interessenten gehört …«

Ganahl winkte ab. »Alles Quatsch. Wenn es um so was geht, sind es immer die Amis, irgendein Scheich oder China. Es gibt keinen konkreten Kaufinteressenten – nur das Interesse der zwei Verkaufswilligen, das Interesse des Stechers an Geld zu kommen und man hat ja auch noch nicht von Hunger und Elend unter Anwälten dieses Metiers gehört.«

»Und jetzt – nach dem Tod von Sascha Grahl?«, fragte Schielin.

»Geht je die Hälfte seiner Anteile an die beiden Familien – Kira Bendlin wird zukünftig achtzehn Prozent Anteile haben … «

»Zusammen mit den zehn Prozent von Rabus das fehlende X«, konstatierte Schielin.

»Ja. Das fehlende X«, bestätigte Ganahl.

»Wieso will Rabus verkaufen … wissen Sie was darüber?«

»Da kommt einiges zusammen. Zum einen ist er frustriert, weil er mit der neuen Produktionsanlage drüben in Fußach auch eine andere Position zu bekommen hoffte, aber das war nicht so …«

»Sascha Grahl war ihm im Weg, oder dagegen?«, fragte Saskia Pröll.

»Nein, überhaupt nicht … der wollte das sogar. Nein, die zwei Alten haben sich quergestellt.«

»Helmut Grahl und Bendlin?«

»Ja. Die wollten was junges Studiertes. Rabus war für sie eher *alte Welt*. Dazu noch die Aussetzer von Sascha Grahl, der Ärger mit seinen Exzessen … Rabus hat einfach keinen Bock mehr.«

»Sie wissen mehr darüber?«

»Nein. Es kam aber häufiger zu Problemen mit ihm im letzten Jahr. Das habe ich mitbekommen.«

»Wieso verkauft Rabus nicht an die Familie … das würde doch gehen, oder?«

»Klar. Wollte er ja auch, aber die konnten sich über den Preis nicht einigen.«

»Bekommt er denn mehr, wenn er frei verkauft?«

»Jede Menge mehr … und Gabor von Strehlitz hat seiner Kira und dem Rabus das Maul richtig wässrig gemacht, das dürfen Sie mir glauben. Wenn der auch sonst nichts kann – das beherrscht er perfekt.«

»Sie mögen ihn nicht.«

Ganahl vollzog eine hässliche Bewegung mit dem Unterkiefer, sagte aber keinen Ton.

»Wer wusste von Ihrem Überwachungsauftrag?«

»Nur die Chefin.«

Schielin war skeptisch. »Sonst keiner … wirklich nur Sarah Bendlin? Ihr Mann nicht?«

»Nein. Nur der blonde Engel. Heiße Kiste, nicht wahr … in jeder Hinsicht.« Er lächelte.

Wenzel wollte wissen, wie man an diesen *Von* rankäme. »Sie könnten ihm von hier aus quasi ins Wohnzimmer schauen.« Ganahl drehte sich um und legte die Handfläche in einer theatralischen Bewegung an die Stirn und starrte die graue Wand an, bevor er sich ihnen wieder zuwendete. »Er wohnt drüben am Rorschacherberg. Moderne Hütte im Bauhaus-Rokoko, so würde ich das nennen. Kira Bendlin ist im Glauben, die Villa gehört ihm, aber er hat sie nur noch bis September. Sie gehört in Wirklichkeit einem Bekannten, der auf Weltreise ist und irgendwann im Herbst zurückkommt und der ihn da wohnen lässt, weil er keine fremden Leute im Haus haben will. Er ist nicht mehr als ein Ferienhausmeister, allerdings einer mit Geschmack. Auch die schicken Autos, die er fährt, gehören seinem Bekannten. Der Strehlitz spielt seine Rolle wirklich gut, muss ich sagen … einfach gekonnt. Und die Kleine glaubt es ihm auch gerne.«

»Wie schätzen Sie Kira Bendlin ein?«, fragte Schielin.

Ganahl zögerte nicht mit seiner Antwort. »Ein unglaublich fleißiges, hochintelligentes Dummerchen.«

»Ist sie diesem Gabor das, was man *hörig* nennen könnte?«

Es dauerte, bis Ganahl antwortete. Die Frage schien ihm zu gefallen. Ein paar Mal zog ein Lächeln über sein Gesicht. »In einer gewissen Weise schon. Sie ist unerreichbar für jede Kritik an ihm – er ist ihr Prinz.« Er schaute abschätzig in die Runde. »So muss man es beschreiben – er ist einfach ihr Prinz.«

Wenzel wusste noch immer nicht, wie man an den Prinzen rankommen konnte und fragte ungeduldig: »Ja, ist er nun oft und regelmäßig hier bei ihr … in ihrer Wohnung?«

»Im Grunde genommen schon. Es gibt zwar keine festen Tage, aber zwei- bis dreimal in der Woche ist er schon da. Roter Porsche, Cabrio mit Schweizer Kennzeichen … St. Gallen … der Klassiker halt. Steht ihm gut, muss ich sagen, wenn er so mit seinen etwas angegrauten, langen lockigen Haaren durch die Gegend fährt. Wissen Sie, wenn man ihn so sieht, könnte man glauben, ihm gehört schon alles – jede seiner Bewegungen, sein ganzes Sein, drückt ein unglaubliches Selbstverständnis aus. Ich glaube, er glaubt es selbst.« Ein breites Lächeln erschien auf seinem Gesicht und er lachte kurz auf. »Ach ja … er tankt die Kiste übrigens mit einer Tankkarte der Firma. Cool, nicht? Und sie schnallt es einfach nicht … Kiralein schnallt es nicht.«

Eine erhebliche Spur von Neid auf diesen Strehlitz wehte über den Tisch.

»Er hat sonst keine weitere Wohnung?«, fragte Schielin.

»Nein. Wohnungen nicht. Er ist einfach zu klamm, sich das leisten zu können. Das wird spannend, wenn der andere zurückkommt. Allerdings gibt es da ein kleines Büro in St. Gallen, nichts Besonderes, alles angemietet, einschließlich der Geräte.«

»Sie haben doch sicher Fotos von ihm, den Autos …«, warf Schielin ein, »die bekommen wir, nicht wahr?«

Schielin nannte den Zeitraum, der für sie von Relevanz war – Freitag bis Samstag – und fragte, ob Ganahl Erkenntnisse über den Aufenthalt von Gabor von Strehlitz in diesem Zeitraum hätte. Ganahl bat um sein Smartphone, das man holte und ihm aushändigte. Er wischte und tippte. Dann sagte er: »An jenem Freitagnachmittag war ich vor Ort. Gabor und Kira sind am späten Nachmittag in das Haus gegangen. Ich habe einige Zeit gewartet und kurz nach achtzehn Uhr abgebrochen.«

Er steckte das Smartphone in die Innentasche des Jacketts und sah auf. Die erkennungsdienstliche Behandlung ließ er gelassen über sich ergehen, und als er bald darauf die Dienststelle verlassen hatte, fragte Saskia Pröll: »Du lässt ihn echt fahren?«

»Ja sicher«, antwortete Schielin gelassen, »er ist schließlich nicht annähernd mehr verdächtig.«

»Aber der ist doch zugedröhnt.«

»Nein …, wenn das so wäre, hätten wir ihn doch in den Zug gesetzt und ihn nicht fahren lassen … *Promethazin* … er hat eine eingeworfen, als ich mit ihm am Wagen war, und schon ging es ihm besser. Verschreibungspflichtig, das Zeug, und wirklich nicht angenehm, wenn man es braucht, und wie wir beobachten konnten, benötigt er es dringend. Hast du bemerkt, wie schnell das Zeug diesen Kerl verändert hat? In nur einer Viertelstunde. Keine einfache Situation für ihn … Existenzängste … Ängste überhaupt. Dabei ist er gar nicht mal schlecht. Was er alles herausgefunden hat und haben will. Daneben gibt es noch die kleinen oder großen Dinge, von denen er uns nicht berichtet hat. Eigentlich schade um ihn. Ein paar Jahre vielleicht noch, dann kommt der Niedergang … so schaut es jedenfalls aus.«

Sie presste die Lippen aufeinander. Gerne hätte sie gewusst, wie er sich verhalten hätte, wenn Ganahl wirklich Drogen eingeworfen hätte, ob er dann die Vernehmung trotzdem weitergeführt hätte, um die Informationen zu bekommen; aber sie traute sich nicht, zu fragen.

*

Am Nachmittag erschien zu aller Überraschung Helmut Grahl mit seinem Anwalt auf der Dienststelle. Schielin war unterwegs, weswegen Lydia ihn in Empfang nahm und zum Vernehmungsraum brachte. Robert Funk kam hinzu.

Der Anwalt redete umständlich und lange um den heißen Brei herum, beklagte, sein Mandant würde verdächtigt werden …

Lydia Naber war bemüht, eine möglichst gelangweilte Miene aufzusetzen. In einer Atempause, die der Advokat benötigte, warf sie schnell und mit giftigem Blick auf Helmut Grahl ein: »Wo war er denn nun … Ihr Mandant!? Das ist doch die einzige Frage, die hier interessiert! Alles andere ist doch Kokolores.«

Dem konsternierten Blick des Anwalts half sie nach: »Ja nun …!«

»Herr Grahl war bei einer Bekannten.«

»Wie bekannt ist sie ihm denn?«

Wieder entstand eine Pause. Die Geradlinigkeit hatte der Rechtsbeistand so nicht erwartet. Helmut Grahl saß stumm wie ein Fisch auf dem Stuhl, hatte den Blick auf einen imaginären Punkt an der Wand gerichtet und vermied angestrengt, etwas zu sagen oder gar Blickkontakt mit einem der Polizisten im Raum aufzunehmen. Sein Teint hatte sich inzwischen weit von der Golferbräune entfernt. Eine ungesunde Bleiche lag zwischen den tiefen Falten. Es war ihm unangenehm, hier zu sein, äußerst unangenehm, und ganz sicher hatte er sich mehr Rückendeckung von seiner Begleitung erwartet.

»Wie gesagt ...«, begann diese.

»Name, Anschrift, Telefonnummer ... wir können das hier doch ganz schnell erledigen. Falls es Ihnen nicht klar ist – Mordermittlung ... keine Steuergeschichte, sondern Mordermittlung.« Von Wort zu Wort wurde sie hörbar ärgerlicher.

Der Anwalt richtete den Blick auf seinen Mandanten, der nun erste Regungen zeigte und seine Worte langsam kundtat. »Ich war bei Frau Krumbichler in dieser relevanten Zeit.«

Fast hätte Lydia ihn laut angelacht, als ihr bei dem Namen die Heilerin vor Augen kam. »Ich nehme an, es handelt sich um Christella alias Adelheid Krimbichler ... die Therapeutin Ihres Sohnes?«

»Ja.«

Sein Anwalt holte Luft und hob an etwas zu sagen. Sie hob energisch die Hand. »Moment!«, und an Grahl gerichtet frostig: »Ist das eine Beziehung zwischen Ihnen beiden, und wenn ja, wie lange geht das schon und haben Sie über diese Christella versucht, Einfluss auf das Verhalten Ihres Sohnes zu nehmen?«

Helmut Grahls Kiefermuskulatur begann sichtbar zu arbeiten. Offensichtlich knirschte er mit den Backenzähnen. »Wir kennen uns schon seit langem … schon bevor mein Sohn zu ihr ging.«

»Wusste er von der … Verbindung?«

»Nein.«

»Sicher?«

Grahl beugte sich ruckartig nach vorne und plärrte: »Nein, und nochmals nein.« Nach dem Ausbruch lehnte er sich schnaubend zurück.

Lydia Naber war nicht beeindruckt und stellte nüchtern die nächste Frage. »Wer weiß sonst davon in Ihrem Umfeld?«

»Niemand.«

Sie überlegte, ob sie ihn fragen sollte, was wohl seine Frau gedacht hat, wo er die Nacht verbringt, als sie alleine in Radolfzell im Hotel hockte. Sie ließ es sein und war froh, die beiden Gestalten los zu sein.

Am späten Nachmittag folgte die Abschlussbesprechung, bei welcher die neuen Erkenntnisse intensiv diskutiert wurden. Allen war deutlich, wie stark Kira Bendlin und ihr Lebensgefährte in den Fokus der Ermittlungen rückten. Der Hintergrund, den Ganahl ihnen eröffnet hatte, zeigte mit einem Mal ein Motiv; noch dazu ein schlüssiges Motiv.

Schielin wagte eine Hypothese. Gabor von Strehlitz war pleite, wollte über die verhökerten Firmenanteile wieder auf die Beine kommen, wenn er nicht sogar etwas ganz anderes plante. Zeitdruck kam dazu. In wenigen Monaten würde sein Bekannter wieder auftauchen – Haus, Wohngelegenheit, Autos waren damit nicht mehr verfügbar und sein Schwindel konnte auffliegen. Damit wären alle Pläne für eine warme, sonnige Zukunft dahin. Er musste also handeln, um das Verkaufshindernis aus dem Weg zu räumen.

Sie beschlossen, Kira Bendlin zu observieren. Lange sollte es nicht dauern, bis ihr Prinz auftauchte, es sei denn, er hielt sich für gefährdet und mied Deutschland.

Risiko.

*

»Was ist jetzt eigentlich mit dieser Hurenschanze …«, wollte Kimmel wissen und wendete sich Lydia Naber zu, »gibt es dazu etwas Neues?«

Die Frage riss sie aus ihren Gedanken, die sich um die Familien Bendlin und Grahl drehten und ihr zu Beginn der Ermittlungen trotz allem als kompakt und belastbar erschienen waren. Das große Familienanwesen auf der Insel, wo sie alle beisammen waren, die expandierende, erfolgreiche Firma – das hatte Glanz! Je mehr sie allerdings bohrten, desto erbärmlicher wurden die hässlichen Details. Der Sohn erhängt und ermordet im Dachboden des Onkels, dessen Frau ihre eigene Tochter von einem Privatdetektiv überwachen ließ, während der Vater des Opfers mit einer Heilerin herummeditierte und das gar nicht mal kaschierte. Sie war gerade daran, was als Nächstes kommen konnte, als Kimmel sie mit seiner Frage aufschreckte. Ja, was sollte sie zu dieser unglaublichen Akte, die keine war, nur sagen. Eine junge Frau war vor fünfundzwanzig Jahren verschwunden. Von einem Tag auf den anderen. In ihrer Wohnung war ihre Tochter aufgefunden worden, weinend, dehydriert, alleine und voller Angst. Der Ermittler, ein gewisser Heusinger, hatte alles sehr distanziert und knöchern geschildert und sie war überrascht gewesen, mit wie wenigen Worten er das Ganze zu Papier gebracht hatte. Den überfetteten Buchstaben *d* und *k* und den durchgestanzten Punkten über dem *i* und den Umlauten nach zu urteilen, musste er regelrecht auf der Schreibmaschine rumgehackt haben. Die kleine Wohnung – ungepflegt. Es lagen die Protokolle von Nachbarschaftsbefragungen bei, Skizzen der Umgebung, Einvernehmungen der Arbeitgeber – sie hatte als Bedienung in unterschiedlichen Cafés und Restaurants gearbeitet. Lydia hatte die Berichte und Dokumentationen wieder und wieder gelesen, die Fotos studiert und aus allem, was niedergeschrieben war, ging hervor, dass Ute Lohder ihre kleine Tochter niemals, um nichts in der Welt, alleine gelassen hätte. Heusinger hatte weitere Ermittlungen angestellt, doch dann war sie auf ein irritierendes Dokument in der Akte gestoßen, das schwer zu deuten, ja, schwer zu verstehen war. Es handelte sich um eine Anweisung der Kemptener Kripo, in wenigen Zeilen. Ein Kiegele hatte sie unterschrieben, Leiter der Kriminalpolizei. Sie erinnerte sich dunkel an den Kerl, groß, mürrisch, unangenehm herrisch. Auf zwei Absätze verteilt, ließ er wissen, dass er weitere Ermittlungen für nicht angebracht hielt. Die Lebensführung der Vermissten schließe ein Verbrechen aus, das Kind sei durch die Obhut der Behörden nicht weiter gefährdet und die *Dame*, Lydia hatte lange auf das Wort gestarrt, denn da stand wirklich *Dame*, würde schon bald wieder von einer ihrer Exkursionen auftauchen. Es hatte sie genervt, denn *Dame* stand unzweifelhaft als Synonym für Nutte. Für keine der Behauptungen, die Kiegele aufstellte, lagen Erkenntnisse, Hinweise oder Beweise vor. Das Kind war eindeutig niemals zuvor gefährdet gewesen und Heusinger hatte in keinem seiner Berichte irgendwelche Exkursionen erwähnt, ganz zu schweigen von Prostitution oder dergleichen. Dennoch war er es wohl gewesen, der auf dem Aktenumschlag das Wort Hurenschanze in diesen großen Buchstaben aufgeschrieben hatte. Gab es etwas über diesen Fall, was nicht in den Akten gelandet war? Sie hielt es für unwahrscheinlich, denn die wenigen Blätter sprachen eine andere Sprache – Heusinger hatte sich energisch hinter die Ermittlungen geklemmt und das Schreiben aus Kempten sollte ihn stoppen. Aber warum?

Vor einiger Zeit hatte sie von einer Cold-Case-Ermittlung gehört, die sich mit einem jahrealten Fall in Kempten befasste, auf den Kiegele ebenfalls erheblichen Einfluss genommen hatte, um die Ermittlungen als solche zu beenden. Ein Gefühl beschlich sie, ein unangenehmes Gefühl, wenn sie diese dünne Akte in die Hände nahm. Diese wenigen Blätter, angesichts einer bis heute spurlos verschwundenen Frau. Viel zu wenig Gewicht in den Händen, angesichts dessen, was passiert war – und: Man hatte es einfach dabei belassen.

»Ich habe doch heute Morgen gesagt, ich möchte eine Nacht drüber schlafen«, maulte sie, erzählte aber doch von den bisherigen Erkenntnissen. Der Name Kiegele führte bei Kimmel und Wenzel sogleich zu lauten, wenig schmeichelhaften Äußerungen.

»Naja, er liegt ja schon lang unter der Erde«, beschwichtigte Kimmel.

»Diese Ute Lohder vermutlich auch, und ich wüsste gerne wo, auch wenn es sonst anscheinend keinen interessierte«, sagte Lydia.

Schielin überlegte und meinte: »Bleib dran, bleib da dran. Unabhängig von dieser Akte und dem Schicksal dieser Frau stellt sich für uns ja die Frage, aus welchem Grund ausgerechnet Sascha Grahl sich damit so eindringlich befasst hat.«

Jasmin Gangbacher hatte Daten über Gabor von Strehlitz eingeholt. Deutscher Staatsangehöriger, vierzig Jahre alt, geschäftsführender Gesellschafter einer schweizerischen

FinInvest AG in St. Gallen, aktiv in Verwaltung von Grundstücken, Gebäuden und Wohnungen für Dritte, Finanzdienstleistungen. Ein alter Eintrag wegen eines Verstoßes gegen das Betäubungsmittelgesetz war noch gelistet – Kleinkram allerdings. Marihuana hatte man bei ihm im Auto gefunden. Sonst gab es nichts über ihn. Eine Mail von Ganahl war eingetroffen, mit Fotos von Strehlitz.

Ihre Diskussion war so intensiv verlaufen, dass Gommi und Robert Funk vergaßen, rechtzeitig zu ihren Terminen nach Hause zu kommen. Gommi hatte ein Treffen im Feuerwehrverein Bodolz und Robert Funk musste ein Treffen des historischen Vereins vorbereiten.

»Wie geht's weiter?«, fragte Kimmel zum Abschluss, als die beiden schon aufgestanden waren und ihre Sachen zusammenpackten.

Schielin wollte vorerst darauf verzichten, mit den neuen Informationen an Kira Bendlin oder irgendjemand anderen in der Familie heranzutreten. Was Ganahl berichtet hatte, würde sie von Strehlitz warnen und sie brauchten den Kerl hier. Ein offizielles Ersuchen an die Schweiz würde ewig dauern. »Wir warten«, sagte er, »bis wir ihn hier auf der Dienststelle haben.«

Noch am Abend gingen Beschreibungen von Person und die Daten des roten Porsche an die Fahndung in Ziegelhaus und die Streifen. Die Wohnung von Kira Bendlin wurde in eine lockere Streifenüberwachung genommen.

Schielin war der Letzte, der an diesem Tag die Dienststelle verließ. Der Tritt hinaus, vor die Tür, erschien ihm wie der Eintritt in eine andere Welt. Die Luft war frisch, die Zweige der Büsche und Bäume ringsum wiegten sanft im leichten Wind und von irgendwo kam eine süße Brise blühenden Flieders her. Langsam rollte er hinunter zum Kreisverkehr und radelte die Reutiner Straße entlang.

Inselermittlung

Lydia Naber hockte am nächsten Morgen mit einer Tasse Kaffee allein im Büro und erledigte den üblichen Bürokram. Schielin war sonstwo unterwegs. Sie las die Mails und den täglichen Bericht über die Ereignisse in der Nacht. Ein Familienstreit gleich um die Ecke, bei dem Möbelstücke durch geschlossene Fenster geflogen waren, die Alkoholkontrollen in der Bregenzer Straße führten zum temporären Ableben zweier Führerscheine. Ansonsten ein kleiner Auffahrunfall in der Kemptener Straße und eine hilflose Person, der man hatte helfen können, weil man die Angehörigen ermitteln konnte. Der übliche Kram eben, mit dem man sich abzugeben hatte. Auch bei der Fahndung nur Kleinkram. Zwei Haftbefehle, ein Wohnmobil als Illegalentransport und eine paar Gramm Kokain bei einem Koch aus Feldkirch.

Sie stand auf und trat ans Fenster. Leicht bewölkt, doch nach Regen sah es nicht aus. Sie zog sich an und setzte sich auf das neue E-Bike. Schnell war sie drunten auf der Insel. Als sie über die Seebrücke fuhr, geriet sie für ein Stück in eine modrige Duftwolke. Der See hatte einen extrem niedrigen Wasserstand, und sobald die Sonne auf die freiliegenden Sumpfbereiche fiel, kamen die natürlichen Prozesse in Gang. Verwesung.

Drüben am Stadtgarten wartete hingegen der belebende Duft von frisch gemähtem Gras.

Ihr erstes Ziel lag auf der Südseite der Insel, gleich in der Nähe des Seehafens. Ute Lohder hatte eine Zeit lang im Restaurant *Zur alten Werft* gearbeitet und im *Gasthof Lamm*. Der aber stand seit vielen Jahren leer und moderte vor sich hin. Wie es da drinnen wohl inzwischen roch?

Sie klopfte an den Fensterscheiben der *Alten Werft* und der Koch machte ihr mit missmutiger Miene auf, die auch nicht freundlicher wurde, als sie ihren Dienstausweis zeigte. Von einer Ute Lohder hatte er noch nie gehört und das Gespräch nahm insgesamt nicht annähernd einen Verlauf. Eine ältere Frau mit grauen, toupierten Haaren und einer Kittelschürze hinkte von der Küche kommend zum Tresen. Lydia stand immer noch in der Tür, weil der Koch die Tür blockierte. Sie schob ihn mit einem energischen »Tschuldigung« zur Seite und ging zum Tresen. Auch die Frau wusste mit dem Namen nichts anzufangen, gab ihr aber einen Hinweis zum ehemaligen Pächter, der gar nicht weit entfernt in der *Maxkaserne* wohnen würde.

Wieder draußen, fuhr sie eine Schleife in den Yachthafen, parkte das Rad und ging einStück auf die Mole hinaus, wo sie besseren Empfang hatte. Der ehemalige Besitzer stand tatsächlich noch im Telefonbuch. Sie rief an. Gerade als sie auflegen wollte, meldete sich eine Stimme – brüchig, alt, etwas erschrocken, unsicher. Als sie sagte, sie sei von der Polizei, legte er sofort auf und sie rollte die Augen – klar: Enkeltrick. Die Aufklärungsarbeit zeigte also Früchte.

Da er aber offensichtlich zuhause war, beschloss sie, ihn aufzusuchen. Die Türe würde er ihr schon nicht vor der Nase zuhauen.

Im Yachthafen waren erst zwei Drittel der Liegeplätze belegt. Sie schaute über die schicken Segler, unter denen sich zwei, drei wirkliche Schätze befanden. Drüben, bei den Liegeplätzen am Uferweg, war Bewegung bei einigen Booten. Sie stutzte, als sie Manfred Bendlin erkannte, im Segler-Outfit und offensichtlich damit befasst, das Boot für eine Tour klarzumachen. Er schaffte einige überdimensionierte Taschen an Bord und verstaute sie unter Deck. Er war alleine.

Sie ging zurück zum Fahrrad, radelte bis zum Uferweg, wo sie abstieg und schob. Ganz gemächlich ging sie an den Liegeplätzen vorbei. Bendlin nahm sie nicht wahr, zu sehr war seine Aufmerksamkeit auf das gerichtet, was er zu tun hatte. Er sah locker und entspannt aus, wie sie fand. Ein ganz anderer Kerl als der verstörte Mensch, den sie in der Wohnung am Boden hatte liegen sehen. Beinahe hätte sie gemeint, er finge gleich vergnügt an vor sich hin zu pfeifen oder zu summen.

Die Befragung von Karl Tschumpeter, dem ehemaligen Pächter, gestaltete sich schwierig. Er war schwerhörig, ließ sie nicht in die Wohnung, weswegen sie im Gang herumplärren musste, was ihr zuwider war. Immer, wenn sie näher an ihn herantrat, um etwas leiser reden zu können, wich er zurück. Die eine Hand fest am Türgriff, die andere am Rahmen. Verdacht im Gesicht. Er traute der Blonden einfach nicht.

Immerhin erinnerte er sich an den Namen, den sie nannte, und verfiel in eine lange Starre. Endlich sagte er: »Die Betty war ihre Freundin, glaube ich.«

»Die Betty? Gut, und wie heißt sie noch?«

Sein Kopf fing ein wenig an zu zittern und er überlegte, wie die Betty sonst noch geheißen haben könnte. »Weiß ich nicht mehr. Die Betty halt. Die näht …«

»Sie näht, die Betty«, wiederholte Lydia.

»Ja, droben im Laden, da sehe ich sie manchmal durchs Schaufenster.«

»Ah … *Marie Lind*, in der Bindergasse droben?«, schoss es aus Lydia heraus.

»Ja. Da oben halt beim *Sünfzen*.«

Sie bedankte sich und nahm schnell den Weg die Fischergasse zurück, die Von-Lingg-Straße hoch, vor dem *Theater-*

café nach links zur Passage, vor deren Eingang sie stoppte und die schlangenhafte Kiwi bewunderte, die sich an der Fassade nach oben hangelte und exotisches Flair verströmte.

Schon in der Passage schaute sie durch die Fenster in den Stoffladen und um die Ecke stellte sie das E-Bike ab. Zu dieser Zeit unter der Woche war wenig los und man hätte in der Maximilianstraße gut durchkommen können, selbst an den Engstellen der krakenhaften Außenbewirtschaftung. Doch nun stauten sich die Lieferwagen vor den Geschäften. Dennoch, gelassene Geschäftigkeit allenthalben.

Sie betrat den Stoffladen. Eine ältere Frau mit dunklen, lockigen Haaren räumte Stoffrollen um und lächelte ihr zur Begrüßung zu. Die Dinger waren schwer.

Lydia wartete, bis sie die Rollen abgesetzt hatte. Eine davon strahlte in warmen Bordeaux-Tönen mit grauen Eindrucken, den Accents nach etwas Französisches. Könnte was fürs Schlafzimmer sein, dachte sie, ließ sich aber nicht weiter ablenken und sagte dem wartenden Blick der Frau: »Ich suche eine Betty.«

Das Lächeln wich augenblicklich aus dem Gesicht ihres Gegenübers. »Wen suchen Sie bitte?«

»Eine Betty, die früher in der Gaststätte *Zur alten Werft* gearbeitet hat.«

»Und aus welchem Grund suchen Sie?«

»Es geht um Fragen, die eine gewisse Ute Lohder betreffen.«

»Jesus«, entfuhr es der Frau und sie musste sich an einem der Stoffstapel festhalten, weil sie ins Taumeln geriet.

»Sind Sie diese Betty?«, fragte Lydia.

»Ja, das bin ich. Bettina Schlager, früher eben Betty … das habe ich lange nicht mehr gehört.«

»Und Sie kannten Ute Lohder?«

Bettina Schlager fasste sich erschrocken an den Hals.

»Wer sind Sie denn und weswegen kommen Sie hierher zu mir?«

Lydia kramte ihren Dienstausweis hervor und hielt ihn hoch. »Kripo. Ich hätte einige Fragen.«

Es war zu sehen, wie sehr ihr Erscheinen für Konfusion sorgte. Bettina Schlager war zwischen emotionaler Entgleisung und Aggression hin und her gerissen. Jedenfalls deutete Lydia dies anhand der wechselvollen Mimik.

»Ach!«, fuhr sie unerwartet auf, »jetzt auf einmal … jetzt … Jahrzehnte später interessiert sich die Polizei dafür!?«

»Sie kannten sie also«, blieb Lydia Naber ruhig.

»Ja! Wir waren sogar befreundet!«, lautete die trotzige Antwort.

Ein Ehepaar betrat den Laden.

»Können wir uns irgendwo unterhalten … es ist wichtig«, raunte Lydia.

Bettina Schlager begrüßte die Kundschaft freundlich, fragte, ob sie behilflich sein könne, was nicht der Fall war. Die Frau hatte konkrete Vorstellungen und steuerte den Gang in den hinteren Bereich des Stofflagers an, ihr Mann folgte ergeben.

»Später vielleicht … Mittagspause?«

»Wo?«

Lydia deutete mit dem Kopf aus dem Schaufenster. »Irgendwo da draußen.«

»Im *Hugo* … Cappuccino. Ich esse nichts.«

»Okay.«

Lydia Naber verbrachte die Zeit mit einem dienstlichen Bummel über die Insel, nicht ohne zuvor nochmals hinunter zur Fischergasse gefahren zu sein, um das Tatorthaus in Augenschein zu nehmen. Dann stieg sie die Stufen zum

Hugo hoch und ergatterte einen bequemen Platz unter den Arkaden.

Bettina Schlager kam mit energischen Schritten von der Bindergasse her und setzte sich in resoluter Manier Lydia gegenüber. »Sie haben mir einen furchtbaren Schrecken eingejagt.«

»Aus welchem Grund?«, fragte Lydia ehrlich verwundert.

»Nach so vielen Jahren … wie oft habe ich an sie gedacht … und dann stehen Sie plötzlich vor mir, von der Polizei, und fragen nach ihr … was ist los?! Gibt es vielleicht Neuigkeiten … hat man sie vielleicht sogar endlich gefunden?«

Es tat Lydia leid, ihr nichts Konkretes über Ute Lohder sagen zu können. Sie blieb im Ungefähren, als sie berichtete, sie seien im Zusammenhang mit einem anderen Fall auf den Namen Ute Lohder gestoßen und die Unterlagen, die noch vorhanden seien, gäben in gewisser Weise Rätsel auf.

»Rätsel?«, entgegnete Bettina Schlager verächtlich, »was die Polizei da gemacht, oder besser gesagt nicht gemacht hat, war mir schon immer ein Rätsel.«

Lydia hatte keinen Grund, irgendjemanden zu verteidigen, und ermunterte sie zu erzählen. Dabei hörte sie von dieser Zeugin das, was sich ihr bereits aus den Akten erschlossen hatte. Etwas passte nicht bei diesem Fall – überhaupt nicht.

Sie stellte einige Fragen über die Vermisste und fand auch hier ihren Eindruck bestätigt, den sie aus den Akten gewonnen hatte: Ute Lohder hatte sich intensiv und liebevoll um ihre Tochter gekümmert, niemals sei sie verschwunden gewesen, ihr Lebenswandel war von Arbeit und der Sorge um ihre Tochter geprägt. Lydia traute sich gar nicht, die hässliche Anspielung *Dame* zu erwähnen. Sie fragte aber: »Sagt Ihnen der Begriff Hurenschanze etwas?«

»Noch nie gehört«, lautete die Antwort.

»Und Sie sagten, Sie hätten mehrfach bei der Polizei nachgefragt, auch noch Wochen nach dem Verschwinden?«

»Ja, aber halt nicht in Lindau, sondern in Kempten, weil es hieß, die seien jetzt dafür zuständig, aber die haben mich abblitzen lassen … ganz übel … wirklich ganz übel. Und auch der Tschumpi hat sich da gemeldet und dem haben sie gleich gedroht, sie würden sich mal seinen Schuppen genauer ansehen, wenn er keine Ruhe gäbe.«

»Sie meinen Karl Tschumpeter, den Pächter …«

»Ja genau … der … der hat sie sehr gemocht, die Ute, wirklich sehr, wenn Sie verstehen, was ich meine.«

»Da kam aber nichts zustande …«

»Genau … schade eigentlich …, aber er war ihr einfach zu alt und zu altmodisch. Sie war eher fetzig orientiert.«

»Mhm. Hatte sie einen Partner … Liebschaften?«

Bettina Schlager schüttelte energisch den Kopf. »Nein … das heißt, da war schon einer, aber um den hat sie ein rechtes Geheimnis gemacht, was wohl auch besser so war.«

»Weswegen?«

»Das war keiner von der feinen Sorte. Sie ist mal im Sommer mit langer Bluse beim Bedienen gewesen, weil ihr ganzer Oberarm grün und blau war … da hat er offensichtlich richtig zugepackt.«

»Geschlagen?«

»Nein, das nicht, aber er hat sie mit seinen Pranken da gepackt und rumgezerrt, wegen irgendeinem Schmarrn halt … so genau kann ich mich nicht mehr erinnern.«

»Was ist eigentlich mit dem Kind geschehen?«

»Ah, das Glitscherl … das ist ja bei den Behörden gewesen und war, soweit ich mich erinnere, eine Weile im Heim, bevor es rüber nach Österreich gekommen ist, weil es ja österreichisch von der Staatsangehörigkeit war und weil da die Großmutter lebte. Sonst war ja niemand mehr da … und ich erinnere mich noch, dass der Tschumpi ganz traurig war, weil die Oma von dem Kleinen so arg krank war und es deswegen nicht nehmen konnte … es ist dann adoptiert worden.«

»In Österreich drüben.«

»Ich denke schon, ja.«

»Wir haben leider keine Fotos von Ute Lohder mehr … hätten Sie da noch was, in alten Fotoalben, oder so?«

Betty lachte. »Eher in Schuhkartons … ich schau mal nach, da müsste schon was sein … und jetzt, wo Sie es sagen … ich habe die seither niemals mehr angesehen, viele sind es eh nicht, so aus der Wirtschaft halt, aber es hätte mich an sie erinnert und an ihr Verschwinden. Schlimm. Manchmal, da kommen mir wieder die Erinnerungen.«

Lydia hatte schon gezahlt und keine weiteren Fragen mehr, und auch ihre Zeugin hatte öfter auf die Uhr gesehen und musste wieder zurück ins Geschäft. »Jetzt am Nachmittag kommt schon viel Kundschaft.« Sie wies hinunter auf die Maximilianstraße, die gut gefüllt war. »Ah … ich weiß ja nicht, ob es Ihnen hilft, aber … die Mutter, die Mutter von Ute, die lebt glaube ich noch … in Lustenau, im Heim.«

Lydia sah, wie sich Betty noch mal nach ihr umdrehte, als wolle sie ihr noch etwas sagen, sich aber doch wieder ihrem Weg zuwendete und mit schnellen Schritten in Richtung Bindergasse davoneilte.

Sie radelte langsam hinunter zur Inselhalle und nahm den Weg über den Bahndamm. Die Schranke machte gerade auf und schnell entschied sie sich für einen Schlenker entlang des Giebelbachufers. Was um alles in der Welt verband das Schicksal Sascha Grahls mit dem dieser vermissten Frau?

Auch die weite Seefläche, bei deren Anblick sich bedrängende Gedanken in erträgliche Melancholie verwandeln ließen, half ihr nicht weiter, wenngleich sie ein wenig ausgeglichener auf der Dienststelle ankam, wo sie noch im Gang den anderen von den Ergebnissen ihres Ausflugs berichtete.

»Ich würde gerne mit der Tochter von Ute Lohder reden … ihre Großmutter soll noch leben.«

Kimmel drehte sich um, wedelte mit den Händen über dem Kopf und verschwand hinter der Bürotür. Er wollte gar nicht erst hören, was sie vorhatte. Davon abbringen konnte er sie eh nicht. Es würde schon gutgehen. Er wollte sich schon setzen, ging aber nochmals zur Tür, öffnete sie und rief: »Dieser Gabor … der hat oberste Priorität, ja!«

Sie schnaufte tief und sah Schielin an. »Ich fahre heute noch rüber … das macht mich sonst wahnsinnig, wenn ich da jetzt nicht weiterkomme.«

»Sag Walter wenigstens Bescheid …«

»Ja, mach ich. Was gibt's sonst?«

Schielin berichtete von Wenzel, der diesen Kremper endlich erwischt und wegen der unzulässigen Computerzugriffe auf Grahls Firmenrechner in die Mangel genommen hatte. »Der Grahl hat in letzter Zeit ziemlich viel Mist gebaut und sie wollten die Fertigungsdaten nochmal überprüfen … deswegen hat er dem Rabus den Zugang gegeben. Und stell dir vor … er hat das auch noch mit dem Handy gefilmt. Wenzel hat die Filmchen.«

»Für jeden Mist rund um diese Truppe gibt es aber immer auch 'ne halbwegs logische Erklärung … und der Kremper hat den Rabus echt gefilmt?«

Schielin rollte mit den Augen. »Ja … so richtig mies … von hinten, so dass der das nicht mitbekommen hat.«

»Da traut doch der eine dem anderen nicht.«

»So ist das in der Firma und so ist das in dieser Familie.«

*

Kurze Zeit später saß Lydia im Wagen und zuckelte durch die Ampelstaus von Bregenz. Es gab drei Alten- und Pflegeheime, die sie anfahren wollte. Die Personalien der Mutter hatte sie aus den Akten – Hilde Lohder.

Im ersten Heim stieß sie auf eine unfreundliche Dame am Empfang, die aber wenigstens bestätigte, keine Bewohnerin mit dem genannten Namen zu haben. Gottseidank fragte sie nicht warum, weshalb, wieso. Walter Lurzer hatte ihr gesagt, sie würde privat, rein privat und nichts als privat unterwegs sein und wolle keine Beschwerden hören. Im zweiten Heim saß ihr die Freundlichkeit persönlich gegenüber und meinte, sie dürfe keine Daten von Heimbewohnern hergeben. Eine wirklich freundliche Person, mit leuchtenden Augen und einem hübschen Gesicht. Ohne jedes Ergebnis zog sie ab und fuhr ihr drittes Ziel an, wo sie eine Weile warten musste. Die Heimleiterin persönlich erschien und fragte, aus welchem Grund sie nach einer Frau Lohder frage. Lydia gab sich als Journalistin aus, erzählte vom ungeklärten Verschwinden einer Frau – der Tochter …

Zumindest erhielt sie die Auskunft, es gebe in ihrem Hause keine Bewohnerin mit diesem Namen.

Eine ganze Weile saß sie im Auto und überlegte, was sie tun sollte. Es konnte nur das dritte Heim sein. Die Freundlichkeit war immer noch am Empfang.

»Ich möchte mit Frau Lohder sprechen, bitte.« Als Erklärung musste die Journalistengeschichte wieder herhalten. Wie anstrengend es doch war an Informationen zu kommen, wenn man nicht mit einem Dienstausweis wedeln konnte. Ein Nichts war man, ein Nichts – angewiesen auf Freundlichkeit, Dummheit, Hilfsbereitschaft und Verkommenheit. Gar nicht schön. Ein wenig bewunderte sie diesen geschleckten Detektiv aus Feldkirch, der so viel über diesen Gabor herausgefunden hatte.

Die Journalistengeschichte zog, die Freundlichkeit telefonierte und tatsächlich kam eine Pflegerin, die sie durch weite Gänge führte, an deren Ende sie hinter milchigen Glastüren in einen Aufenthaltsraum gelangten. Große Fensterscheiben gaben den Blick in den Garten frei. Alter Baumbestand, ein Teich – es sah traumhaft aus.

»Frau Lohder«, stellte ihre Begleitung eine Frau vor, die zusammengesunken in einem Rollstuhl saß. Lydia holte einen Stuhl heran und setzte sich. Sie hielt sich nicht lange auf und fragte nach der Tochter, deren Kind … und blickte nur in leere Augen.

»Ich hatte es mir schon gedacht, als der Anruf vorhin kam. Es hat keinen Sinn, heute ist kein guter Tag«, meinte die Pflegerin, »Sie werden keine Antwort bekommen. Es ist schon seit Tagen so.«

Lydia fragte: »Vielleicht wissen Sie, wo ich ihre Enkelin erreichen kann?«

»Wen?«

»Die Enkelin von Frau Lohder.«

»Sie hat keine Enkelin.«

»Doch …«

»Sie müssen sich täuschen. Ich arbeite hier seit zwanzig Jahren und Frau Lohder ist vor … na, ich denke fünfzehn Jahren zu uns gekommen. Es gibt keine Enkelin … es gibt niemanden … das dürfen Sie mir glauben … niemanden.«

Lydia sah sie ernst an. »Sie hatte eine Tochter, die vor über zwei Jahrzehnten verschwunden ist, und diese hatte ein kleines Mädchen, das gerade zwei Jahre alt war, als es passiert ist. Ich werde sie finden, glauben Sie mir … ich werde sie finden.«

Lydia machte sich gedankenverloren auf den Rückweg. Vor dem Bregenzer Bahnhof bog sie kurzentschlossen ab und nahm den Weg zur *Mehrerau*, wo sie sich mit dem neuen Parkmodell schwertat. Es war auch nicht mehr so ganz einfach, in den Innenhof des Klosters zu gelangen. Schwarze, elektrische Schiebetore, wie man sie gerne in der ersten Sicherheitszone von Kasernen und Gefängnissen hatte, sicherten neuerdings den Zugang. Die alten, wunderschön gearbeiteten schmiedeeisernen Tore waren – perdu. Es trug nicht dazu bei, ihre Stimmung zu heben, sondern beförderte sie in Richtung Abgrund. Der Weg verlief weniger abschüssig in Richtung Badehaus und von dort zum Yachtclub. Im Grunde genommen wunderte sie sich darüber, wie frustrierend die letzte Information auf sie gewirkt hatte. Sie war auf eine alte, demente Frau getroffen – ja gut! Es lebten viele alte Menschen in Heimen, von ihrer und anderer Vergangenheit entbunden, und dämmerten ihrem Tod entgegen. Es war nichts Schlimmes daran, doch es tat ihr in der Seele weh, dass das Leben dieser Frau ohne die Begleitung ihres Kindes und ihrer Enkelin verlaufen war. Warum!? Was war geschehen!? Nicht genug, das spurlose Verschwinden ihrer Tochter, das nie richtig untersucht worden war, nun schien auch noch das Kind der Vermissten wie vom Winde verweht zu sein. Eine Spur zu viel Ungereimtheiten, vor allem wenn man sie in Bezug zum Mord im Dachboden brachte.

Der Klosterkeller war erst morgen wieder geöffnet – das passte zu diesem gebrauchten Tag. Draußen am See einige weiße Segel, weit hinter dem blauen Wasser war der Kaiserstrand und ein Stück westlich die Skyline der Insel auszumachen. Sie nahm es beiläufig zur Kenntnis, holte das Smartphone heraus und begann zu recherchieren.

Christina Andlin, so lautete der Name der Ex von Sascha Grahl. Vielleicht wusste sie etwas, auch wenn Kimmel und Walter Lurzer ausflippen würden, wüssten sie, dass sie damit ganz offiziell in einer Mordermittlung unterwegs war. Ein paar Wischer am Display, drei Telefonate – Christina Andlin legte keinen Wert auf Anonymität. Bei ihrer Telefonnummer fand sich auch gleich die Wohnanschrift – Unterfeldstraße in Lauterach. Gar nicht weit von hier. Sollte sie vorher anrufen, oder einfach mit der Tür ins Haus fallen?

Es erschien ihr zielführender und klüger, vorher anzurufen und nicht das Risiko einzugehen, die Haltung dieser Zeugin zu verhärten. Wer wollte schon überrumpelt werden. Vielleicht war sie ja zu dieser Zeit auch gar nicht zuhause. Auf wen sie wohl treffen würde? Wie vulgär war sie wohl, diese Chris Andlin?

Gleich nach dem ersten Tuten meldete sich eine tiefe Frauenstimme. Es klang angenehm, und der Gesprächsverlauf, so kurz er auch war, passte niemals zu einer vulgären Person. Sie fuhr los und drückte gut zwanzig Minuten später auf die Klingel eines modernen Mehrfamilienhauses. An den Ecken blühten alte Fliederbüsche. Aus einem der Gärten in der Nachbarschaft drang Kindergeschrei. Vorstadt. Randlage. Kontrollierte Ruhe. Auch das hätte sie nicht erwartet.

Ohne eine Rückfrage über den Lautsprecher surrte der Türöffner. Vertrauen war hier eben noch vorhanden, dachte Lydia und trat ein.

Das Treppenhaus, hellglänzender Steinboden, Steintreppe. Jedes Geräusch hallte. Die Tür im Erdgeschoss öffnete sich einen Spalt, wurde aber gleich wieder zugezogen. Lydia blieb stehen. Auf dem Klingelschild stand *Andlin*. Gleich darauf war von oben etwas zu hören und im Spiralschacht der Treppe schaute eine Frau herunter und rief »Ja?«

»Chris Andlin?«, fragte Lydia.

»Ja?«

Ohne weiteres Aufheben stieg sie flugs die Stufen nach oben bis in den dritten Stock, wo die junge Frau stand. Schlank. Sportlich, glatte blonde Haare, lose im Nacken zusammengebunden. Schwarze Leggins, eine edle Bluse in dunkel leuchtendem Blau, barfuß. Bequem, leger – und doch mit Stil. Was fand Monika Grahl so abstoßend an dieser jungen Frau?

Am Telefon hatte sie nur gesagt, sie müsse mit ihr über Sascha Grahl reden, ohne zu sagen, wer sie war und worum es genau ging. Sie hatte nicht auf eine Antwort gewartet und aufgelegt. Doch ein wenig überrumpelt, doch aus der Situation geboren, intuitiv und nicht strukturiert und geplant.

Sie stand da und sah Lydia mit einer Mischung aus Erschrecken und Aggressivität an. »Sie schickt aber nicht diese Schreckschraube, oder? Da könnens sonst gleich wieder gehen!«

»Welche *Schreckschraube*?«, fragte Lydia

»Seine Mutter«, antwortete sie abschätzig.

»Nein, nein … ich bin von der Polizei … wir ermitteln in dieser Sache … ich weiß, ich bin hier ohne Erlaubnis, aber mir ist es einfach wichtig und die offiziellen Wege dauern auch manchmal zu lange. Würden Sie mit mir reden?« Sie zeigte nun ihren Dienstausweis.

Der Schock war echt. Chris Andlin hatte zwar von Dustin Kinkelin vom Suizid erfahren. Die Nachricht, die Lydia ihr offenbarte, es handele sich aller Wahrscheinlichkeit nach um Mord, schaltete sie allerdings für ein paar Minuten regelrecht ab.

Lydia Naber wartete. Sie hatte dergleichen öfters schon erlebt und nutzte die Zeit, die Wohnung zu studieren und behutsam den Versuch zu unternehmen, ein Gespräch in Gang zu bringen und Christina Andlin zum Reden zu ermuntern.

Die Stille hier heroben nahm einen sofort ein. Nur für kurze Zeit kam das Schimpfen der Spatzen von draußen herein, bevor wieder die Geräusche des Hauses vernehmbar waren. Leises Surren und Summen von Motoren, Lüftungen, hier und da ein feines Knacken. Die Dachwohnung war ausnehmend großzügig angelegt, im Studiostil, mit bodentiefen Fenstern in den Gauben und einem hellen Parkett. Von unten hatte man das so gar nicht erkennen können. Während ihr Gegenüber um Fassung rang, fragte sich Lydia, aus welchem Grund diese Wohnung so gar nicht der Erwartung entsprach, die sie gehabt hatte. »Sie wohnen schön hier«, begann Lydia Naber.

Chris Andlin sah sich in der Wohnung um, als müsse sie sich selbst erst noch davon überzeugen, bevor sie zustimmte. »Ja. Es ist das Haus meiner Eltern … sie wohnen unten.«

»Ah, sehr schön.« Diese Frage war also geklärt.

Lydia animierte Chris Andlin, einfach zu erzählen und vermied es, Fragen zu stellen. Was sie dabei hörte, bestätigte nur, was sie bereits über Sascha Grahl in Erfahrung gebracht hatten. Wie sehr er sich in den letzten Monaten verändert hatte, oft jähzornig und aufbrausend war und im nächsten Moment wieder ganz anders. Wie kompliziert das Zusammensein sich gestaltet hatte, wie sehr er sich auf einmal isolierte, zuletzt auch von ihr. Schließlich blieb ihr nichts anderes mehr übrig, als sich von ihm zu trennen, wobei sie gehofft hatte, gerade das, dieser ultimative Schritt würde ihm einen Ruck geben – in die richtige Richtung. Doch seine Nichtreaktion, das lediglich zur Kenntnis-nehmen ihrer Entscheidung hatten sie noch mehr frustriert. Und dann erst die Schuldgefühle, als sie von seinem Suizid gehört hatte, weil sie der Meinung gewesen war, sie trüge Teil daran, durch die von ihr vollzogene Trennung.

Lydia schilderte die Ergebnisse ihrer Ermittlungen in groben Zügen und kam so halbwegs elegant zum Ergebnis der Rechtsmedizin – dem Gehirntumor. Leise, beinahe flüsternd gab sie das Untersuchungsergebnis weiter, wonach der Tumor für die Wesensveränderung verantwortlich war, und wie wenig die Fachleute eine Möglichkeit der Heilung für wahrscheinlich gehalten hatten.

Wieder ein Bruch. Chris Andlin weinte eine Weile vor sich hin.

»Wissen Sie von außergewöhnlichem Streit, in den er verwickelt gewesen sein könnte?«, fragte Lydia, als sie meinte, es würde wieder gehen.

Chris Andlin schüttelte den Kopf und holte sich ein Taschentuch. »Nein. Aber gestritten hat er natürlich viel in letzter Zeit, aber doch alles nicht so arg. In der Firma muss es einige Male recht schlimm zugegangen sein, was ich so gehört habe. Beim Eishockey, jedenfalls, als er noch spielte, da habe ich schon das ein oder andere gehört.«

»Noch spielte?«, fragte Lydia und erfuhr, er habe bereits vor Weihnachten aufgehört, zum Training zu gehen. Als sie anschließend begann, die Familien Grahl und Bendlin ins Zentrum zu rücken, verlor Chris Andlin wieder ihre Offenheit. Es erschien Lydia, als zöge sie sich physisch zurück. Sie schlang unter anderem ihre Arme eng um die Schultern, als fröre sie. Wenigstens redete sie und schilderte ihre Sicht auf die Dinge. Sie betonte mehrmals, welch enorme Bedeutung die Firma für die Geschwister Sarah und Helmut hatte. »Die Zwei, die würden alles tun, für die

Firma, ohne mit der Wimper zu zucken. Die ist ihnen mehr wert als alles andere auf der Welt … das ist einfach so. Wer da nicht mitmacht, ist ein Störfaktor. Das ist ein ganz eigenartiges Ding … muss was mit früher zu tun haben. Ich vermute ja etwas, bei dem nur Psychiater helfen können.«

Lydia hatte interessiert zugehört. »Wenn ich das alles richtig deute, so war es Ihnen nicht gelungen, ein halbwegs gutes Verhältnis zu den Grahls und Bendlins aufzubauen – ist das richtig so?«

Chris Andlin löste sich aus ihrer verspannten Haltung und fuchtelte mit den Armen herum. »Herrje … nicht gelungen … vom ersten Tag an war ich nicht erwünscht. Da gab es nichts, was hätte gelingen können! So etwas ist mir zuvor noch nie passiert … ich meine diese harsche Ablehnung. Seine Mutter, die hat mich, als sie mich das erste Mal zu Gesicht bekam, angesehen, als käme ich vom Mars. Das war ein so schreckliches Erlebnis, dieser Sonntag bei denen … ich war so froh, wie ich da wieder raus war … an der frischen Luft … und frei. Und sein Vater hockte rum … ich weiß wirklich nicht, wie ich das beschreiben soll. Irgendwie Psychos. Ich passte da einfach nicht rein – das hat von denen zwar keiner direkt gesagt, es war aber so. Keine Ahnung, woher die diesen Dünkel haben. Mit Annalena habe ich mich allerdings gut verstanden und sie ist ja auch raus aus dieser Irrenanstalt. Da war was mit dem Grab der Großeltern … auch so eine Sache, über die aber nie geredet wurde. Und was Saschas Mutter angeht – manchmal hatte ich den Eindruck, sie hatte regelrecht Angst vor mir, wenn ich so zufällig ihren Blick erhaschte.«

»Sie verwendeten das Wort Irrenanstalt? Können Sie das etwas konkretisieren?«

»Naja, so hat Annalena den Familienclan genannt. Immer

nur Firma, Firma, Firma … und dieses Aufeinanderhocken in diesem Inselhaus … sicher, es ist groß und modern und die Altane mit dem Blick über den See auf die Berge, die haben schon was … trotzdem – wie in einer Kaserne. Immer, wenn wir bei Sascha waren, man konnte darauf wetten, da klingelte es und einer von der Truppe, sein Vater oder die Blonde, stand vor der Tür, brauchte, wollte, fragte irgendwas – Samstagabend, elf Uhr! Dingdong! *»Ah, Sascha, Tschuldigung wegen der Störung, aber …«*. Keine Minute für sich. Bei jedem Essen – Firma. Bei jedem Kaffee – Firma. Bei jeder Gelegenheit – Firma. Es war schrecklich. Ich wollte dann, dass er auszieht«, sie wies in den Raum, »hier wäre es groß genug gewesen, das ganze Dachgeschoss, es geht hinten noch weiter. Als seine Mutter mitbekommen hat, dass ich es ernst meine, da war es dann völlig rum. Die ist regelrecht ausgeflippt und es gab eine unglaubliche Szene … völlig übergeschnappt. Stellen Sie sich vor – ich habe sozusagen Hausverbot bekommen und die haben angefangen, mich …«

»Ja?«

»Naja … die haben mich hingestellt, als wolle ich an das Vermögen von ihm ran und mehr oder weniger als … als Flittchen. Da haben alle zusammengeholfen – alle in dem ehrenwerten Haus. Sie müssen nicht meinen, dass auch nur einer von denen noch mit mir zu schaffen haben wollte. Wie eine Aussätzige war ich da. Knallhart.«

»Ja … und Sascha Grahl … was sagte der dazu? Soweit wir gehört haben, wollten Sie beide doch heiraten. Wie hätte das funktionieren sollen, wenn er derart manipulierbar gewesen ist? War das so?«

Sie deutete abermals in den Raum. »Wir wollten hier leben. Das neue Produktionswerk sollte ja eh nach Fußach kommen. Alles wäre seinen Weg gegangen, doch dann hat es angefangen … ich meine diese Aussetzer. Das ist ein gutes Jahr her. Aber davor … davor … da war er wirklich alles, was ich wollte.«

Sie stand auf und sah zornig in den Raum. »Herrgott! Ich hatte mir schon sowas gedacht und wollte ja, dass er sich untersuchen lässt … und die Annalena hat auch versucht, ihn zum Arzt zu kriegen.«

»Wieso ist er nicht gegangen?« Lydia sah nur kurz an ihr vorbei nach hinten, wo eine schmale Bodenmatte lag.

Sie interpretierte den Blick sofort. »Auch wenn ich Yoga mache – also von mir kam das nicht mit diesem esoterischen Zeug, mit dem er sich plötzlich befasste, diese komischen Zeichen. Keine Ahnung wieso … von mir kam das jedenfalls nicht.«

»Welche komischen Zeichen meinen Sie?«, fragte Lydia und dachte, wie fix diese junge Frau doch war.

»Na, da hängt doch so ein Plakat in seinem Arbeitszimmer … hinter dem Schreibtisch … in seiner Wohnung.«

Lydia schüttelte den Kopf. »Nein … das hing da nicht mehr. Doch etwas anderes: Sagt Ihnen der Begriff Hurenschanze etwas?« Gerade als sie die Frage gestellt hatte, spürte sie ihr Smartphone vibrieren. Ein Anruf.

Chris Andlin sah sie entgeistert an und lachte leise auf. »Wie … wie lautet das?«

»Hurenschanze«, wiederholte Lydia sachlich.

Sie hob die Hand in einer hilflosen Geste. »Noch nie gehört … wirklich. Klingt irgendwie spooky.«

»Und den Namen Ute Lohder … haben Sie den vielleicht schon einmal gehört?«

Sie überlegte, weswegen ihre Antwort nicht sofort erfolgte. »Mhm … der Name kommt mir ganz entfernt bekannt vor, ich kann Ihnen aber nicht sagen, woher … ich kann mich allerdings auch täuschen.«

Lydia nahm es ernüchtert zur Kenntnis und verzichtete darauf, die Verbindung zu Sascha Grahl zu erwähnen. Vielmehr lenkte sie nun das Gespräch in eine andere Richtung. »Was können Sie mir über Kira Bendlin sagen?«

Chris Andlin war anzusehen, wie wenig sie wusste, was sie antworten sollte. Sie setzte ein paar Mal an, stoppte immer wieder, bis sie schließlich sagte: »Kira ist vermutlich die ärmste Seele in diesem ganzen Betrieb.«

Lydia war überrascht und bat um eine Erklärung.

»Naja. Sie ist eine mindestens Hundertprozentige in ihrem Job. Aber was nutzt es ihr. Zumindest hat sie es ja wenigstens geschafft, aus dem Haus wegzukommen und in einer eigenen Wohnung zu leben. Sie arbeitet und rackert wie ein Ackergaul für die Firma, aber von den Alten wird das nicht annähernd wahrgenommen. Die ergehen sich in ihren Gründungsanekdoten. Der alte Grahl ist mehr am Golfplatz als in der Firma und der Bendlin weitaus länger beim Segeln, als dass er sich um die Firma kümmert. Sascha und Kira waren es, die den Betrieb in den letzten Jahren gestemmt und weitergebracht haben. Sie müssen sich von den anderen aber ständig anhören, wie mühselig es doch war am Anfang … blablabla … wenig Geld … blablabla … nicht gewusst, wie die Gehälter zahlen … blablabla … immer das Gleiche: Blablabla. Ich habe einige Auftritte in der Art miterlebt. Vielleicht bin ich auch nicht diplomatisch genug. Gesagt habe ich nie einen Ton, aber es hat mich angewidert, dieses permanente Repetieren der Anekdoten von früher als Antwort auf die Probleme und Herausforderungen hier, jetzt und heute! Sie haben systematisch die Arbeit der jetzigen Generation herabgewürdigt, ja! Manchmal dachte ich, es ist geradezu ein Sport für sie. Wenigstens Sarah Bendlin, die packt noch richtig mit an, aber gerade das ist für Kira ja die blanke Hölle. Überall, wo ihre Mutter auftaucht, verschwindet sie selbst im Nichts. Da kann sie wochen- und monatelang etwas vorbereitet haben – wenn die Arbeit getan ist, geht die Tür auf, Sarah Bendlin tritt ein, lange, lockige blonde Löwenmähne, enges Kleid, exquisiter Schmuck, hohe Absätze, gewinnendes Lächeln, schwingende Hüften. Oh … keine Frage, sie weiß, wie es funktioniert – und: Kira hört auf zu existieren. Natürlich wird sie niemals über die Ausstrahlung ihrer Mutter verfügen, und es ist furchtbar zu erleben, wie sie sozusagen an die Wand gespielt wird. Ich halte Sarah übrigens für ein Luder, aber gut, ich möchte mich nicht in dieser Art äußern, auch nicht unter diesen Umständen … und es tut mir jetzt schon leid, es gesagt zu haben. Sarah und Helmut, diese beiden … manchmal dachte ich, sie laufen einer Vergangenheit nach, die gar nicht die ihre ist.«

Lydia war perplex von der eruptiven Äußerung zur Familie. Was sie hier hörte, bestätigte ihre Ahnungen. Sie erfragte noch den Beruf ihrer Gesprächspartnerin – selbstständige Industriedesignerin mit Schwerpunkt auf Automationsumgebungen – und ließ das Gespräch zum Ende kommen.

Sie holte das Smartphone aus der Tasche und sah aufs Display.

Schielin war es, der angerufen hatte.

»Die Arbeit ruft. Ich muss gehen, Frau Andlin. Vielen Dank. Ich werde sicher noch einmal auf Sie zukommen.«

Insgesamt war sie enttäuscht von diesem Tag. Sie verdrängte diese Stimmung und verabschiedete sich.

Als sie wieder im Erdgeschoss angekommen war, öffnete sich die Türe, die zuvor nur einen Spalt aufgegangen war. Ein Mann erschien im Türrahmen, hinter ihm, etwas kleiner, eine Frau. Offensichtlich das Ehepaar Andlin, die Eltern von

Chris. Die Frau hatte dichtes, schwarzglänzendes Haar, von einigen grauen Fäden durchsetzt, und trug es in der markanten Art à la Mireille Mathieu. Ihr Mann konnte nur noch einen grauen Haarkranz vorweisen, dafür einen grauen, dichten Bart im hageren Gesicht. Ausgelatschte Lederhalbschuhe, leichte Cordhose und das Hemd im Karomuster ließen ihn Lydia in die Schublade *engagierter Biologie-Lehrer* stecken.

Er grüßte sie mit einem Nicken. »Hallo …« Etwas Lauerndes lag in seinem Blick.

Lydia wendete sich den beiden zu und grüßte.

»Sie waren bei Chris … wegen der Sache mit Sascha?«, fragte er mit feststellendem Ton.

»Ja.«

»Und weswegen … ich meine, wer sind Sie?«

Die Frau war nun hinter ihm hervorgetreten. Ihre Augen flackerten bang. Ihre Stimme zitterte streitlustig. »Wieso lassen Sie sie nicht endlich in Ruhe?«

Lydia wusste nicht recht, wie sie reagieren und aus der Situation herauskommen sollte. »Ich hatte nur einige Fragen an Ihre Tochter und sie vorher angerufen und das mit ihr abgesprochen. Es ist alles in Ordnung … wie gesagt, es waren nur ein paar Fragen … ich bin von der Kripo in Lindau und wollte nur etwas abklären. Sie verstehen …?«

Sie wendete sich ab und wollte aus diesem Hausgang heraus, doch Frau Andlin war nun erst recht außer sich und steigerte sich in eine Empörungshaltung. »Polizei!? Polizei …!? Wie kommen Sie dazu …?«

Lydia blieb in der Tür stehen. Was bitte sollte nun diese unnütze Aufregung?

Der Mann legte seine Hand um die Schulter seiner Frau und beschwichtigte. »Ist gut, ist gut … es waren offensichtlich nur ein paar Fragen, wie das eben so ist …«

»Dürfen Sie das überhaupt ... von Lindau ... hier Leute befragen?!«

Ganz schön giftig, die Mireille, fuhr es Lydia durch den Kopf und sie wusste nicht recht, ob sie diese Leute in Kenntnis setzen sollte. Kurzentschlossen sagte sie: »Natürlich dürfen wir das ... Sie können mit Ihrer Tochter ja auch nochmals ein Gespräch führen. Wir ermitteln in dieser Angelegenheit wegen eines Tötungsdelikts.«

Das verfehlte seine Wirkung nicht. Das Entsetzen in Andlins Gesicht war nahezu greifbar und seine Frau durchfuhr ein erschrockenes Zucken. Lydia nutzte die Gelegenheit, entbot einen knappen Gruß und verschwand hinter der Haustür. Bloß weg hier.

Seltsam. Alles so seltsam. *Lassen Sie sie doch endlich in Ruhe*, hatte die Frau gesagt. Was war da los? Gab es da etwas, was Chris Andlin nicht erzählen wollte?

Sie rief Walter Lurzer an und bat ihn um Hilfe. In irgendeiner Behörde musste es doch Unterlagen geben, die nachwiesen, wo Ute Lohders Kind geblieben war.

Walter Lurzer hörte aufmerksam zu. »Ja schon, Lydia. Und ihr meint, dieses Mädchen ist nun aufgetaucht und hat diesen Sascha da aufgeknüpft?«

»Nein, das meinen wir nicht. Aber das Kind ist nun mal verschwunden.«

Er blieb neutral. »Das könnte ja auch Absicht sein, gerade in Fällen von Adoptionen mit derlei Hintergrund, oder?«

Dagegen war wenig einzuwenden. Sie moserte ein wenig herum.

Er fragte: »Welche Bedeutung hätte es denn für euren Fall, wenn wir diese Tochter finden?«

Sie schnaufte. »Schach! Aber noch nicht matt. Ich kann es dir nicht sagen, ich weiß aber, es hat eine Bedeutung.«

Er stöhnte. »Ohje ... ich schau und hör mich mal um, das kann aber dauern.«

*

Gleich danach meldete sie sich bei Schielin, der ihr den Grund seines Anrufs erläuterte. Ein Kollege von der Fahndung war auf dem Weg in den Zecher Kieshafen an einem roten Porsche mit St. Galler Kennzeichen vorbeigekommen und hatte sie verständigt.

»Schau an, da isser – der Prinz«, dachte Lydia laut.

»Er ist aber weit und breit nicht zu sehen – der Prinz«, antwortete Schielin.

»Vielleicht haben die da ein Boot liegen und sind rausgefahren ... oder mit Freunden. Habt ihr schon recherchiert?«

Schielin hatte Jasmin Gangbacher auf die Sache angesetzt – bislang war nichts von einem Boot im Kieshafen bekannt. Saskia und Wenzel waren vor Ort und mussten irgendwann abgelöst werden.

Lydia ächzte: »Lange Tage ... lange Tage.«

Langsam rollte sie in Richtung Lindau und ließ den Tag noch einmal an sich vorbeiziehen. Zunächst machte sich Enttäuschung bemerkbar. Sie hätte sich mehr von ihren Ermittlungen versprochen. Doch tief unter diesem Gefühl der Ernüchterung rumorte etwas Eigenartiges. Es war ihr, als wäre sie auf etwas wirklich Wichtiges gestoßen, ohne es erkennen zu können.

Vor dem Hafen in Bregenz staute sich der Verkehr. Radfahrer schlängelten sich vor dem *KUB* durch die wartenden Autos, Fußgänger querten von der Stadt kommend hinüber zur Uferpromenade. Die Aufbauten der *Vorarlberg*, die im Hafen lag, ragten über alles hinweg und machten ihr Lust auf eine kleine Schiffstour. Frischer Wind um die Nase, ein Glas Grauburgunder – das könnte dem Nachsinnen auf die Sprünge helfen.

Meter um Meter ging es weiter. Abermals ging sie die Gespräche in Gedanken durch, die sie heute geführt hatte. Was war es gewesen, das diese Ahnung in ihr aufleben ließ?

Sie fuhr gar nicht erst zur Dienststelle, sondern parkte direkt am Zecher Kieshafen. Am Kiosk frühsommerlicher Hochbetrieb.

Boote fuhren, Boote kamen. Die Plätze am angrenzenden Campingplatz waren allesamt ausgebucht.

Sie schlenderte an den Booten vorbei und verschaffte sich einen Überblick. Den Porsche hatte sie draußen am Parkplatz schon entdeckt, wo er etwas abseits stand. Es war ihr ein Rätsel, wie der Kollege zufällig auf ihn gestoßen sein wollte. Auf der anderen Seite: Fahnder halt.

Wenzel hockte natürlich im Biergartenbereich des Kiosks und machte einen auf Sommerfrische, mit dunkler Sonnenbrille und der jungen Kollegin an seiner Seite.

Gommi setzte bald darauf Schielin ab, der sich zu ihr gesellte. Sie beobachteten den Abzug von Wenzel. »Er lebt ja richtig auf, mit seiner jungen Kollegin an der Seite«, frotzelte Lydia.

Schielin lachte.

Sie erzählte ihm von den mageren Ergebnissen ihres Tages, von Betty, dem alten Wirt, der schon recht vergesslich geworden war und der Ex-Freundin. »Sie hat so gar nicht in das Bild gepasst, das ich von ihr hatte. Die Grahls haben sich ja derart abschätzig über sie geäußert … ich ärgere mich, dass ich mich davon habe beeindrucken lassen und mir das zu eigen gemacht habe. Du verstehst, was ich meine, oder? Das ist eine intelligente, attraktive junge Frau mit einem Topjob in einer traumhaften Wohnung. Sie braucht weder die Grahls noch die Bendlins oder diese Firma. Es tut mir so leid für sie, denn sie war in Sascha Grahl ehrlich und tief verliebt. Vermutlich war sie die einzige, die ihn richtig geliebt hat. Bei seiner Mutter bin ich mir da nicht mehr so sicher … ich bin mir bei der ganzen Bagage über gar nichts mehr sicher. Den Bendlin, den habe ich auf seinem Boot gesehen – war der gut drauf! Als wär nix gewesen. Ich weiß gar nicht mehr, was ich von dem allen halten soll.«

Schielin blieb einsilbig. Ließ nur ein paar Laute und unverständliches Gemurmel hören.

Sie kannte das schon. Es zeigte, dass er über das Gehörte nachdachte.

»Ich habe das Gefühl, es wäre eine wichtige Information dabeigewesen heute – aber ich weiß nicht welche. Das macht mich ganz narrisch.«

Sie schwiegen eine Weile. Dann sagte Schielin unvermittelt: »Wann genau hat er angefangen, nach Ute Lohder zu recherchieren? Das müsste sich doch anhand der Zeitstempel seiner Google-Recherchen herausfinden lassen. Frag doch mal bei Jasmin nach. Vielleicht hilft dieser Zeitpunkt weiter.«

Lydia Naber sah ihn von der Seite an. »Coole Idee. Man meint immer, du hängst ab und bist heimlich in Gedanken mit deinem Esel spazieren, aber dann …«

Er lachte. »Gar keine so unzutreffende Vermutung.«

Unvermittelt stieß er sie an und sprach laut und ernst und aggressiv: »Los! Wie lautet das Wort, das dir zu heute einfällt! Komm! Raus damit! Schnell! Nicht nachdenken!«

Sie war ganz erschrocken und plötzlich hörte sie sich »Angst« sagen.

Schielin lehnte sich zufrieden zurück und lächelte.

»Boah, hast du mich erschrocken, ey!« Dann, nach kurzer Pause: »Hat aber funktioniert«, meinte sie gallig und dachte eine Weile darüber nach. »Es ist aber zutreffend – alle hatten Angst. Betty hatte Angst vor der Erinnerung an Ute Lohder, Marion Grahl hatte Angst vor Chris Andlin, deren Mutter hatte Angst vor mir …«

Schielin sah hinaus auf den See, über den sich die Dämmerung senkte. »Aber aus welchem Grund diese Angst? Weshalb sollte Marion Grahl Angst vor der zukünftigen Schwiegertochter haben … und weswegen sollten die Eltern von dieser Chris Angst vor dir haben und Betty vor ihren Erinnerungen?«

»Aus Gründen«, sagte Lydia, »aus Gründen.«

Gabor von Strehlitz tauchte nicht auf. Saskia Pröll meldete, in der Wohnung von Kira Bendlin sei das Licht angegangen. Sie hatte dort Stellung bezogen. Von einer zweiten Person in der Wohnung war nicht auszugehen. Der Porsche stand immer noch im hinteren Winkel des Parkplatzes.

Die Frage, aus welchem Grund Gabor von Strehlitz den Wagen ausgerechnet hier abgestellt hatte, beschäftigte sie noch eine Weile, denn Kira Bendlin hatte keinen Ansatz erkennen lassen, in den Zecher Kieshafen zu kommen. Die Familien hatten hier weder einen Liegeplatz noch einen der Schrebergärten, die sich hinten anschlossen. Letzteres hätte auch zu keinem von ihnen gepasst. Schielin und Lydia brachen ab. Saskia und Jasmin wollten sich gegenseitig ablösen, um über Nacht den Wagen im Auge zu behalten. Sollten bis zum nächsten Vormittag keine neuen Erkenntnisse vorliegen, würde man die Lage gemeinsam neu überdenken und bewerten müssen.

»Einen zweiten Toten könnten wir jetzt wirklich nicht gebrauchen«, unkte Lydia, bevor sie sich ins Auto setzte und nach Hause verschwand. Schielin hatte ihr Angebot, ihn zuhause abzusetzen, ausgeschlagen. Die Fahrradtour durch die kühle Nachtluft würde ihm guttun.

Es war in der Tat frisch, als er die Ludwig-Kick-Straße hinunter zum Kreisverkehr rollte. In der Reutiner Straße trat er kräftig in die Pedale, um warm zu werden. Die Ampel am Köchlin zeigte sich gnädig und er querte die Kreuzung. Nur wenige Autos waren noch unterwegs und vom alten Gasthaus her war Blasmusik zu hören. Ob sein Nachbar Albin Derdes da drinnen hockte und den Abend genoss, lachte und alte Anekdoten erzählte?

Beim Anstieg nach Motzach wurde ihm richtig warm. Hinter ihm leuchteten die Lichter der Stadt und ihr Abglanz spiegelte sich verschwommen in der dunklen Wasserfläche des Sees.

Es war spät geworden und Marja war schon zu Bett gegangen. Schlafen – das war ihm unmöglich. Zu präsent waren ihm die unterschiedlichen Stränge des Falls. Dazu kam die Sorge über das Schicksal des Porschefahrers. Alles war möglich, alles denkbar.

Er schenkte ein gehöriges Glas Wein ein. *Côte du Rhone* – schwer genug und der Situation angemessen.

Er entschied sich für sein Refugium unter dem Dach, denn draußen war es selbst im Schutz der Stadelwand zu kühl. Wenigstens einen Flügel des fast bis zum Boden reichenden Fensters in der Gaube öffnete er und lauschte hinaus ins Dunkel. Kühle Nachtluft zog herein und mit ihr seltene Klänge. Schon während er die Steige hinaufgeradelt war, waren sie an sein Ohr gedrungen: Nachtigallen! Wenn er es richtig deutete, kam ihr Konzert aus Richtung des Schützenhauses.

Unruhige Träumen erfüllten seine Nacht und plagten ihn.

Immer wieder wurde er wach, wenn ihm im Traum die Akteure der aktuellen Ermittlungen in unterschiedlichen Rollen begegneten, manchmal vermischt mit vergangenen Fällen oder ganz persönlichen Erlebnissen, die nichts mit der Welt seines Berufes zu tun hatten.

In diesen Momenten zwischen träumen und wachen war es der Gesang der Nachtigallen, der ihn herüberholte in den Teil der vollkommenen, wunderbaren Welt, in der er wirklich lebte. Er lauschte dem harten Schlagen und Klacken, wartete auf die melodischen Takte und konnte bald die unterschiedlichen Sänger voneinander unterscheiden – es waren drei. Darüber schlief er immer wieder ein und der unglückliche Kreislauf begann abermals. In einem der Träume flog eine Nachtigall herum – gefangen im Dachboden des Inselhauses. *Dieser Dachboden!*, seufzte er stumm, als er erwachte. Aus welchem Grund grauste ihn schon der Gedanke an diesen Ort? Wurde er alt? Verlor er die Distanz zu den Abgründen, mit denen er sich in seinem Beruf auseinandersetzen musste?

So unerwartet schlecht die Nacht gewesen war, so unerwartet ausgeschlafen fühlte er sich am Morgen. Marja meinte beim Frühstück, er solle sich seinen Nachbarn mal vorknöpfen. Albin Derdes hatte einen Termin im Krankenhaus sausen lassen, bei dem ihm die Batterie des Herzschrittmachers gewechselt werden sollte, und als sie ihn am Nachmittag auf Bitte von Erna hin darauf angesprochen hatte, hatte er nur lapidar geantwortet, es lohne sich für ihn eh nicht mehr.

Schielin fühlte ein flaues Gefühl in sich aufsteigen.

Auch das noch.

Schwiegersohn

Die nächtliche Überwachung erbrachte nur spärliche Erkenntnisse. Jasmin Gangbacher war seit Sonnenaufgang draußen im Zech. Saskia berichtete von Kira Bendlin, die am Morgen ins Büro gefahren war. Nach wie vor keinerlei Anzeichen für zwei Personen in ihrer Wohnung, was auch ihr Einkauf beim Bäcker belegte. Saskia Pröll war ihr tatsächlich bis in den *Fidelis-Bäck* in der Köchlinstraße gefolgt und hatte sich selbst eine Butterbreze gekauft. Keiner sagte etwas, doch alle waren von diesem Detail beeindruckt. Cool.

Am Porsche hatte keine Bewegung stattgefunden. Es stellte sich damit die Frage, wo sein Fahrer die Nacht verbracht hatte, wo er überhaupt abgeblieben war.

Wenigstens war der Spurenbericht aus dem LKA zu den Kontrollproben inzwischen gekommen. Lydia ging darauf ein. »Die DNS von Sascha Grahl stimmt nicht mit der Blutspur am Riegelschloß zur Dachkammer überein, auch keine andere DNS derjenigen, die im Haus waren, also die Familien Grahl, Bendlin und dieser feiste Pfaffe Nagelsee. Da war also eine andere Person zugange … soviel ist nun schon mal klar.«

Ihr Smartphone vibrierte und sie sagte nach einem Blick auf das Display laut in die Runde: »Jasmin.« Die Diskussionen wurden eingestellt und alle warteten ab. Zunächst murmelte Lydia »Mhm … ja … ah …«, dann jedoch straffte sich ihr Körper, ihre Stimme wurde streng und laut: »Du … du machst überhaupt nichts … du bleibst, wo du bist, und trittst nicht an ihn heran, verstanden! Du trittst nicht an ihn heran und wartest, bis Verstärkung vor Ort ist …!«

Schielin, Wenzel und Robert Funk waren schon nach den ersten Worten aufgesprungen und auf dem Weg zum Auto. Gommi stellte sich tatsächlich Saskia Pröll in den Weg, die auch mitkommen wollte. Er hielt sie am Arm fest und zeterte: »Du bleibsch do, nach dere lange Nacht!«

Hundle lief zwischen den Beinen herum, bellte sogar ein paar Mal, suchte schließlich in einer der hinteren Ecken Schutz. Zuviel Aufregung.

Lydia blieb auf der Dienststelle. Kimmel hatte, sofort nachdem er realisiert hatte, was los war, sein Smartphone gegriffen, eine Nummer gewählt und sprach leise und dennoch eindringlich. Als er aufgelegt hatte, sagte er: »Alex schickt seine Truppe … die dürfen ruhig mal wieder ran, die hocken ja eh nur da draußen rum, schauen auf die Uhr und warten auf die Brotzeit.«

Lydia war immer noch auf Leitung. »Wie? Du hast ihn eingeparkt!?« Sie hob die Hand mit aufgerichtetem Daumen. »Braves Mädchen!«, sagte sie und griente. Gerade Jasmin würde das *Mädchen* ärgern.

Kimmel hörte, wie Lydia kurz darauf aufgebracht ins Mikro fragte: »Was!? Wie bitte!? Mit wem …!? Das kann doch gar nicht sein!«

Sie drückte das Gespräch weg und lief raus in den Gang, schimpfte herum, kam wieder herein, immer noch erbost: »Das glaubst du nicht, mit wem dieser Gabor von Irgendwas unterwegs war … das glaubst du nicht!?«

Sie tobte zornig herum.

Kimmel hatte keine Ahnung, was es nun genau war, das sie derart in Rage versetzte und wartete ab. Sie würde es schon noch sagen.

*

Gabor von Strehlitz‘ Erscheinung vermittelte einen verwahrlosten Eindruck. Die beige Hose war zerknittert und hatte Schmutzstreifen, das Hemd hing teilweise aus der Hose, die Haare hingen wirr herum. Der Sunnyboy-Charme, den er sonst ausstrahlte, war sichtlich fragil geworden.

Etwas hilflos stand er am Porsche und sah auf den dunkelblauen BMW, der ihm bis fast auf die hintere Stoßstange aufgefahren war. Keine Chance, hier wegzukommen.

Als das andere Auto kam, die drei Männer ausstiegen und gezielt auf ihn zukamen, war er noch freundlich, weil er dachte, sie würden dafür sorgen, die elende Karre endlich aus dem Weg zu schaffen. Denn – nichts wollte er lieber, als endlich unter eine Dusche.

Seine Zugewandtheit verebbte jedoch schnell, als er Dienstausweise vorgehalten bekam und ihm erklärt wurde, er wäre vorläufig festgenommen und solle mitkommen. Er zickte herum, wurde laut, wehrte sich ein wenig, gerade so, dass es ihm nicht allzu sehr wehtat. Innerlich jedoch tobte ein gewaltiger emotionaler Sturm in ihm. Er spürte, wie seine Gliedmaßen anfingen zu zittern, als man ihn in den Wagen schob. Die Leute, die von dem kleinen Aufruhr angelockt worden waren und gafften, störten ihn weniger. Es war neu für ihn – eine solche Behandlung war ihm bislang noch nie widerfahren und er konnte sich gar nicht darüber beruhigen.

Selbst nach der Fahrt durch die Stadt, als er im Hof der Dienststelle aussteigen musste, bebte er noch. Sie brachten ihn in das alte Gebäude, das von außen den Eindruck einer Villa erweckte, innen jedoch nichts weiter als eine schnöde Dienststelle der Kripo war.

Ständig schoben und drängten sie ihn, und der unfreundliche Kerl, den sie mit Wenzel ansprachen, versetzte ihm sogar ab und an einen deutlichen Stupser, wenn er nicht unmittelbar in die Richtung ging, die angesagt war. Manchmal hatte er das Gefühl, ohnmächtig zu werden. Ein sanfter Schwindel suchte ihn heim, wurde etwas stärker, verschwand aber wieder. Endlich saß er. Allerdings in einem schrecklichen, kahlen Raum. Hässliche Wände, die Fenster nur Luken, ein alter jämmerlicher Tisch, mit abgeblätterten Ecken, dazu harte Holzstühle, mit glatter, ebener Sitzfläche, auf denen man wegrutschte, was Energie verlangte, wollte man ordentlich sitzen. Er sah mit lauerndem Blick auf die zwei Kriminalbeamten ihm gegenüber. Die blonde Frau stellte sich als eine Frau Naber vor und richtete das Tischmikrofon neu aus. Ihr Kollege blickte ernst auf einen Stapel Unterlagen, tauschte ein paar Blicke mit seiner Kollegin aus, was wohl etwas signalisieren sollte.

Der Typ richtete sich sogleich an ihn, nannte seinen Namen, Schielin, und sprach von Verdacht, Spuren, Sascha Grahl, den Bendlins.

Gabor von Strehlitz beschloss abzuwarten und vorerst nichts zu sagen. Seine Augen wechselten zwischen der Blonden und diesem Schielin in und her. Der hatte soeben erläutert, dass man ihn zum Tod von Sascha Grahl befragen wolle. Wieder stieg ihm Schwindel in den Kopf. Er entschied sich schnell anders und sagte mit halbwegs fester Stimme: »Stellen Sie Ihre Fragen.«

Er hätte gerne den Plastikbecher genommen, um etwas zu trinken, weil er Durst hatte und sein Mund bei jeder Silbe noch trockener geworden war. Da war allerdings dieses Zittern im Arm und in der Hand. Er presste sie fest auf die Tischplatte und hoffte, es würde ebenso wieder vergehen wie diese Schwindelattacken. Ruhig bleiben, sprach er sich stumm zu und achtete darauf, lange und gleichmäßig auszuatmen. Es half.

Er griff den Plastikbecher, trank, behielt den Schluck lange im Mund, schloss kurz die Augen. Welch eine Wohltat. Die Umstände konnten einen wirklich bescheiden machen. Ein feines Lächeln huschte bei dem Gedanken über sein Gesicht.

Der Polizist stutzte deswegen. Wie von Ferne hörte er, man betrachte ihn als Verdächtigen. Er nahm noch einen Schluck und antwortete mit einer ausgreifenden Geste seiner Hand, er würde auf einen Anwalt verzichten können. Es klang weder arrogant noch überheblich.

»Sie sind der Lebensgefährte von Kira Bendlin?«, fragte Schielin.

Er nickte. »Mhm.«

»Sie wissen von den Umständen des Todes ihres Cousins … Sascha Grahl?«

»Ja, das ist mir natürlich bekannt.«

»Woher?«, fragte Schielin.

»Kira hat es mir erzählt.«

»Wie stehen Sie dazu?«

»Wie kann man dazu schon stehen? Schrecklich … es ist schrecklich«, antwortete Gabor von Strehlitz unaufgeregt.

Lydia machte eine interessante Feststellung. Gleich, wer vor ihnen auf dem Stuhl saß – von Frage zu Frage steigerte sich die Nervosität, was sich ebenso an Körperbewegungen, Gesichtsausdrücken oder Übersprungshandlungen bemerkbar machte wie an plötzlichen Schweißausbrüchen. Bei diesem etwas derangierten Exemplar verhielt sich die Sache anders. Zu Beginn war seine Aufgeregtheit geradezu greifbar. Die ständigen Kieferbewegungen, die angespannte Halsmuskulatur zusammen mit den stark hervortretenden Adern, was davon rührte, den Schluckreflex zu unterdrücken.

Sie hatte auch wahrgenommen, wie er den Plastikbecher mit Wasser immer wieder, wie zufällig, in den Blick nahm. Er musste einen trockenen Mund haben – und dennoch gab er sich nicht dem Versuch hin zu trinken. Weswegen? Sie hatte keine Antwort dafür. Auch seine Augen, die immer wieder an Schielin vorbei die Tür fokussierten – die Tür, durch die man entkommt, hinter der die Freiheit wartet.

Doch nun wurde der Kerl von Frage zu Frage entspannter. Die Arme, die zuvor zur Stabilisierung auf der Tischplatte abgelegt waren, hatte er zurückgenommen, auch war er auf dem Stuhl etwas nach vorne gerutscht, sodass er sich zurücklehnen konnte, was ihm mehr Blickdistanz zu Schielin verschaffte. Seine Stimme verlor das nervöse Schwingen und er sah Schielin ohne jede Scheu an. Erstaunlich: Er beruhigte sich, als man ihm sagte, er sei Verdächtiger in einem Mordfall!

Schielin kommentierte seine Antwort: »Der Todesfall löst keine sonderlichen Emotionen in Ihnen aus.«

»Was würden Sie denn erwarten?«, lautete die kühle Antwort.

»Es war eine Feststellung. Erwartungen habe ich keine. Wo waren Sie in dem Zeitraum, den ich Ihnen gerade genannt habe?«

»Zuhause.«

»Wo ist das?«

Gabor von Strehlitz nannte die Adresse.

»Unter dieser Adresse ist eine andere Person gemeldet«, antwortete Schielin und erntete ein leises Lachen von seinem Gegenüber. »Sie waren ja schon fleißig. Ja, es stimmt, ich wohne derzeit bei einem Freund, der auf einer längeren Auslandsreise ist. Wie Sie dann sicher auch schon wissen, handelt es sich auch um sein Fahrzeug, das ich benutze. Es ist alles geklärt. Ich darf das.« Als er geendet hatte, ärgerte er sich ein wenig über die gönnerhafte Art und Weise, in der er geantwortet hatte. Er sollte dergleichen unterlassen. Die Situation war zu ernst.

»Haben Sie etwas Schriftliches dazu?«, fragte Schielin freundlich. »Für uns ist es so, dass Ihr Freund verschwunden ist, Sie in seinem Haus wohnen und seine Fahrzeuge verwenden. Gibt es eine schriftliche Abmachung zwischen Ihnen – Mietvertrag, Überlassungsvertrag? Es besteht ja auch unter Freunden eine haftungsrechtliche Fragestellung.«

»Nein. Wir sind beide von der Sorte *Handschlagmentalität.*«

Schielin nickte. »Wir stufen Ihre Situation als *kein fester Wohnsitz* ein.«

Eine Reaktion blieb aus. Gabor von Strehlitz bestätigte weiterhin, an dem in Frage kommenden Wochenende alleine in dem Haus gewesen zu sein. Es gab einige Telefonate, auch mit Kira Bendlin. Ansonsten hatte er keine Zeugen, zumindest fielen ihm gerade keine ein. Das Zittern im Arm war wieder da und der trockene Mund. Er beugte sich nach vorne, produzierte ein Lächeln und stützte sich auf der Tischplatte ab.

Lydia Naber konnte diesen Wechsel seiner Gefühlswelten nicht nachvollziehen. Sie sagte: »Wir haben Zeugen, die Ihre Anwesenheit im Haus der Bendlins für den in Frage kommenden Freitag bestätigen.«

Er wendete sich ihr in einer langsamen Bewegung zu und sah sie nachdrücklich an, bevor er eindringlich sagte: »Ja und?«

Schielin schaltete sich ein. »Sie waren offensichtlich zur Tatzeit am Tatort. Verstehen Sie, was das bedeutet?«

Schnell wendete er sich Schielin zu und sprach schnell und mit einem Anflug von Aggressivität: »Natürlich verstehe ich, was das bedeuten würde, wenn ich zur Tatzeit am Tatort gewesen wäre, was aber nicht der Fall ist, wann immer das auch genau gewesen sein soll. Wir, also Kira und ich, sind an diesem Freitagabend noch essen gegangen und danach bin ich zurück in die Schweiz gefahren.«

Lydia vermied es spöttisch oder hämisch zu klingen. »Also keine Liebesnacht?«

»Nein«, kommentierte er trocken, ohne sie auch nur einmal anzusehen.

»Was war so wichtig in der Schweiz, oder gab es Streit zwischen Ihnen?«

»Kein Streit. Am Samstagmorgen stand ein Treffen mit Geschäftspartnern an … um neun Uhr in einem Hotel in Romanshorn.«

»Und dieses Treffen fand statt?«, fragte Schielin

»Ja. Ich kann Ihnen die entsprechenden Kontakte zukommen lassen … Sie wollen und müssen es sicher überprüfen.«

»Das ist so«, bestätigte Schielin.

»Was hatten Sie überhaupt im Haus zu tun?«, fragte Lydia angriffslustig.

Er blieb gelassen. »Kira sollte sich um irgendwelche Pflanzen kümmern oder so, weil ihre Eltern weg waren. Das müssen Sie sie fragen. Ich habe in der Zeit ein Glas Wein getrunken.«

»Sie haben Sascha Grahl also nicht gesehen?«

»Nein … nein! Aus welchem Grund auch … und übrigens, aus welchem Grund … ich meine, welches Motiv sollte ich gehabt haben ihn zu töten … bitte!? Das ist doch grotesk … grotesk! Erläutern Sie mir das, welche objektiven Gründe mich verdächtig machen sollen. Ich müsste noch nicht einmal mit Ihnen hier reden … das wissen Sie ja auch. Also … ich bin durchaus bereit zu kooperieren. Sagen Sie mir, was mein Motiv gewesen sein sollte … sagen Sie!?«

Der geht ganz schön drauf los, dachte Lydia. Wenigstens hatte sie ihn etwas aus der Reserve locken können.

Schielin erläuterte die Anteilsverhältnisse und Verkaufshemmungen, wie sie von Mario Ganahl geschildert worden waren. »Sie sind pleite, Herr von Strehlitz, und unter Zeitdruck. Motiv und Handlungsbedarf. Aus unserer Sicht fügt sich das gut zusammen.«

Gabor von Strehlitz hatte ruhig zugehört und blieb ungerührt, wie Lydia skeptisch registrierte. Auch Schielin konnte das nicht entgangen sein. Strehlitz ging überhaupt nicht darauf ein. Er nahm es schweigend zur Kenntnis.

Sie sagte: »Gestern sind Sie mit Manfred Bendlin auf Segeltour gewesen … in dessen Dachboden man Sascha Grahl gefunden hat. Alles etwas seltsam, finden Sie nicht auch?!«

Er hob beide Hände in einer entschuldigenden Geste. »Ah … jetzt verstehe ich das … ich war mit dem Vater meiner Lebensgefährtin beim Segeln – das muss mich ja verdächtig machen. Vielleicht leiden Ihre bizarren Konstrukte und Vorwürfe ja an einem erheblichen Mangel an belastbaren Informationen.«

»Ach …«, ließ Schielin hören, der wirklich gespannt war, was er zu hören bekommen würde, »helfen Sie uns doch, diese Informationsdefizite zu beseitigen … aus exakt diesem Grund sitzen wir nämlich hier.«

Gabor von Strehlitz nahm einen Schluck Wasser, bevor er zu sprechen begann. »In der Tat befinde ich mich in einem temporären finanziellen Engpass. So etwas kommt vor und es ist weder schändlich noch strafbar. Das ist eben so, wenn man mit seinem ganzen Privatvermögen haftet und für Entscheidungen geradesteht – eine Frage der Lebenshaltung. Und ja, ich wohne im Haus eines Freundes, fahre dessen Autos und tanke sogar mit einer Tankkarte der Firma *B&G*. Das alles mit Einverständnis der jeweils betreffenden Personen. Nein – ich habe keine schriftlichen Vereinbarungen hierzu unterschrieben. Zu keinem Zeitpunkt, ich betone, zu keinem Zeitpunkt bestand eine Konstellation, die einen Verkauf wegen der Firmenanteile als schwierig hätte erscheinen lassen. Sie haben in Ihren Ausführungen ja auf diesen Gesellschaftervertrag hingewiesen. Von Beginn an war der Anteilsverkauf konform mit den bestehenden Verträgen – es lagen ausreichend Anteile für einen Verkauf vor. Dies sind die Anteile von Kira, einem Herrn Rabus und von Manfred Bendlin. Was Ihre Motivkonstruktion anlangt, möchte ich feststellen, mich nie in dem von Ihnen beschriebenen Dilemma befunden zu haben. Glauben Sie mir, ich mag aus einem verarmten Adelsgeschlecht stammen, aber niemals würde ich eine solche Tat begehen, niemals – niemals! Nicht für Geld.«

Schielin blieb gelassen. Die ganze Zeit über hatte er schon mit einem Haken gerechnet. Der Kerl war einfach zu gelassen und kaum unter Druck zu setzen.

»Worin liegen dann die Schwierigkeiten, die ja offenbar existent sind?«, fragte Lydia.

»Das will ich Ihnen ungeschminkt zur Kenntnis geben. Das Problem hat einen Namen: Helmut Grahl. Er hat einige sehr schwierige Entscheidungen getroffen, die die Firma enorme Substanz gekostet haben – sprich: finanzielle Kraft und Zukunftsfähigkeit. Er hat moderne Neuentwicklungen verhindert, deren Markt inzwischen von den Konkurrenten bespielt wird. Diese Fehlentscheidungen hat er gegen den ausdrücklichen Rat seines Sohnes und seiner Nichte gefällt. Es ist eher ein psychologisches Problem, wenn Sie verstehen wollen, was ich meine – ihm ging es weniger um eine von rationalen Erwägungen getragene Sachentscheidung, als vielmehr darum, sich gegen die beiden Jungen zu entscheiden, die die Firma führten. Und seine Schwester, sie wirft sich vor ihn, wie eine Löwin. Sie müssen wissen, diese Firma steht ökonomisch längst nicht mehr so gut da und war daher inneren Zerreißproben ausgesetzt. Das wirkt sich übrigens auch auf die Mitarbeiter in negativer Weise aus. Ich weiß nicht, woher Sie Ihre Informationen haben, Sie müssen aber zur Kenntnis nehmen, wie schwierig es ist, Käufer für eine Firma in einer solchen Situation zu finden – so schaut es aus. Kiras Mutter und deren Bruder, sie hängen ihrer Vorstellung aus besseren Zeiten nach. Sie vertreten die Auffassung, *B&G* würde von aggressiven Investoren belagert – lächerlich! Das entspricht bei weitem nicht der Realität. Und was mich angeht, so ist sie da regelrecht pathologisch fixiert. Sie hat einmal mit Kira wegen mir gestritten und ich stand nahe genug, um zu hören, wie sie mich als Zuhälter bezeichnet hat, die gute Frau. Naja – lassen wir das. Ich will Ihnen sagen, wo ihr Problem liegt. Sie hat schlicht Angst vor einem Verkauf, weil – auch das ein psychologisches Ding – ohne Firma geht ihr die Bühne für ihre glamourösen Auftritte und Inszenierungen ab. Sie hätten das einmal erleben müssen. Hollywood-like. Manfred und Kira sind da schon weiter und sehen realistischer in die Zukunft.«

»Interessante Ausführungen«, meinte Schielin nüchtern, »Sie profitieren natürlich von einem solchen Verkauf.«

Gabor von Strehlitz schüttelte konsterniert den Kopf. »Du lieber Gott ... von wem bitte sind Sie nur instruiert worden? Aber ja – natürlich profitiere ich von einem Verkauf. Darum ging es übrigens auf der Segeltour mit Manfred. Wir wollten ungestört von der großen Blonden über alles reden. Zudem – es ist und bleibt die Familie, die profitiert und der nichts verloren geht. Sie können das nicht wissen, aber Kira ist schwanger. Wir werden in der Schweiz zusammen leben, ob es ihrer Mutter passt oder nicht.«

Lydia und Schielin blieben äußerlich unbeeindruckt.

Lydia fragte sich insgeheim, ob Manfred Bendlin auf der Bootstour mit Strehlitz auch den Begriff der *großen Blonden* verwendet hatte?

Sie wechselte den Ansatzpunkt. »Wie lange verkehren Sie schon mit den Familien?«

»Seit etwa eineinhalb Jahren.«

»Dann hatten Sie sicher auch Kontakt mit Sascha Grahl. Was wissen Sie von ihm?«

Gabor von Strehlitz zeigte keinerlei Körpersprache. »Ja, was weiß ich von ihm zu berichten? Im Grunde doch sehr wenig. Als ich ihn kennengelernt habe, da war er ein netter, intelligenter, sportlicher Kerl, mit dem es angenehm war zusammen Zeit zu verbringen, vor allem, als er noch mit Chris zusammen war. Ein perfektes Paar, würde ich meinen wollen. Dann allerdings ist er verrückt geworden … ja, ich denke, das trifft es. Von Woche zu Woche wurde es schlimmer. Kira hat mir wüste Geschichten aus der Firma berichtet. Die geplante Hochzeit mit Chris – ein Desaster! Auch sie hat den Zugang zu ihm völlig verloren. In den letzten Wochen vor seinem Tod war er im Grunde reif für eine Anstalt. In einer normalen Familie hätte man sich darum gekümmert, ihn zum Arzt geschickt oder direkt in ein Sanatorium überwiesen … wir reden hier schließlich nicht von prekären Verhältnissen, bei allen Problemen. Diese Persönlichkeitsveränderung erschien mir dramatisch, weil längere Zeitabschnitte dazwischen lagen, manchmal zwei, drei Wochen. Ja, da war ich schon sehr entsetzt. Es war ihm auch anzusehen … im Gesicht. Ich fand, er ist ungemein gealtert innerhalb weniger Monate.«

Schielin wechselte in einen anderen Gesprächsmodus. »Dennoch – angesichts dessen, was geschehen ist, liegt doch nahe: Jemand muss ihn gehasst haben.«

Gabor von Strehlitz stimmte dem wortlos zu und sprach

weiter: »Ich hatte zuletzt vor etwa vier, fünf Wochen mit ihm persönlich zu tun. Er hatte da einen guten Tag, keine Kopfschmerzen und so … wir hätten zusammen etwas unternehmen wollen … es war Kiras Wunsch, weil sie sich in der Firma wegen eines Wagens gestritten hatten. Ich bin rüber zu ihm in die Wohnung … er hockte vor seinem Notebook und war wie versessen mit alten Zeitungen beschäftigt und nicht annähernd dazu zu bewegen, mit uns zu kommen. Er redete außerdem nur in Zweideutigkeiten … echt gruselig. Er nahm mich gar nicht mehr wahr, so jedenfalls mein Eindruck. Ich kam mir vor, als sei ich lediglich Medium für seine Selbstgespräche.«

»Welche Zweideutigkeiten meinen Sie?«

»Ja so mystische Phrasen, jedoch völlig ohne Kontext – für mich und Kira. *Ihr werdet euch wundern … Ich bin kurz davor – bald hab ich ihn … Es ist unvorstellbar für uns …* So in etwa. Er hat ja auch angefangen zu trinken. Da kam wohl alles zusammen.«

»Sie wissen von seiner Erkrankung?«, fragte Lydia.

»Ja. Kira hat es mir erzählt und die traurige Wahrheit dieser Endgültigkeit. Wenn ich recht informiert bin, gab es keine Chance auf Heilung?«

»Ja, das ist die Position der Rechtsmedizin.«

»Ist Ihnen noch etwas aufgefallen bei Ihrem letzten Zusammentreffen mit ihm?«

Er überlegte ernsthaft. Es war förmlich zu sehen, wie er die Bilder seiner Erinnerung durchblätterte. »Ja. Da war dieses Plakat mit den Zeichen, diese esoterischen Zeichen. Das war neu und er hatte einige von ihnen mit einem Marker angezeichnet.«

»Wo hing dieses Plakat?«

»Direkt an der Wand, links vom Schreibtisch.«

Schielin sah Lydia an. Sie zog die Augenbrauen hoch. Fragen hatte sie demnach auch nicht mehr. Was sollten sie mit dieser Familie nur anfangen?

Gabor von Strehlitz blieb gelassen und geduldig, während die Maßnahmen des Erkennungsdienstes durchgeführt wurden. Derweil telefonierten Schielin und Lydia mit Kira und Manfred Bendlin. Es ergab sich kein Widerspruch zu dem, was sie von Strehlitz gehört hatten, und nach kurzer Diskussion mit den anderen wurde er auf freien Fuß gesetzt.

Kira Bendlin kam kurz darauf auf den Dienststellenparkplatz und holte ihn ab.

Lydia stand am Fenster und sah den beiden zu. »Schon wieder getäuscht.«

»Was meinst du?«

Sie ächzte. »Na mit dem Typen da draußen. Der steht mit beiden Füßen im Leben, sehr reflektiert, höflich, gebildet, zur Zeit ein wenig pleite … aber sonst. Motiv perdu, Täter perdu.«

Sie hockten frustriert im Büro und erholten sich von der Enttäuschung.

Schielin versuchte Ordnung in seine Gedanken zu bringen, landete jedoch immer wieder bei der eindringlichen Schilderung, die sie zuvor über Sascha Grahl gehört hatten, die den Eindruck eines Irren hinterließ: *Ich bin kurz davor – bald hab ich ihn …*

»Der war nicht verrückt«, hörte er sich unvermittelt sagen.

Lydia hatte die Beine auf dem Schreibtisch abgelegt, wippte mit der Lehne des Bürostuhls und kaute an einem Stift. »Nein, der war nicht verrückt«, bestätigte sie, »hat nur so ausgesehen.«

»Der war hinter jemandem her.«

»Der war hinter jemandem her«, echote sie, »genau!« Sie stand auf und packte ihre Sachen. Sie wollte sich die Schamanin nochmals vornehmen.

Schielin ging kurze Zeit später hinüber zu Jasmin Gangbacher und setzte sich neben sie. »Wann genau hat er das erste Mal nach Ute Lohder recherchiert? Kannst du das feststellen?«

»Ja. Lydia war schon deswegen hier, aber ich kann es dir gerne zeigen. Das war Anfang Oktober letzten Jahres.«

Sie rief die gespeicherten Suchlisten auf und deutete auf den Namen. »Ute Lohder.« Sie erläuterte, wie wenig Einträge zu diesem Namen vorhanden waren. Ausschließlich Artikel in Zeitungen, die von dem Vermisstenfall berichteten. »Man hat damals den vollständigen Namen veröffentlicht, weil man sich Rückmeldungen erhoffte.«

»Mhm …«, Schielin sah auf den Bildschirm, »was ist sonst auf diesem Computer gewesen, das an diesem Tag gespeichert oder gelöscht worden ist?«

Sie hatte die Übersicht schnell parat. »Ein paar Fotos vom Eishockey und einer Familienfeier an diesem Tag, es war ein Samstag. Dazu Excellisten, die er auf den Firmenrechner überspielt hat mit jeder Menge technischem Kram, eine Word-Datei mit Texten …«, sie lachte leise, »ganz süß eigentlich … er hat für eine Hochzeitszeitung was geschrieben … er wollte doch heiraten, nicht wahr?«

Schielin war frustriert. »Ja, wollte er.«

»Er hat so eine Art Zeitung gemacht, wo er sich und Chris Andlin vorstellt, von klein auf, mit alten Fotos und so … du weißt schon. Der hat sich echt Mühe gegeben … und dann so ein Ende.«

Er lehnte sich zurück und verschränkte die Arme hinter dem Kopf. »Ah ja …« Es klang zermürbt.

»Schau! Das muntert dich auf.« Sie hatte die Datei geöffnet, die Sascha Grahl angelegt hatte. In der Tat in der Aufmachung alter Zeitungen, mit floralem Emblem.

Jasmin scrollte durch die Seiten. »Da hat er sich wirklich Mühe gegeben … das ist so traurig, das alles.«

Schielin stutzte. »Stopp mal, stopp mal … eine Seite zurück, was war da?«

Jasmin scrollte zurück und musste selbst genauer hinsehen. »Das sind die Geburtsurkunden der beiden.«

»Mach das mal größer!«

Sie ging auf zweihundert Prozent und blickte auf Schielins Zeigefinger, der am Bildschirm haftete. »Das glaube ich nicht … das glaube ich nicht!«

*

Lydia Naber saß der Frust ziemlich in den Knochen. Als Christella die Wohnungstür öffnete, war der Unmut derart angewachsen, dass ihr anzusehen war, wie sehr sie auf Krawall gebürstet war.

Christella Adelheid Krumbichler trat automatisch zur Seite und Lydia Naber marschierte in den Gang. Während sie zu dem einen Raum ging, der sie interessierte, fragte sie: »Wie lange geht das schon mit Helmut Grahl?«

»Seit zwölf Jahren«, kam die Antwort etwas unsicher.

Lydia stoppte und drehte sich um. »Zwölf Jahre!?«

»Ja.«

»Wer zahlt die Wohnung hier … rein rhetorische Frage … die Firma, nicht wahr?«

»Ja.«

»Na dann.«

Sie betrat den Raum und stellte sich vor das Plakat mit den esoterischen Zeichen. »Gibt es zu diesen Zeichen etwas, das mit Sascha Grahl zu tun hat?«

Christella trat hinter sie und betrachtete das Plakat, als müsse sie darauf nach einer Antwort suchen. »Er fand sie interessant und wollte das auch haben. Ich habe es ihm beschafft.«

»Mhm. Wissen Sie, aus welchem Grund er es spannend oder interessant fand?«

»Nein. Ich war überrascht, weil er zu meinen Behandlungsmethoden im Grunde keinen Zugang hatte ... das alles für Hokuspokus hielt. Ja, aber darüber hatten wir ja schon gesprochen.«

»Was wollte er dann bei Ihnen ...? Hatte es vielleicht mehr mit seinem Vater zu tun, als mit seiner Erkrankung, und mit Ihrer beider Beziehung ... zwölf Jahre!«

Sie sah sie hilflos an. »Ich weiß es wirklich nicht. Und was die zwölf Jahre angeht ... Helmut wäre schon längst ... wenn diese blöde Firma nicht wäre ...«

»So, wäre er ...?«

»Ja. Es gibt da so eine Vereinbarung ...«

»Ach ... Sie meinen wirklich, im Gesellschaftervertrag stünde, er dürfe sich nicht von seiner Frau trennen? Ich kann Ihnen versichern, das ist nicht so.«

»Sie sind heute sehr unausgeglichen und streitlustig«, versuchte Christella sich zur Wehr zu setzen.

Lydia überging es einfach und sagte bestimmend: »Ich brauche dieses Plakat mit den Zeichen ... haben Sie vielleicht noch eines?«

Christella verschwand im Gang und kam mit einer Papierrolle zurück. »Hier, Sie können es behalten.«

Lydias Smartphone vibrierte zweimal hintereinander. Vermutlich Schielin. Was jetzt nur schon wieder war?

»Vielen Dank dafür und die Frage dazu: Was soll das eigentlich genau darstellen?«

»Das ist das gotische Alphabet, mehr nicht.«

»Ah, das gotische Alphabet. Danke. Noch eines, Frau Krumbichler. Sascha Grahl hatte einen Gehirntumor, der als Auslöser für seine Stimmungsschwankungen und seine Gefühle der Einengung und Beklemmung verantwortlich war. Es waren keine fehlgeleiteten Emotionen, nicht der Mond, die Sterne, nicht die Gezeiten oder eine durch falsche Ernährung erzeugte Unlust am Leben. Er war schlicht schwer erkrankt.«

»Das wusste ich nicht, nein.«

»Hat Ihnen Helmut Grahl nichts dazu gesagt?«

Es dauerte eine Weile, bis sie antwortete. »Nein. Wir haben uns nicht mehr gesehen in den letzen Tagen.«

»Mhm. Wir werden Sie noch zu einer offiziellen Vernehmung vorladen … als Zeugin. Sie verstehen?«

Christella deutete ein Nicken an.

Lydia drehte sich in der Tür nochmals um. »Denken Sie bitte nochmal über alles nach, und wenn Ihnen etwas einfallen sollte, dann melden Sie sich … das wäre besser für Sie und alle Beteiligten. Ich denke, die Dinge kommen gerade in Bewegung und dabei auch einiges zum Einsturz … befürchte ich.«

Wieder draußen holte sie das Smartphone hervor und sah nach. Es war nicht Schielin gewesen, sondern Betty hatte sich gemeldet. Zwei abfotografierte Aufnahmen von Ute Lohder waren im Anhang. Lydia ging bis zur Schafgasse und stellte sich dort in den Schatten der *Gradmannschen Parfümerie*, um die Bilder, die etwas unscharf waren, genau inspizieren zu können. Das erste zeigte zwei junge Frauen, die auf Biertischen standen und dem Fotografen mit Maßkrügen posierten. Offensichtlich Betty und Ute Lohder. Lydia empfand dieses unbestimmte Gefühl von Unwohlsein, diese Beklemmung, die sich in ihrer Brust bemerkbar machte, wenn sich schlimme Ahnungen als wahr erwiesen. Sie wischte zum nächsten Bild, das Ute Lohder in Großaufnahme zeigte. Sie stand an ein Bierfass angelehnt da und lächelte in die Kamera. Eine schöne Frau, mit langen blonden Haaren, einem zartbraunen Teint. Lydia musste sich an der Wand anlehnen. Natürlich kannte sie diese Frau.

Ihr Herz pochte, als sie nach wilder E-Bike-Fahrt auf der Dienststelle ankam, wo zu ihrer Überraschung die anderen im Besprechungsraum zusammenhockten. Sie trat ein und rief: »Ich weiß, wer die Tochter von Ute Lohder ist!«

Wenzel war schneller als Schielin und entgegnete gelangweilt: »Wir auch.«

»Ihr zuerst!«, rief sie, warf ihre Tasche in die Ecke und zwängte sich energisch zwischen Robert Funk und Wenzel.

Schielin berichtete von der Hochzeitszeitung und von der Geburtsurkunde, auf welcher die Namensänderung ordentlich mit Siegel und Handzeichen vermerkt war.

»Und ich habe Fotos von Ute Lohder erhalten und aus ihrem Gesicht hat mich Chris Andlin angesehen, genau so, wie ich sie erst gestern vor mir hatte. Schrecklich … es war schrecklich.«

Da keiner mit der neuen Information, die alles auf den Kopf stellte, den Alltag mit einem Dienstende wie gewöhnlich fortsetzen wollte und konnte, verabredete man sich auf einen gemeinsamen Ausklang auf der Insel – Mittwochsmarkt. Der fand seit kurzem am Abend statt, mit klarem Schwerpunkt: Kulinarik. Ein gute Ort, um zur Ruhe zu kommen und die Emotionsspirale zu unterbrechen.

Entlang des neuen Uferboulevards am *Kleinen See*, zwischen Inselhalle und Stadtgarten, reihten sich die Marktstände, von denen sich die Mehrzahl primär um das leibliche Wohl der Besucher kümmerte. Ein überschwängliches

Flair von Freizeit, Tagesausklang und Ferien lag über dem Uferbereich. Ansteckend fröhlich und gut gelaunt.

Sie schlenderten durch die Stände, wo es nur so wuselte vor Menschen. Die Sonne kam noch kräftig über den Bahndamm und wärmte, während die leichte Brise alles Stickige verwehte. Es roch nach Essen – Fleisch, Fisch, Pommes, Wraps. Gommi hatte Hundle an die Leine genommen und am runden Betonblock ganz am östlichen Ende noch Plätze für alle ergattert. Hundle reckte den Kopf und schnupperte pausenlos.

Schielin kam die Platzwahl grad gelegen, denn ihm war heute eh nach Fisch und ihre Sitzgelegenheit lag gleich am Wagen vom *Fischerlädle Bichlmaier* aus Wasserburg. Es gab heute Zander im Bierteig, Kimmel und Lydia organisierten bei *Haug* den *Sauvignon Gris*, während Wenzel und Funk den Rest besorgten. So hockten sie da, nebeneinander, tranken, schauten, was so alles unterwegs war, begrüßten hier und da Freunde, Bekannte, doch nie löste sich das Kollektiv auf. Jeder für sich hing der Bedeutung nach, die die Ergebnisse dieses Tages geliefert hatten.

Bei den Liegeplätzen der Motorboote ging es gelassen zu, einige kamen, andere fuhren noch hinaus. Die *Villa Götzger* strahlte im Abendlicht und auf der Seebrücke war ein beständiges Kommen und Gehen. Schielin saß stumm da und betrachtete die vitalen Lebensäußerungen um sie herum: Es hätte ein Paradies sein können. Doch einer, mindestens einer, vielleicht einer von denen, die lachend mit einem Weinglas vorbeiliefen, hatte Sascha Grahl erwürgt und aufgeknüpft. Und das machte diesen Abend für ihn bitter, und für die anderen auch, da war er sich sicher.

Gommi wollte die Konversation anregen und betonte, wie schön das Wetter doch endlich geworden sei, wo es doch so lange kalt und unfreundlich gewesen sei. Wenzel meinte: »Beim Wetter ist es wie mit dem Geld – die Extreme gleichen sich immer aus – wenn es hier schön ist, ist es woanders beschissen und umgekehrt … und wenn Geld wo weg ist, dann ist's eben gerade woanders.«

Niemand hatte dagegen etwas einzuwenden. Gommi unterhielt sich fortan leise mit Hundle, der von allen Seiten immer wieder etwas zugesteckt bekam, Robert Funk lachte und die anderen genossen es, einmal ohne konkreten Auftrag anderen Leuten zusehen zu können.

Schielin suchte am Abend noch Albin Derdes mit einer Flasche Wein auf. Er hatte eine vom südfranzösischen Papst aus dem Keller geholt, weil die mit fünfzehn Prozent die meisten Umdrehungen bot. Heute war es eh schon egal. Als er nach Mitternacht hinüber zum Haus lief, leuchtete ein klarer, eindringlicher Sternenhimmel über ihm. Einige Satelliten zogen ihre Bahnen. Irgendwo da droben hätte man in dieser Nacht die *ISS* sehen sollen.

Es war kühl und dennoch blieb er geraume Zeit stehen und suchte nach den vertrauten Sternbildern – Kassiopeia über dem Pfänder, Großer Wagen irgendwo bei Hergensweiler, der Gürtel des Orion auf dem Weg von Arbon nach Konstanz. Er lauschte in die Naturstille. Nichts war zu hören, weder Naturgeräusch noch Zivilisation. Ein seltener Moment. Beinahe anrührend, mit sich allein auf der Welt zu sein, auch wenn dieser Zustand nur in Sekunden zu zählen war.

Geburtsurkunde

Der kommende Tag startete mit einer Diskussion zu Chris Andlin. Lydia widersprach Robert Funk und Wenzel energisch. »Nein, sie weiß nichts davon, glaubt mir. Sie weiß weder von ihrer Adoption noch von dem, was Sascha Grahl herausgefunden hatte. Sie ist vollkommen ahnungslos.«

Schielin war eingefallen, wie sie ihm erzählt hatte, alle Betroffenen in diesem Fall hätten Angst, und er sprach sie darauf an. Vielleicht bestand die Angst der Andlins angesichts Lydias Erscheinens darin, ihre Tochter erführe durch die Lindauer Ereignisse von der Adoption. Einer anderen Angst allerdings wollte er gerne intensiver auf den Zahn fühlen. »Grahls Mutter hatte Angst vor Chris Andlin … so hast du es mir geschildert. Kann es sein, dass sie erschrocken ist, als sie die junge Frau gesehen hat und, wie du, sofort Ute Lohder in ihr erkannte? Das wäre doch eine Erklärung für diese Reaktion und erst recht für das unverständlich brüske Verhalten.«

»Du meinst …«, sagte sie nachdenklich, ohne den Satz abzuschließen.

»Ich meine, wir sollten diese ganze Familie eindringlich mit dem scheußlichen Fall Ute Lohder konfrontieren. Ich wette: Die kannten sie – alle. Und deshalb wusste sie auch, wer Chris Andlin war. Zuvor brauchen wir noch ein paar grundlegende Informationen.«

Schielin telefonierte nach der Besprechung lange und ausführlich mit Walter Lurzer. Er erhoffte sich Aufklärung die Frage betreffend, wie Sascha Grahl über eine Geburtsurkunde mit dem Adoptionsvermerk verfügen konnte,

Chris Andlin aber offensichtlich nicht, weswegen sie nicht über ihre wahre Vergangenheit Bescheid wusste.

Walter Lurzer sagte knapp: »Prüfung der Eheverbote.«

»Was bitte?«

»Die haben ein Aufgebot bestellt und man hat beim Standesamt auf Vorliegen von Eheverboten geprüft, wie das üblich ist … Doppelehe, Blutsverwandtschaft und Adoption. Dabei ist diese originale Geburtsurkunde herangezogen worden. Es lagen natürlich keine Versagungen in dem Fall vor, aber als der Grahl die Urkunde für seine Hochzeitsschrift wollte, haben die beim Standesamt versehentlich die *Mutterurkunde*, im wahrsten Sinne des Wortes, rausgerückt. Es war ein Fehler … wenn du willst – Schlamperei.«

Nach dem Telefonat rollte er das Plakat mit den gotischen Buchstaben auf und pinnte es an die Wand. Es sah auf eigentümliche Weise vertraut und mystisch aus. Was ein paar alte Buchstaben doch für eine Wirkung entfalten konnten.

*

Gegen Mittag kam Jasmin Gangbacher zu ihnen ins Büro und bat sie, mit nach vorne zu kommen. Sie hatte wieder etwas in den Dateien auf Grahls Computer gefunden.

Sie setzte sich vor die Tastatur. Schielin und Lydia blieben hinter ihr stehen und schauten auf die Bildschirme.

»Den Dateityp konnte ich bislang nicht öffnen«, begann Jasmin, »das ist eine spezielle Datei aus Konstruktionsprogrammen … und hier …«, sie deutete auf den Bildschirm, »sehen wir Vermerke von Sascha Grahl. Das ist eine Reportfunktion, die man eigentlich nutzt, um Konstruktionsschritte zu dokumentieren. Er hat es verwendet, um seine Recherchen zu Ute Lohder zu erfassen. Schaut aus wie ein Flussdiagramm. Seltsam – findet ihr nicht auch? Das wäre in anderen gängigen Programmen auch gegangen. Es kommt mir so vor, als hätte er es bestmöglich verbergen wollen.«

Schielin und Lydia gingen die Einträge durch. Was er dokumentiert hatte, war ihnen bekannt, bis sie am Ende des Flussdiagramms auf ein Text-Kästchen stießen. »Das ist neu«, sagte Lydia, »von einem 3er BMW-Cabrio war in der Heusinger-Akte nichts vermerkt … nirgends.«

Schielin murmelte etwas. Die wenigen Zeilen im Textfenster sagten aus, der ehemalige Wirt Karl Tschumpeter hätte gesagt, man habe Ute Lohder zuletzt gesehen, als sie in ein schwarzes BMW-Cabrio eingestiegen sei, einen 3er BMW mit Lindauer Kennzeichen. Der Vermerk stammte vom November letzten Jahres.

»Meinst du, es hat Sinn, diesen Wirt nochmals zu befragen?«, wendete sich Schielin an Lydia. Sie war skeptisch. »Nein, er ist schon viel zu verwirrt. Aber Betty … ich werde mich nochmal mit Betty treffen.«

»Und ich fahr zu Longo. Dem ist nach deinem letzten Besuch sicher noch was eingefallen. Ich hoffe, ich erwische einen guten Tag.«

Es war ein seltsames Gefühl für Schielin, als er einige Zeit später im Gang des Hauses in der Rotmoosstraße stand und das Klingelschild las, auf dem mit zittriger Hand und schlechter Kugelschreibermine geschrieben stand: *Norbert Dietrich*.

Der Türöffner surrte und er trat ein. Einer der alten Zollblocks aus den sechziger Jahren. Longo lachte, als er Schielin sah. Sie gingen ins Wohnzimmer. Stehende Luft aus Tabakaromen, Asche und Rauch. Schielin sah die zittrigen Hände, die dennoch eine Zigarette zustande brachten. Ohne Umschweife kam er zur Sache und repetierte den Sachstand. »Die Sache stinkt doch«, meinte er, als er fertig war.

Longo nahm umständlich den ersten Zug, sah zur Decke, grinste zynisch und blickte nervös dem Rauch nach, der sich über ihnen verteilte. Durch die halb zugezogenen Vorhänge stach ein schmaler Lichtstrahl und setzte die Miniausgaben der Pyroklaster dramatisch in Szene. Longo musste husten, bevor er reden konnte. »Natürlich stinkt die Sache … wie so viele andere eben auch.«

»Sind dir vielleicht noch ein paar Details eingefallen?«, fragte Schielin.

Longo schüttelte den Kopf und saugte erneut an der Zigarette. Es knisterte laut, als der Tabak in der Glut verbrannte.

»Hast du im Zusammenhang mit dem Fall mal etwas von einem schwarzen 3er BMW gehört, einem Cabrio? Angeblich hat man Ute Lohder zuletzt gesehen, als sie in ein solches Auto gestiegen sein soll … Lindauer Kennzeichen.«

Longos Gesichtsausdruck nahm eine zweiflerische Miene an. »Nein. Da habe ich null Erinnerung dazu. Weißt du, ich war ja nur Begleitung für den Heusinger. Das war eine schwierige Persönlichkeit und er hat kaum was geredet … hat alles alleine mit sich selbst ausgemacht. Was man so hört, scheint heute das glatte Gegenteil der Fall zu sein … alles wird zerquatscht … naja. Was mir aber, nachdem Lydia da war, doch wieder eingefallen ist, war die Wut. Die Wut, die er hatte, als die Kemptener den Fall übernommen haben … ihm das Ding de facto unter dem Arsch weggezogen haben. Daran kann ich mich gut erinnern. Er hat da noch ein paar Ansätze gemacht, aber der Kiegele …«, seine Augen leuchteten und die Stimme hob sich, »Kiegele, du erinnerst dich?! Was ein arroganter Sack. Naja. Auf jeden Fall hat sich der Heusinger aufgerafft und ist nach Kempten gefahren, um seine Herrschaftlichkeit Kiegele aufzusuchen. Ich meine, so verschlossen der Heusi auch war, aber anlegen hat man sich mit ihm nicht unbedingt müssen. Ich weiß noch, wie er zurückgekommen ist. Wir waren gerade draußen in Sauters beim Schießen … schöne Sache damals, gell? Ich hab mich kurz mit ihm unterhalten. Viel hat er nicht rauslassen, aber er war aufgebracht und hat gemeint, das sei eine verreckte Familienangelegenheit. Genau so hat er das gesagt – eine verreckte Familienangelegenheit.«

Eine verreckte Familienangelegenheit, dachte Schielin. Die hatten sie gerade auch. Er fragte: »Wie kann er das gemeint haben?«

»So wie ich das verstanden habe, war damit der Kiegele gemeint.«

Schielin sah ihn verständnislos an. »Ich verstehe nicht.«

Longo nahm einen letzten tiefen Zug, drückte die Kippe im überquellenden Aschenbecher in den tiefen Staub, griff zum Tabaksbeutel, holte ein Papierchen aus dem *OCB*-Karton und wackelte ein wenig mit dem Kopf, so, als sei er nicht sicher, wie er was ausdrücken sollte. »Naja … eine verreckte Familiengeschichte vom Kiegele halt.«

Schielin konnte damit nichts anfangen. »Der Kiegele!? Familiengeschichte mit der Ute Lohder? Das taucht in den Unterlagen nirgends auf.«

Longo lachte und musste husten. »Ja eben … ich weiß ja auch nicht mehr, aber … das hat mir der Heusi gesagt … eine verreckte Familiengeschichte. Ist ja auch euer Job, da mal nachzuschauen. Irgendwas muss der Herr Leiter der Kriminalpolizei Kempten mit dieser Ute Lohder zu schaffen gehabt haben … mehr kann ich dir dazu auch nicht sagen.«

*

Betty hatte einen freien Tag. Den Vormittag verbrachte sie mit ihrer Enkelin, die krank mit Magenweh zuhause lag.

Am Nachmittag wollte sie einige Sachen auf der Insel erledigen. Im *Hotel Reutemann* sollte sie ein paar Kissenbezüge abgeben, die sie zuhause genäht hatte. Lydia vereinbarte mit ihr ein Treffen am Mangturm. Das Wetter sollte halten. Gewitter waren erst für den Abend angekündigt.

Betty war aufgeregt. Sie fummelte ständig an ihrem Kleid herum, rieb sich an der Nase, fuhr mit den Händen über die Unterarme, als fröre sie und konnte keinen länger anhaltenden Blickkontakt aushalten. »Ich bin wahnsinnig aufgeregt«, sagte sie schon zur Begrüßung, »ich habe schlaflose Nächte. Seit unserem letzten Treffen träume ich die verrücktesten Sachen, immer wieder muss ich an Ute denken, und die Kleine … es ist schrecklich. Gestern Abend war ich bei Tschumpi, aber der hatte einen Tag, an dem er nun überhaupt nicht zu gebrauchen war, und er hat nur wirres Zeug geredet. Ich habe ihm ein warmes Bier gemacht, wie er es immer gemocht hatte, und bin gegangen.«

Lydia schüttelte sich. »Boah! Ein warmes Bier.«

Betty blieb ernst. »Wenn Sie wüssten, was es so für Vorlieben gibt … da ist ein warmes Bier noch echt akzeptabel.«

Lydia lachte. »Sie unterschätzen die Einblicke, die mein Beruf so mit sich bringt.«

»Ah … «, Betty schloß die Augen und ließ den Kopf theatralisch hängen.

Lydia fragte: »Im Zusammenhang mit dem Verschwinden von Ute Lohder sind wir auf ein schwarzes BMW-Cabrio gestoßen. Ist Ihnen dazu etwas bekannt? Angeblich hat Tschumpi das Sascha Grahl gesagt.«

Betty sah sie mit großen Augen an. »Tschumpi!? Ja schon, aber das hat er doch von mir!«

»Von Ihnen!? Erzählen Sie!«

Von der Frage überrascht, suchte Betty erneut die Nervosität heim. Nur langsam und anfänglich in Fragmenten fand sie zu einer zusammenhängenden Erzählung. »Es ist so lange her und man hört ja so viel über Zeugen, die was gesehen oder gehört haben wollen und es stimmt gar nicht, weil ihre Erinnerung nur Phantasie ist. Aber glauben Sie mir, ich erinnere mich an das letzte Mal, wo wir uns gesehen haben, sehr genau.«

Es entstand eine Pause und Lydia dachte: *Oh, jetzt bitte nicht Weinen!*

Betty fing sich. »Wir hatten zusammen Mittagsschicht und der Tschumpi hatte Ute gefragt gehabt, ob sie am Abend mit ihm weggehen wollte … irgendwas in Bregenz drüben. Aber sie hat flapsig gesagt, sie hätte schon was vor …«, ich hab mich noch geärgert und gedacht, mein Gott, hättest wenigstens *leider* sagen können. Aber so war sie halt. Der Tschumpi war danach wieder mal richtig melancholisch und als wir Schichtende hatten, haben wir uns drüben beim Eingang zum Hafenmeister verabschiedet und sie war so … so ausgelassen und ihre Augen blitzten. Ich hatte sie noch gefragt, was denn los sei, aber sie hat so zickig rumgetan und gemeint, sie hätte heut noch was Besonderes vor, und so gelacht. Sie wissen schon … also, dass da halt noch was läuft am Abend. Und dann ist sie los. Und ich hab ihr noch gesagt, es sei die falsche Richtung, weil sie hat ja da gewohnt, wo heute der *REWE* ist, dahinter, und ist aber in Richtung Theater gelaufen. Sie hat sich nochmal umgedreht und mir zugewunken, da war sie schon fast vorne an der Fischergasse.«

Da sie nicht mehr weitersprach, sagte Lydia: »Das war das letzte Mal …«

Betty unterbrach sie. »Nein! Nein … ja eben nicht. Ich hab damals in der Grub gewohnt, an der Ecke zum Alten Schulplatz. Ich bin heim, habe geduscht und bin noch schnell ins *Heka* zum Einkaufen, da war eine Bäckerei, gleich unten, wenn man von der Inselhalle her über die Straße unten rein ist.«

»Ja, ich erinnere mich. Ist ewig her.«

»Die Verkäuferin war meine Cousine, schwarze lockige Haare …?«

»Nein, an sie erinnere ich mich nicht.«

»Egal. Als ich raus bin zur Zwanzigerstraße, da sehe ich, wie ein Stück weiter vorne, an der Ausfahrt zum Inselparkplatz, den gibt's heute ja auch nicht mehr, ein schwarzes BMW-Cabrio steht, ein 3er … mein Bruder hatte so einen … in schwarz und mit breiten Reifen und so. Und Ute ist drüben an der Inselhalle vorbei, ganz schnell, enges blaues Kleid an, Haare superblond geleuchtet … es hat mir selbst gefallen … herrje, war das eine Hübsche. Sie ist zu dem BMW, hat die Beifahrertür aufgemacht und ist eingestiegen.«

»Eingestiegen«, wiederholte Lydia.

»Ja. Und ich erinnere mich deswegen so genau, weil ich mich noch geärgert habe über den Typ und gedacht habe, was das wohl für ein Lackaffe sein muss, wenn so eine tolle Frau ankommt und der bleibt einfach hocken und macht ihr nicht die Tür auf und lässt sie einsteigen, so … so wie sie das verdient gehabt hätte.«

Jetzt flossen Tränen, doch Lydia hatte alles erfahren, was sie wissen wollte. Was Betty berichtet hatte, klang allemal authentisch, nachvollziehbar und sie begründete auch noch ihre Erinnerung. Eine fabelhafte Zeugin. Es dauerte nicht lange, bis sie wieder ansprechbar war.

»Und das Kind? Wo war die Kleine … wissen Sie das?«

Betty nickte heftig. »Ja, die war bei den zwei Gruhsche-Schwestern … zwei ganz liebe Nachbarinnen, die zusammen auch in dem Haus eine Wohnung hatten und die Kleine gern und oft genommen haben. Sozusagen wie eine Doppel-Oma für die Kleine … Teil der Familie. Die sind gut miteinander zurechtgekommen. Mit der Familie hat es ja Probleme gegeben, wegen dem Kind, und Ute, naja, die war schon auch sehr … lebhaft. Eine von den beiden Schwestern hat draußen bei *Bahlsen* gearbeitet … Bregenzer Straße … oh, wie das immer geduftet hat, wenn die da gebacken haben … auch schon lange weg. Wieso das zuletzt so war, dass die Kleine da alleine in der Wohnung war … keine Ahnung. Und dann muss damals irgendwas furchtbar schiefgelaufen sein, dass sie dann nicht mehr zurückkommen konnte, die Ute … Die beiden haben zuletzt im Zech draußen gewohnt und sind in den letzten Jahren gestorben. Ich habe das in der Bürgerzeitung gelesen.«

»Mhm … Lindauer Kennzeichen, sagten Sie … der BMW?«

»Ja. Ich bin ja in die Richtung gelaufen und habe das gesehen, das *LI*. Aber mehr nicht. Er ist dann auch losgefahren … mit Getöse.«

»Sind Sie sich dessen sicher, ich meine … es war ein Fahrer?«

»Ja, die langen schwarzen Haare habe ich schon gesehen, und das gelbe Poloshirt … aber mehr eben nicht.«

»Wieso haben Sie das nie der Polizei erzählt?«

Fehler – bekam Lydia sofort zu spüren.

Betty hob es ein Stück aus dem Stuhl. »Hab ich doch! Hab ich doch gemacht! Ich bin sogar extra dafür nach Kempten gefahren, wo sie mich regelrecht davongejagt haben, anders kann man es doch nicht sagen.«

Einige andere Gäste sahen herüber zu ihnen. Die kleine Heuleinlage zuvor war an den umliegenden Tischen nicht unbemerkt geblieben.

Lydia hob entschuldigend die Hände. Was sollte sie dazu auch sagen. »Tut mir leid. Ich sage es, wie es ist. Wir haben keine vernünftigen Akten mehr … die sind alt und unvollständig.«

»Der Tschumpi, den habe ich an Weihnachten besucht, und da hat er mir erzählt, er hätte die Ute gesehen … ganz aufgeregt war er da. Und ein Mann sei bei ihm gewesen und hätte nach ihr gefragt. Ich habe mir das damals angehört und es unter seiner Vergesslichkeit verbucht. Es ist aber etwas dran, oder? Ihre Fragen und so?«

»Ich kann Ihnen noch keine Details nennen, aber glauben Sie mir … es ist etwas drangewesen, an dem, was er Ihnen da erzählt hat.«

Über dem Hafenbecken flogen Möwen und kreischten. Es hatte den Anschein, als jagten sie einander. Aus den Lautsprechern drüben auf Platz 2 kam eine Durchsage, die hier nicht mehr zu verstehen war. Lydia sah hinaus zum Leuchtturm und zum Löwen. Garanten der Ewigkeit. Sie fühlte sich müde und ausgelutscht.

Sie sagte mehr zu sich selbst als zu Betty: »Ein schwarzes 3er BMW-Cabrio mit Lindauer Kennzeichen also.«

Betty, die sich ebenfalls dem Leuchtturm zugewandt hatte, blickte nur kurz zu ihr. »Ja.«

Dann sah sie wieder hinüber, in die Ewigkeit.

*

Lydia Naber traf auf Schielin, der gerade dabei war zu gehen. »Willst du schon heim?«

»Nein. Ermittlungen in Kempten. Ich habe mit Longo geredet.«

»Und ich mit Betty und mit Sarah und Manfred Bendlin. Die waren gerade zuhause.« Sie erklärte ihm in der Folge, wie sehr sie Bettys Aussage zu diesem BMW-Cabrio verrückt gemacht hatte, dass sie es nicht hatte unterlassen können, direkt mit jemandem aus der Familie zu reden. Getarnt sozusagen.

»Du hast nichts von Ute Lohder erwähnt, oder?«, fragte Schielin besorgt.

»Ah, i wo … wo denkst Du hin … natürlich nicht. Ich habe von einem alten Fall rumgeschwafelt, den wir in dem Zusammenhang betrachten … und so … und es gibt Neuigkeiten.«

»Ach … lass hören …«, meinte Schielin und griff nach der Kunstledermappe mit den Fahrzeugpapieren.

Sie bedeutete ihm, sich zu setzen, was er nur widerwillig tat. »Weißt du, wer vor siebenundzwanzig Jahren ein aufgemotztes, schwarzes 3er-Cabrio der Marke BMW mit Lindauer Kennzeichen gefahren hat?«

Schielin hob beide Hände. »Keine Ahnung – es waren einige, schätze ich.«

»Helmut Grahl.«

Schielin sah sie entgeistert an. »Nein! … Nein!«

»Doch. Seine Schwester hat es mir erzählt. Ich bin da einfach so vorbei, habe geklingelt und ein paar unverfängliche Fragen gestellt. Sie hat mir erzählt, wie sehr sie es genossen hat, ihre blonde Mähne im Fahrtwind wehen zu lassen, wenn sie über die Seebrücke gefahren sind … kann ich mir gut vorstellen. Es wird so langsam ein wenig eng um den Hals von Herrn Grahl, finde ich.« Sie sah zur Wand. »Super. Du hast das gotische Alphabet schon aufgehängt. Was machen wir nun aber?«

Schielin legte die Fahrzeugpapiere zur Seite. »Ich frage mich gerade, was er sagen würde, bei einer direkten Konfrontation.«

»Ich frage mich, was er sagen wird, wenn wir ihm sagen, wir hätten eine Zeugin, die heute noch bezeugen kann, sie hätte gesehen, wie Ute Lohder bei ihm in den BMW eingestiegen ist.«

»Haben wir die wirklich?«

Sie erzählte von ihrem Gespräch mit Betty.

Er schnaufte. »Wackelige Angelegenheit.«

»Vorschlag. Geh mit deinem Esel spazieren und denke darüber nach.«

Schielin war von der neuen Sachlage einigermaßen überrascht. Er hatte bereits Telefonate geführt und ein paar Kollegen erreicht, die während ihrer aktiven Zeit mit Kiegele zu schaffen hatten und bereit waren, mit ihm über alte Zeiten und ihre Abgründe zu reden. Am Telefon, das merkte er, war diese Generation nicht annähernd bereit, in ernstzunehmende Fragestellungen einzutauchen.

Doch Lydias Information hatte Vorrang. Helmut Grahl also. Wer hätte das gedacht.

*

Er nahm Lydias Rat gerne an und holte, kaum zuhause angekommen und umgezogen, Ronsard von der Weide. Die Wolken klebten an einer blauen Himmelsfläche, müdes Vogelgezwitscher und angenehme Temperaturen. Ronsard tappte von alleine zum Stadel, wo Schielin nach der Führungsleine suchte. Streitelsfingen, das sich von einem verträumten Weiler zu einem noblen Adlerhorst mit See- und Bergblick verändert hatte, ließen sie hinter sich. Auf der Streuobstwiese war alles beim Alten. Er ließ die Führungsleine sein und Ronsard frei laufen. Die störrischen Zeiten waren vorbei, und wenn er ab und an mal eine Fresspause einlegte, wartete Schielin eben. So näherte man sich einander an. Die Zeiten eben.

Schielin hielt inne, um den Ausblick zu verinnerlichen: lebenssatte Schichtungen unterschiedlicher Grüntöne, von der Wiese im Vordergrund über die alten Obstbäume zum

Waldrand hin, wo das Grün zum Tobeleingang hin schnell in Schwärze versackte. Die Natur war bisweilen in der Lage, eine geradezu schockierende Unerschütterlichkeit zum Ausdruck zu bringen.

Auf dem Weg hinunter in den Tobel verklangen die Geräusche der oberen Welt, das Licht wurde weniger und der Wasserlauf dominierte mit seinem Gurgeln. Ronsard stoppte, schüttelte den Kopf, wackelte ärgerlich mit den Ohren und schnaubte ungehalten – ein Schwarm Fliegen.

Schielin machte, dass er weiterkam. »Auf! Komm! Weiter!«

Der schmale Weg leitete sie. Schielin begann zu reden. »Es muss sie alle wie ein Schlag getroffen haben, sage ich dir – als da unvermittelt aus ihrer vergangen gewünschten Vergangenheit Ute Lohder erschien. Das arme Ding, wirklich. Ich habe sie noch nicht kennengelernt, aber es muss fürchterlich für sie gewesen sein, weil sie keine Erklärung haben konnte für diese schroffe Ablehnung, diese Distanz. Man könnte beinahe von offener Feindschaft sprechen. Doch, was meinst Du? Wer von ihnen wohl die größte Angst fühlte? Ich tippe mal auf Helmut Grahl. Und die größte Wut? Marion, seine Frau natürlich. Vulgär – so hat sie Chris Andlin bezeichnet. Sie hat ihre Mutter in ihr gesehen. Abgesehen davon ist das schon 'ne heiße Sache, in Lindau vor der Inselhalle mit einer so auffälligen Blondine im Cabrio vorzufahren und dann über die Seebrücke. Ein Zeitungsinserat wäre weniger erfolgreich. Helmut Grahl also … seine Frau, mein Lieber, die sollten wir allerdings nicht aus den Augen verlieren.«

Ronsard stoppte und scharrte mit dem rechten Vorderhuf im Kies, schnüffelte an dem aufgewühlten Erdreich, schnaubte und sah Schielin an. Der kraulte ihn und sprach leise weiter. »Unvorstellbar … es ist einfach unvorstellbar, aber nicht von der Hand zu weisen. Wir müssen davon ausgehen, Helmut Grahl steht mit dem Verschwinden von Ute Lohder in Verbindung. Und dann – fast dreißig Jahre später – wird er mit deren Ebenbild konfrontiert, als zukünftiger Schwiegertochter. So weit, so schlecht – doch das Schicksal ist besonders grausam und lässt seinen Sohn Nachforschungen anstellen, ernsthafte Nachforschungen, Ermittlungen. Angst – Lydia hat das wirklich getroffen – Angst, sie haben alle furchtbar Angst. Mit Chris Andlin hat sie die Vergangenheit eingeholt und: *Angst ist ein schlechter Ratgeber.*«

Ronsard trabte an, tändelte am Bachlauf entlang, nahm hier und da einen ausgesucht leckeren Happen, während Schielin einige Meter zurückblieb. Sein Nachsinnen kreiste um das Haus und die zwei Familien. Weswegen sie sich nur in diese familiäre Enge begeben hatten? Wand an Wand! Kein Freiraum, keine Privatsphäre – jeder beobachtet jeden. Und kein Umdenken – nicht als die Tochter aussteigt, nicht als Kira beginnt sich der Fesseln zu entledigen, und jetzt? War es zu spät. »Ein Privatdetektiv! Stell dir das vor!? Die Mutter lässt ihre Tochter von einem Privatdetektiv überwachen, weil, ja weil …? Ging es ihr wirklich um Firmenangelegenheiten oder hat sie eher der Schwiegersohn in Lauerstellung verunsichert? Einerlei – dieses Haus ist im Grunde ein Gefängnis.«

Der Ausgang des Tobels rückte näher und der Anstieg brachte sie in warmes Abendlicht. Diesmal war es Schielin, der stoppte: »Dennoch – wir haben etwas übersehen, Ronsard! Wir haben etwas übersehen.«

Ratlosigkeit

Ratlosigkeit. Es war Ratlosigkeit, die sich am folgenden Morgen nach anfänglich hitziger Diskussion im Raum ausbreitete. Lydia hatte den Bezug eingehend dargestellt, der Helmut Grahl belastete. So viele schwarze 3er BMW-Cabrios mit Lindauer Kennzeichen gab es nun auch nicht und schon gar nicht Besitzer, die in einer derartigen Verbindung zu dem aktuellen Fall standen. Der Sohn ermordet, die Schwiegertochter ein Geist aus der Vergangenheit, eine Vermisste, die bis heute vermisst blieb – nur eines passte nicht in diese Konstruktion: Kiegele und die verdammte Familienangelegenheit.

Schielin ging auf die Spurenlage ein, die keine war. »Natürlich wird man DNS-Spuren von Helmut Grahl bei seinem Sohn feststellen, doch haben die keinerlei Kontext zur Tathandlung, zum Tatgeschehen. Jeder Anwalt schlägt uns das um die Ohren. Und die Fremd-DNS der Blutspur am Riegelschloß – stammt auch nicht von ihm.«

»Und er hat ein Alibi«, ergänzte Robert Funk.

Schielin wiegte den Kopf und sah skeptisch drein. »Weiß nicht so recht. Da setzen wir an. Ihr schnappt euch diese Christella und fühlt ihr so richtig auf den Zahn. Es macht keinen Sinn, Grahl hierherzubringen, solange wir nicht einen wirklich konkreten Beweis haben.«

»Die Leiche wäre halt 'ne feine Sache«, meinte Wenzel.

Als er die verwunderten Blicke sah, wurde er deutlicher. »Na die Leiche von dieser Ute Lohder, meine ich … glaubt doch wohl keiner, dass die abgehauen ist, oder?«

Natürlich glaubte das niemand in der Runde.

Kimmel kannte Schielin lange genug, um zu wissen, wie

groß seine Skepsis war. »Irgendetwas treibt Dich um«, stellte er fest.

»Ja. Ich will die Unterlagen, vor allem die Spurenberichte nochmals durchgehen. Ich habe das Gefühl, wir haben da etwas übersehen. Und diese Sache mit der *verreckten Familiengeschichte*, von der Longo berichtet hat. Das müssen wir noch hinterfragen.«

Wenzel meldete sich. »Ich kann mich einfach nicht mit der Vorstellung arrangieren, Helmut Grahl hätte seinen Sohn umgebracht. Ich kriege das nicht zusammen.«

Kein Kommentar, kein Widerspruch, keine Diskussion.

Wenzel und Saskia Pröll fuhren auf die Insel und holten *Christella* Krumbichler zur Vernehmung. Robert Funk sollte dann mit dabei sein.

Schielin und Lydia nahmen erneut die Spuren- und Tatortberichte unter die Lupe und gingen sie Satz für Satz durch. Die Anstrengung dabei ergab sich aus der Widerstandsleistung, ins fließende Lesen zu geraten. Jede Aussage und Feststellung war zu bedenken, ihr Kontext auf Kausalität und Sinnhaftigkeit zu überprüfen.

Die Mappen mit den Fotografien vom Dachboden waren auch nicht erträglicher geworden, nur weil man sie schon öfter vor Augen gehabt hatte.

Wenzel kam kurz herein, schüttelte resigniert den Kopf und ging wieder.

Christella war von ihrer Alibibezeugung also noch nicht abgerückt.

Lydia jammerte ein wenig herum.

Schielin nahm die Fotomappe mit den Beweisstücken zur Hand. Am Stuhl, der oben auf dem Dachboden gestanden hatte, waren keinerlei Fingerspuren gesichert worden. Er blätterte weiter. Detail um Detail. Es kamen die Fotos der jeweiligen Werkzeuge, die an der Wand im Dachboden standen – Fäustel, Pickel und Brechstange.

Robert Funk kam herein. »Also Leute, das wird nichts. Sie bleibt felsenfest bei ihrer Aussage, dass er die ganze Nacht über bei ihr gewesen ist und nicht ein einziges Mal die Wohnung verlassen hätte. Wie sie sagt, wollte er ausziehen und sie hätten beratschlagt, wie und wo es für sie weitergehen sollte.«

Lydia lehnte sich zurück und blies die Backen auf. »Mist.«

Robert Funk deutete eine entschuldigende Geste an. »Tut mir leid, aber was sie sagt und wie sie es sagt – das ist nicht konstruiert, sondern glaubwürdig … viele Details, die schlüssig sind. Das schaut schlecht aus.«

Schielin stand auf. »Dann ist es so. Bringt es halbwegs anständig zu Ende und lasst sie gehen.«

Er blieb stehen, starrte die Wand an, lief auf, lief ab, murmelte etwas, setzte sich vor den Bildschirm, sah etwas an, nur um wieder aufzustehen und erneut auf die leere Wand zu blicken.

Lydia war dieses Verhalten bekannt und sie tat so, als gäbe es sie nicht. Nur nicht stören.

Er setzte sich abermals vor den Bildschirm und sie hörte die Mausclicks. Es war ganz still im Raum.

Abrupt stand er auf und sah sie an. »Diese Werkzeuge, die da droben im Dachboden …«

»Ja?«

»Ich hab's jetzt auf die Schnelle nicht gefunden, aber die hat man doch auf Spuren untersucht. Was war da das Ergebnis?«

Er stützte sich mit den Fingerspitzen auf der Arbeitsplatte ab und sah sie nicht an, vielmehr durch sie hindurch.

Jetzt traute sie sich, zu fragen. »Was ist damit?«

»Nicht – was ist damit – vielmehr: wozu?«

Sie rief den Bericht auf und las nach. »Pickel, Fäustel, Kuhfuß und Stemmeisen. Alle vollständige Fingerspuren von Grahl, einschließlich DNS.«

»Wozu?«, fragte Schielin wieder. »Die Fingerspuren sind von Sascha Grahl. Wozu hat der das Werkzeug da hochgebracht?«

»Bendlin hat doch gesagt, der Dachboden wäre verspannt und würde heftig knacken.«

»Ja schon. Aber niemand hat doch gesagt, der hätte da etwas richten wollen. Wozu also hat Sascha Grahl diese Werkzeuge nach oben geschafft? Es muss gewesen sein, bevor er ermordet wurde, denn einen durchtrainierten Kerl wie ihn hätte niemand töten können, wenn der noch solche schweren Werkzeuge rumschleppt. Nein – die K.-o.-Tropfen hätten das auch nicht möglich gemacht.« Schielin richtete sich auf und sprach etwas lauter: »Nein! Er hat diese Werkzeuge zuvor schon hochgebracht …«

Lydia fühlte ein unangenehmes Kribbeln in ihren Schultern.

Schielin sprach weiter, lauter nun und mit aufgeregter Stimme: »Wozu diese Werkzeuge? Natürlich, um etwas aufzubrechen, aus welchem Grund sonst Pickel, Kuhfuß, Stemmeisen, Fäustel. Und die Tür zur Wohnung seines Onkels kann nicht das Ziel gewesen sein …« Die letzten Worte hatte er fast geschrien.

Danach war es still im Raum. Lydia fühlte einen trockenen Mund. »Wir denken jetzt aber nicht beide das Gleiche, oder?«

»Und ob! Und wie wir beide das Gleiche denken – Sascha Grahl wollte den Dachboden aufstemmen … den Dachboden! Und warum!? Weil er da die Leiche von Ute Lohder vermutete – deswegen waren die Werkzeuge da droben, und deswegen hat ihn die Person, die das mitbekam und von einer Leiche wusste, auch getötet. An Ort und Stelle.«

Lydia war bleich geworden. Ihre Beine zitterten, was noch nie vorher geschehen war.

»Wir machen den Dachboden auf!«, sagte Schielin und stürmte hinaus auf den Gang.

Eigentlich war die Dienststelle auf Wochenende eingestellt. Doch in wenigen Sekunden hatte Schielins Vermutung fieberhaftes Treiben ausgelöst. Alle hockten nervös im Besprechungsraum und hörten ihm zu: »An dem betreffenden Wochenende wäre das Haus leer gewesen – die Eltern weg, die Bendlins weg, der Feriengast ebenso. Perfekt, um den halbtoten, betrunkenen armen Kerl zu erledigen.«

Sie beratschlagten, wie man am klügsten vorgehen sollte. Am besten wäre es gewesen, wenn von den Bewohnern niemand mitbekommen würde, was sie im Dachboden vorhatten.

»Die Staatsanwaltschaft macht da mit, da habe ich keine Bedenken«, meinte Kimmel.

Robert Funk war skeptisch. »Das ist eine riesige Fläche, isoliert, Spanplatten und darunter die alten Bohlen … das geht nicht mal so eben. Man müsste halt wissen, wo man öffnen muss.«

Auch Hundle war von der Aufregung angesteckt und fand nirgends einen Platz, wo er sich hinlegen konnte. Er drückte sich an Gommis Oberschenkel, der ihn streichelte und ganz beiläufig sagte: »Gell, Hundle, da machen wir halt einen Leichenhund aus dir.«

Sie kamen überein, sowohl die Bendlins als auch die Grahls für den Nachmittag zu einer Befragung einzubestellen, um freie Hand zu haben. Gommi telefonierte herum: Aus Augsburg würde ein Leichenspürhund kommen, dazu eine Gruppe der Bereitschaftspolizei für die groben Arbeiten und zwei Spurenexperten des LKA.

Um der Befragung eine gemeinsame Strategie zu geben, wurde vereinbart, alle Beteiligten mit dem Namen Ute Lohder zu konfrontieren.

Gegen Mittag stand der Plan.

Grahl und Bendlin waren in der Firma und würden dort von Wenzel und Saskia blockiert werden, falls sie nicht mit zur Dienststelle kommen würden. Eine Streife der Fahndung war in der Hinterhand, um zur Not unterstützen zu können.

Sarah Bendlin machte keine Umstände. Jasmin Gangbacher legte nach dem Telefonat mit ihr irritiert auf und meinte, an Gommi gewandt: »Die fand das richtig cool, zur Vernehmung einbestellt worden zu sein … die Alte scheint ziemlich schräg drauf zu sein.«

Hundle, der im Zwischenbereich unter den Schreibtischen lag, hatte kurz den Kopf gehoben, ihn aber auch gleich wieder zwischen die Kabel positioniert. Manchmal schnarchte er oder fiepte laut und zuckte mit den Beinen. Tagträume.

Marion Grahl blieb einsilbig, als Lydia sie endlich auf dem Handy erreichte. Sie meinte, mit ihrem Mann Rücksprache nehmen zu wollen, sagte aber grundsätzlich ihr Erscheinen zu.

Gegen halb zwei gab Kimmel die Information an Schielin weiter, alle Personen wären unter Kontrolle.

Die Zeit lief. Sie nahmen den Zugang über den hinteren Eingang, der an Sascha Grahls Wohnung vorbeiführte, zum engen Treppensteig bis zum alten Holzverschlag. Schielin und Lydia traten in den Dachboden, beiden schlug das Herz. Der Führer des Leichenspürhunds nahm seine Arbeit auf. Ein schwarzer Riesenschnauzer huschte flink über den Dachboden. Schielin und Lydia folgten aufmerksam jeder seiner Bewegungen. An der langen Leine ging er von links nach rechts und als die gesamte Länge des Dachbodens abgearbeitet war, ohne jede Reaktion des Hundes, stellte sich eine tiefe Enttäuschung bei Schielin und Lydia ein.

Der Hundeführer schüttelte nüchtern den Kopf und sagte: »Nichts bisher. Er braucht jetzt eine Pause, dann machen wir noch die Ecken unter der Dachschräge.«

Lydia hob müde die Hand. »Okay.«

Unten im Hausgang warteten die anderen, die vom LKA, die Bereitschaftspolizei. Es tat ihr jetzt schon weh, ihnen sagen zu müssen, den Freitag umsonst in Lindau verbracht zu haben.

Wenzel und Robert Funk hatten Helmut Grahl und Manfred Bendlin im Vernehmungsraum. Die beiden bestanden darauf, zusammen zu bleiben.

Sarah Bendlin saß bei Gommi und Jasmin Gangbacher im Büro, Kimmel und Saskia Pröll hatten Marion Grahl in Robert Funks Salon dirigiert.

Wenzel verkünstelte sich nicht und zeigte seine ganze Abscheu vor den beiden Schwagern. Robert Funk hatte ebenfalls keine Anwandlungen, bei ihnen als nett, freundlich oder umgänglich in Erinnerung zu bleiben.

»Ute Lohder!«, bellte Wenzel in den Raum. »Junge, attraktive Blondine, Mutter eines kleinen Mädchens, vor über zwanzig Jahren verschwunden und seither vermisst! Sascha Grahl, Sohn, Neffe, wird plötzlich etwas eigenartig, schleppt die inzwischen erwachsene Tochter der Vermissten bei Ihnen an und hängt bald darauf, zu Tode gewürgt, am Kranhaken in Ihrem Dachboden. Irgendeine Ansage dazu, die Herrschaften?«

»Läuft das hier immer so?«, meinte Manfred Bendlin und sah betreten in die Runde.

»Nur, wenn wir mit solchen Umständen zu tun haben«, knurrte Robert Funk.

Helmut Grahl musste zweimal heftig schlucken. Er war blass.

Wenzel wurde laut. »Na, jetzt reden Sie schon. Was war das für ein Gefühl, als da plötzlich das junge Ding reinmarschiert ist, mitten in die Familienfestung, und sieht aus, als sei sie frisch aus dem Grab gehüpft … wie vor über zwanzig Jahren. War das ein Kick … war das geil … war das aufregend … erregend! Raus schon mit der Sprache und nur keine falsche Scham … die ist angesichts der Umstände auch nicht annähernd angebracht!«

Seine Aggressivität verfing. Die Verunsicherung war beiden anzusehen. Wieder war es Manfred Bendlin, der sich an Stilfragen versuchte und die Schärfe des Tons hinterfragen wollte.

Wenzel wunderte sich insgeheim, weswegen noch keiner von beiden nach einem Anwalt schrie, weswegen keine dieser robusten Unternehmerfiguren den Fehdehandschuh annahm, den er hinwarf. Angst – sie hatten Angst; davon war er überzeugt. Verunsicherung aus Angst.

Wenzel und Robert Funk drehten, wendeten, umkreisten und bebilderten die Causa Ute Lohder – unablässig. Grahl war überhaupt nicht in der Lage etwas zu äußern und Bendlin befand sich eher in der Rolle eines Bittstellers. Beides keine Positionen, die von innerer Überzeugung kündeten. Wenzel fixierte Grahl immer wieder mit bösem Blick. Ihn hatte er als schwächste Position ausgemacht. Insgeheim hoffte er inständig, die Tür würde aufgehen und es käme endlich eine Nachricht von der Insel.

Bei Kimmel und Saskia Pröll waren die Rollen etwas anders verteilt. Marion Grahl gab die Hyäne, sie beschimpfte beide, zieh sie der Unmenschlichkeit, eine Mutter, die gerade ihren Sohn auf so brutale und schreckliche Weise verloren hatte, in eine solche Situation zu zwingen, als sei sie verantwortlich oder gar selbst verdächtig. Sie schimpfte, keifte, drohte – aber auch sie verlangte nicht nach anwaltlicher Unterstützung.

Kimmel hielt sich zurück und beobachtete Saskia Pröll, die räumlich näher an der zänkischen Xanthippe war. Sie schien unbeeindruckt, neutral, Körperhaltung locker. Unermüdlich führte sie ihre Fragen auf Chris Andlin und Ute Lohder zu – in ihrer distanzierten Sachlichkeit entwickelte sich daraus eine regelrechte Brutalität. Er war beeindruckt und merkte nur hier und da etwas an. Fühlte die innere Unruhe, wie sie sich von Minute zu Minute steigerte – immer noch kein Anruf von der Insel. Es sah nicht gut aus.

Sarah Bendlin saß auf dem alten Holzstuhl, die Beine übereinandergeschlagen. Hundle hatte sich sehr zum Leidwesen von Gommi und Jasmin Gangbacher an sie herangewanzt, sich von ihr streicheln lassen, den Eindruck vermittelt, niemand kümmere sich sonst um ihn, und sich schließlich zu ihren Füßen niedergelassen.

Verrat!

Sarah Bendlin war entspannt und nach einer Weile äußerte sie unverblümt, sie hätte sich das alles ganz anders vorgestellt, viel bedrängender und nicht so gemütlich und freundlich, sozusagen mit Tiertherapie.

Jasmin Gangbacher dachte sich insgeheim Strafen für Hundle aus.

Es war Kimmel unangenehm, als er beim Klingeln und Vibrieren seines Smartphones erschrocken zusammenzuckte. Schielin war dran. Saskia Pröll lehnte sich zurück und fixierte Marion Grahl streng. Sie lauschte, konnte aber nicht verstehen, was gesprochen wurde. Kimmel sagte nur: »Ja … mhm … naja … gut … dann bis später … ist dann halt so.«

Er stand auf, tippte ihr auf die Schulter und sagte: »Bin gleich wieder da.«

Schielin lief vor dem Haus aufgeregt auf und ab. Lydia blieb beständig neben ihm. Auch sie musste ihr Adrenalin durch Bewegung abbauen.

Der Führer des Leichensuchhundes hatte seinen Riesenschnauzer längst wieder in den Käfig des VW-Busses verbracht und rauchte die inzwischen dritte Zigarette.

Kimmel betrat den Vernehmungsraum, in dem Grahl und Bendlin hockten, ohne anzuklopfen. Seine Gestalt hatte auf den wenigen Metern über den Gang eine Art von Erdschwere angenommen.

Gleich nach dem Eintreten nickte er Wenzel und Robert Funk mit ernster Miene zu und wendete sich dann in einer geradezu hitzköpfigen, aggressiven Körperbewegung an Grahl und Bendlin. »Ich … ich möchte Sie beide darüber informieren, dass man im Dachboden Ihres Hauses die skelettierte Leiche einer Frau aufgefunden hat. Sie sind beide hiermit festgenommen, verdächtig des Mordes an Ute Lohder. Wir müssen derzeit davon ausgehen, dass es sich bei der Leiche um diese Person handelt.« Er drehte sich um und verließ den Raum. Draußen atmete er einige Male tief durch.

Wenzel lehnte sich zurück. »Ich nehme an, Sie möchten gerne Anwälte, die Herrschaften, nicht wahr?«

Jasmin Gangbacher informierte Sarah Bendlin in ruhigen, sachlichen Worten von dem grausigen Fund im Dachboden. Weder Erschütterung noch Erschrecken oder Trauer initiierte diese Nachricht. Sie sprach leise, zornig mit Beben in der Stimme: »Wie … wie kommen Sie dazu!? Wer gibt Ihnen das Recht, in unserem Haus herumzuschnüffeln …« Sie stand auf.

Gommi sprang auf, fuchtelte wütend mit seiner Hand. Er plärrte sie an: »Jetzt ist aber Schluß, gell! Ruhig jetzt, aber sofort! Hinsetzen, Madame, und keinen Ton will ich mehr von Ihnen hören … nicht einen Ton!«

Hundle hatte sich unter den Schreibtischen hindurch in die hintere Ecke in Sicherheit gebracht.

Sarah Bendlin zog eine bösartige Grimasse, setzte sich aber wieder.

Jasmin Gangbacher, die ebenfalls aufgestanden war, nahm auch wieder Platz.

Böse Blicke fuhren durch den Raum. Langsam, sehr langsam dämmerte Sarah Bendlin, was für eine Tragweite die Nachricht in Wirklichkeit hatte. Welche immensen Folgen sich daraus ergeben würden, die weit in die Zukunft reichen würden.

*

Im Dachboden hatten sie inzwischen Lichtmasten aufgebaut und die erste Schicht mit Holzplatten abgenommen.

Der Hundeführer war nach der ersten Pause gezielt in die

Bereiche unter den Dachschrägen gegangen. In der südwestlich gelegenen Ecke war der Riesenschnauzer in eine Art Starre geraten, hatte sich dann still auf den Boden gelegt und sein Herrchen angeschaut – mehr nicht. Der Hundeführer hatte sich umgedreht und Schielin zugenickt, den Daumen gehoben und war dann gegangen. Im Vorübergehen, auf dem Weg nach unten, meinte er: »Klare Angelegenheit.«

Ab diesem Zeitpunkt waren ausschließlich Spurenanzüge zugelassen. Die LED-Leuchten schlugen die düstere Ecke mit klarweißem Licht aus und ihre Platzierung verhinderte Schattenbildungen. Schicht für Schicht wurde unter Anweisung der zwei Spurensicherer des LKA abgetragen. Immer wieder wurden Klebefolien aufgelegt, um Spurenmaterial zu sichern. Eine Videokamera dokumentierte den gesamten Vorgang. Unter den Holzbohlen kam eine Plastikplane zum Vorschein, die mit Paketband umwickelt war.

Trotz der anstrengenden Durchführung vollzog sich alles Tun in vollkommener Stille. Als handele es sich um einen Trauergottesdienst. Wer etwas sagen wollte, flüsterte. Nirgends eilige Schritte – wer durch den Dachboden laufen musste, tat es bedacht.

Schielin telefonierte ein zweites Mal mit Kimmel, als einer der Spurenkundler die Nachricht überbrachte, in der Plastikfolie befände sich eine skelettierte menschliche Leiche. Mehr könne man derzeit noch nicht sagen.

Drunten fuhr ein Leichenwagen vor. Der Leichensack wurde nach oben gebracht.

Die Bergung erforderte große Vorsicht und gestaltete sich schwierig, da man die Leichenlagerung nicht unnötig auflösen wollte. Die obere Schicht der Plastikumhüllung war inzwischen eröffnet worden und der Blick auf den Leichnam dadurch möglich. Die Blitzgeräte schlugen immer wieder ihr Licht auf die Stelle, dazu das Pfeifen, wenn das Nachladen erfolgte.

Zu acht hob man die Plastikfolie an und setzte sie auf dem schwarzen Kunststoff ab, wo sie mit Klettstoffen fixiert wurde. Vorsichtig ging es anschließend die Treppe hinunter. Schaulustige hatten sich am Haus versammelt. Schon wieder ein Leichenwagen – wer war es diesmal?

Lydia sah dem schwarzen Van nach, wie er hinter den Fassaden der alten Häuser verschwand. Noch in der Nacht würde in Ulm eine erste Obduktion durchgeführt. Droben im Dachboden war die Spurenarbeit noch nicht abgeschlossen.

Lydia schwankte zwischen Euphorie und Trauer. Endlich hatten sie Ute Lohder gefunden – da gab es für sie keinen Zweifel. Andererseits waren sie auf ein schreckliches Schicksal gestoßen. Chris Andlin kam ihr immer wieder in den Sinn, die von alldem noch überhaupt nichts wusste.

Sie suchte einen stillen Platz und rief Walter Lurzer an. »Neue Sachlage, Walter. Wir haben die Leiche gefunden.«

Er hörte aufmerksam zu. Beiden war klar – Chris Andlin würde mit dieser problematischen Realität konfrontiert werden müssen. Er wollte daher möglichst schnell mit den Eltern das Gespräch suchen, um ihnen selbst die Möglichkeit zu geben, mit ihrer Tochter zu reden.

»Genau – das ist ihre Sache und nicht unsere«, unterstützte ihn Lydia, »und bald wird die Presse da dran sein und aus der Zeitung oder von der Polizei sollte sie das alles nicht erfahren.«

Sie mochte sich nicht vorstellen, was da in dem Haus der Andlins an Aufwallungen hervorbrechen würde.

Schielin winkte ihr zu. Er wollte zurück zur Dienststelle.

Robert Funk würde hier vor Ort bis zum Abschluss der Sicherungsarbeiten übernehmen.

»Betty«, sagte sie, als sie ins Auto eingestiegen waren, »ihre Aussage bekommt nun ein unglaubliches Gewicht.«

Er nickte.

Sie sah hinüber und fand, er sah erschöpft aus.

Manfred Bendlin und Helmut Grahl hatte man inzwischen getrennt. Mit Helmut Grahl war es nicht annähernd möglich, ein Gespräch zu führen. Er hockte da, sah sie an, als kämen sie von einem anderen Stern, redete manchmal ein paar wirre Worte, verfiel dann in ein kindisches Gewimmer.

Sie ließen einen Arzt kommen, der sich zur Haftfähigkeit äußern sollte.

Bis in den frühen Abend waren sie mit Berichten, Telefonaten und Abstimmungen befasst. Ein Haftbefehl für Helmut Grahl war ohne Umstände zu haben. Die anderen drei mussten auf freien Fuß gesetzt werden.

Es war Nacht geworden, als Schielin die Dienststelle verließ. Die Spurensicherung auf der Insel war abgeschlossen, die Zugänge zum Dachboden gesiegelt, Gommi hatte den beiden Kollegen des LKA in Ulm ein Hotel besorgt. Die Spurensicherung am Skelett stand noch an. Er selbst blieb im Hof und wartete auf Lydia, die als Letzte kam.

Vom Sternenhimmel war nichts mehr zu sehen. Eine warme Wolkenwand war von Westen gekommen und mit Einbruch der Dämmerung hatte es angefangen zu nieseln. Ein faires Wetter, den vielen Gästen gegenüber, die bis zum letzten gemütlichen Schluck unter den aufgespannten Markisen und Schirmen ausharren konnten, bevor der Wind kühler, böiger und der Regen heftiger wurde. Die Tische im

Freien leerten sich – rund um den Hafen, in der Grub, in der Ludwigstraße.

Die Wolken blieben und über den nassen Straßen stieg ein feiner Dunst auf.

Spurenkorridor

Als Schielin am Samstagmorgen vor das Haus trat, fühlte er eine beginnende Schwüle. Es konnte das erste Mal in diesem Jahr gewittrig werden.

Die Erschöpfung des Vortages hatte ihm einen tiefen, weitgehend traumlosen Schlaf geschenkt und er war froh, sich für den anstehenden Tag fit zu fühlen.

Die Stimmung auf der Dienststelle war bedrückt. Mit ernsten Mienen hockten sie sich zusammen.

»Aus Ulm noch keine Information, die haben gestern eine Sichtung und Bestandserfassung durchgeführt – Kleidung, Plastik, Klebefolien und allgemeiner Zustand des Skeletts … Vollständigkeit. Einer der Kollegen vom LKA hat mich noch angerufen. Die waren gestern noch mit dabei im pathologischen Institut. Die fangen heute um zehn Uhr an. Wer fährt von uns?«

Schielin meldete sich. Es passte ihm ganz gut in den Kram, denn er wollte noch die Befragungen in Sachen *verreckte Familiengeschichte* durchführen. Einer der dafür wichtigen Kollegen war aus Altusried. Das lag halbwegs am Rückweg und inmitten glücklicher Kühe, die auf blühenden Wiesen Kondensmilch produzierten, die von kleinen Bären in Milchkannen weggeschleppt wurde.

Kimmel ging die Ergebnisse des Vortags in Stichpunkten durch.

Grahl war haftfähig, aber nicht in der Lage, Fragen zu beantworten. Wenn man Pech hatte, musste er zur Beobachtung ins BKH Kaufbeuren gebracht werden. Von der Familie hatte sich niemand gemeldet, auch kein Anwalt.

»Entweder sind die in Schockstarre oder der Laden fliegt jetzt vollständig auseinander«, meinte Wenzel.

»Beides«, konstatierte Robert Funk.

»Jetzt haben wir zwei Ermordete und immer noch keine Täter«, meinte Schielin nachdenklich. Seine Feststellung hob die Stimmung nicht sonderlich spürbar. Lydia würde Betty heute Vormittag offiziell vernehmen, Jasmin Gangbacher und Saskia Pröll waren mit den Bildtafeln und Videoaufnahmen des Vortages befasst, während Robert Funk und Wenzel versuchen wollten, ob aus Helmut Grahl etwas herauszubekommen war.

Schielin gondelte langsam in Richtung Ulm. Jasmin hatte die Verkehrslage noch überprüft und gemeint, selbst an den Baustellen gäbe es derzeit keine Staus. Die Wolkendecke war grauer und dichter geworden. Wie er es erwartet hatte, bildete sich darunter eine gewittrige Schwüle. Kein Blatt regte sich, da der Wind vollständig zum Erliegen gekommen war. Vor der Tunneleinfahrt bei Wangen stand der hässliche Blitzkasten, der abwechselnd vor den Tunneleingängen oder der Autobahnbrücke zum Einsatz kam. Schloß Zeil thronte stolz mit der hellen, prächtigen Fensterfassade. Darunter brauste der deutsche Autobahnwahnsinn. Wie oft war er diese Strecke schon gefahren? Unzählige Male.

In Ulm ebenfalls Schwüle. Wäre gut, wenn es bald knallt, dachte er.

Die Kollegen vom LKA waren schon vor Ort und tranken Kaffee. Kurze Unterhaltung über den Leichenfund und die Spurenlage. Es dauerte lange, bis die Plastikumhüllung vom Skelett getrennt werden konnte, da sich Kleidung, Gewebereste und Kunststoff an manchen Stellen zu einer Einheit zusammengefunden hatten.

Nach einiger Zeit lag das Skelett isoliert auf der Stahlplatte. Als die Leuchtkraft der LED's intensiviert wurde, trat ein blauer Schimmer zutage, der über den Knochen lag.

»Sie hat wohl etwas Blaues getragen«, stellte der Pathologe nüchtern fest und begann damit, den Schädel zu befühlen. »Was die Todesursache angeht, haben wir schon einen ersten Hinweis.« Er winkte Schielin zu sich her und strich vorsichtig mit den Fingern über den Schädelbereich, der deutliche Bruchspuren aufwies. Ein Loch war nicht entstanden, aber das Trauma war überdeutlich. Der Pathologe wiegte den Kopf. »Stumpfe Gewalteinwirkung ... sehr massiv, in der Folge ganz sicher Schädeltrauma, Blutung. Ich bin mir aber nicht sicher, ob dieser Schlag tödlich gewesen sein kann. Ich vermute eher Todeseintritt durch Ersticken, nachdem der Körper in Plastik gewickelt worden ist.«

Schielin ging in die Knie und betrachtete die Stelle. »Sieht nicht nach einem Hammer aus.«

»Nein, das nicht«, bestätigte der Pathologe, »eher etwas Flaches ... eine Schaufel vielleicht, ein Spaten, mit der flachen Seite. Der Schlag jedoch sehr heftig und von schräg hinten geführt, was für Sie ja von Bedeutung ist, nicht wahr?«

Schielin nickte. »Ja ... Heimtücke ... Mord.«

Die Spurensicherer begannen ihre Arbeit. Man würde die Leiche vermessen, die Körpergröße und den Winkel der Schädelfraktur bestimmen, woraus sich ein relativer Bezug zur Körpergröße des Täters ergäbe. Viel Arbeit.

Schielin verließ die Pathologie und trat aus den in jeder Hinsicht frostigen Räumen, wo Fliesen und gekachelte Wände in Verbund mit den kalt glänzenden Stahlflächen der Tische, Schränke und Instrumente eine besonders tief empfundene Kühle vermittelten, hinaus in eine humide Witterung.

Ob man nach so langer Zeit noch verwertbares Spurenmaterial würde finden können? Der eine Kollege vom LKA war da eher optimistisch. Er hatte wohl genug Erfahrung.

Sie würden eine DNS-Bestimmung mit einer Probe von Chris Andlin durchführen müssen, um die Identität eindeutig und formell gültig beweisen zu können. Er war sich sicher – da drinnen auf dem Tisch lagen die sterblichen Überreste von Ute Lohder.

Er rief Lydia an und gab ihr Bescheid. »Ja, eindeutig, ein Schlag auf den Hinterkopf, sehr heftig … vermutlich mit einer Schaufel. Todesursache könnte allerdings auch Ersticken gewesen sein … der Doc war sich nicht sicher.«

Lydia schwieg eine Weile am Telefon. Sie hoffte, Betty würde noch nichts vom Leichenwagen in der Fischergasse gehört haben. Sie hatte nicht vor, ihr von sich aus etwas über den aktuellen Stand zu berichten.

Schielin fuhr auf der A7 zurück und musste bei Memmingen aufpassen, nicht aus alter Gewohnheit die Strecke nach Lindau zu nehmen. Die Wolken hingen inzwischen tief und schwer über den Hügeln. Da die Sonne verdeckt war, gab es kein gleißendes Licht, dafür auch keinen tiefschwarzen Schatten, wodurch die Natur unverfälscht leuchtete.

Bei Dietmannsried verließ er die Autobahn und fuhr nun nach Westen. Am Rande des Ortes, in einem der Neubaugebiete, wie sie in den achtziger Jahren entstanden waren, suchte er den ehemaligen Kollegen Benesch auf. Ein knorriger, alter Kerl, von großem Wuchs, mit breiten Schultern und nach wie vor einem unangenehm forschenden Blick. Die Hüfte machte ihm Probleme.

Im Haus wohnte seine Tochter mit der Familie und er hatte nach dem Tod seiner Frau die Einliegerwohnung bezogen. »Geht alles ganz gut«, sagte er und bot Platz an. Es duftete nach Kaffee.

Auf dem Tisch war bereits eingedeckt.

Schielin erinnerte sich an ihn. Das ein oder andere Mal hatten sie miteinander zu tun gehabt. Er war damals ein junger Kommissar gewesen. Fast wäre ihm ein *Mein Gott, wie die Zeit vergeht!* herausgerutscht.

Sie tranken Kaffee und Benesch war begierig zu erfahren, mit welchen Fällen Schielin gerade zu schaffen hatte. Der berichtete in groben Zügen.

»Herrschaftszeiten … kracherte Angelegenheit, mein Lieber. Und was hat jetzt der Kiegele damit zu schaffen? Der liegt schon seit Jahren friedlich und ruhig in Kempten auf dem Gottesacker, und manch einer ist froh drum.« Er lachte kratzend.

Schielin näherte sich langsam dem Grund seines Besuchs und erzählte von dem seltsamen Ende der Ermittlungen im Fall Ute Lohder.

Benesch verzog mehrmals das Gesicht, als würde ihn ein plötzlicher Schmerz heimsuchen. Als Schielin geendet hatte, meinte er: »Oh je … da hat er ja ganz schön rumgefuhrwerkt, der Herr. Typisch … passt zu ihm. Mir hat er auch ein paar Mal reingefunkt … Herrgott, hat mich das wahnsinnig gemacht, und was den Heusinger angeht, den hab ich gut gekannt, weil wir mal zusammen eine Woche auf einem Lehrgang in Ainring waren. Ja … verreckte Familiengeschichte … mhm. So viel Familie hatte der Kiegele gar nicht.« Benesch unterbrach und überlegte. Schielin spürte Aufregung aufkommen.

»Also der war verheiratet, hatte zwei Töchter, die sind beide hier verheiratet, also die eine in Buchenberg, die andere in Grönenbach. Und von seiner Herkunft her, er stammt ja von einem Hof in Wildpoldsried … das waren drei

Geschwister … er natürlich, sein Bruder, der Leopold …, der ist in den siebziger Jahren auf der B12 bei Buchloe tödlich verunglückt. War auch so ein wilder Hund – beim Skifahren, beim Saufen, bei den Weibern und – beim Autofahren. Da hat's ihn dann erwischt, Sonntagfrüh – frontal in einen Milchlaster rein. Alkohol natürlich. Ja, und da war noch seine Schwester, die Hedwig … sonst fällt mir da nichts ein. Die Hedwig, die war verheiratet und hatte einen Buben … mhm. Was soll ich da sonst noch sagen. Ich überlege gerade.«

*

Lydia hatte die Aussage von Betty aufgenommen, die sich in der Umgebung der Dienststelle deutlich unwohl fühlte, sich ständig umsah und einen insgesamt fahrigen Eindruck vermittelte.

Dabei hatte Lydia auf das abweisende Vernehmungszimmer verzichtet und das Gespräch in ihrem Büro geführt.

Keine Überraschungen. Sie hatten nun schwarz auf weiß die Angaben über das letzte Erscheinen von Ute Lohder – Inselhalle, blaues Kleid, Sommerabend, schwarzes BMW-Cabrio.

Betty hatte es eilig, von diesem Ort wegzukommen. Wenigstens war es Lydia erspart geblieben, über die neuen Erkenntnisse mit ihr zu sprechen, was eine tränenreiche Angelegenheit geworden wäre.

Robert Funk und Wenzel mühten sich mit Helmut Grahl ab. Der war zunächst nicht willig, die Zelle zu verlassen und mitzukommen. Nach langem Zureden ließ er die Zicken sein. Die Nachricht, er würde in die JVA Kempten überstellt werden, ließ ihn völlig kalt. Er verlangte nach keinem

Anwalt, nach keinem Familienangehörigen, nicht nach Christella Krumbichler – nichts dergleichen. Und – weder die Familie noch die Geliebte oder sein Anwalt schufen von sich aus einen Kontakt zur Dienststelle.

Wenigstens ließ er das infantile Wimmern sein, mit dem er gestern noch genervt hatte. Wenzel organisierte die Überstellung nach Kempten, was man dort an Wochenenden gar nicht gerne hatte, weil am Sonntag ein Termin beim Haftrichter anstand.

Lydia hatte Betty verabschiedet und stand nun wieder im Büro und studierte das Plakat mit den gotischen Buchstaben. Sascha Grahl hatte einzelne Buchstaben markiert. So jedenfalls lautete eine der Aussagen. Sie stellte sich vor das Plakat und ging die Buchstabenreihen durch. Ein paar davon erinnerten an mystische Zeichen, die gut und gerne auch in den Standardwerken für Hexerei vorkommen konnten.

Welche Buchstaben hatte Sascha Grahl wohl markiert? Sie drehte sich dem Fenster zu und blickte hinaus in den Hof. Von Schielin noch keine Spur. Wo er nur so lange blieb?

Erneut sah sie auf das Plakat, angelte nach dem gelben Textmarker und markierte drei Buchstaben: UTE.

Diese Zeichenfolge wirkte sofort, löste etwas aus in ihr. Diese Kombination. Sie hatte es schon einmal gesehen. Nur – wo?

Es war inzwischen unerträglich schwül geworden. Von nichts und niemandem aufzuhalten, lud sich die Welt um den See mit Energie. Das Licht wurde in dem Maße weniger, wie die Temperatur anstieg. Im alten Dienstgebäude mit den dicken Sandsteinmauern wusste man sich geborgen.

Lydia ging im Büro auf und ab und sah, wie Schielin mit dem Wagen in den Hof einbog. Sie wartete gespannt, was er an Neuigkeiten mitbringen würde und hörte nun vorne im Gang seine Stimme, wo er ein paar Worte mit Kimmel wechselte. Sie sah die beiden vor sich und auf einmal, sie wusste auch nicht warum, blitzte die Erinnerung in ihr auf. Diese Zeichenfolge – UTE. Sie wusste wieder, wo sie das gesehen hatte und sah sogar die Situation wieder deutlich vor sich.

Schielin öffnete die Tür und hörte sie sagen: »Ja Wahnsinn! Ja Wahnsinn!«

Er sagte, etwas außer Atem. »Das kannst du wirklich laut sagen – ich habe etwas!«

»Ich auch – einen Namen«, antwortete sie, nahm ein Blatt Papier, schrieb etwas darauf, faltete es zusammen und schob es auf seinen Schreibtisch. »Und jetzt du!«, forderte sie ihn auf, was er tat und ihr dann das Blatt Papier in die Hand drückte. »Öffne du zuerst«, sagte sie. Schielin faltete das Blatt Papier auf und las: Jan Rabus.

Er lachte gallig.

Sie öffnete ihr Papier und las: Jan Rabus.

»Deine Story bitte zuerst«, bettelte sie.

»Ich habe mich mit einem Ermittler, einem von der alten Sorte, getroffen. Immer noch genauso kantig, aber herzlich. Benesch, Kurt Benesch. Er konnte mir von Kiegele erzählen, weil er zu den wenigen gehörte, die damals zum engeren Kreis um ihn gehörten. Kiegele war verheiratet, hatte zwei Töchter und stammt von einem Bauernhof bei Wildpoldsried. Sein älterer Bruder kam in den Siebzigern bei einem Autounfall ums Leben, seine jüngere Schwester war verheiratet und hatte einen Sohn. Sie hieß Hedwig Kiegele – geehelichte Rabus. Ihre Ehe ist früh geschieden worden und ihr Sohn, Jan Rabus, fand in Kiegele so eine Art Ersatzvater … damit hätten wir die *verreckte Familiengeschichte* … und jetzt du!«

Lydia deutete auf das Poster und die markierten Buchstaben. »UTE. Die Zeichenfolge hatte ich schon mal irgendwo gesehen, im Zusammenhang mit diesem Fall – und kaum hast du die Dienststelle betreten, ist es mir wieder eingefallen. Bei einem unserer ersten Treffen mit Rabus habe ich eine Tätowierung auf seinem Unterarm gesehen: UTE.«

»Rabus … Ute Lohder … das Inselhaus … «, sinnierte Schielin laut, »er hat das damals gerade renoviert. Die Bendlins und Grahls haben zum Zeitpunkt des Verschwindens von Ute Lohder noch nicht dort gewohnt.«

»Das würde passen«, meinte Lydia. Ihrer Stimme war das Beben zu entnehmen. »Kiegele – dieser elende egoistische Sack. Wäre nicht förderlich gewesen für den Kripochef, wenn sein Neffe als Frauenmörder durch die Presse gegeistert wäre – Ende der Karriere, Ende des Respekts, Ende der Machtposition. Von wegen *verreckte Familiengeschichte*. Der hat genau gewusst, was für ihn auf dem Spiel steht. Und wie die Betty abserviert haben – brutal.«

Bald darauf saßen sie alle zusammen. Gebannt hörten sie den beiden Geschichten zu. Wenzel fluchte ein paar Mal laut. Nach einigen Diskussionen waren sie sich einig, Helmut Grahl vorerst in Haft zu belassen und alle Vorgänge nochmals durchzuarbeiten, in denen Jan Rabus eine Rolle spielte.

»Mit den Beweisen sieht es mager aus«, meinte Robert Funk.

»Wenn die Blutspur am Riegelschloss von ihm ist, wären wir ein Stück weiter«, meinte Wenzel.

Schielin schüttelte den Kopf. »Das allein reicht nicht. Wir brauchen schon mehr. Alles nochmal durchackern … hilft alles nichts.«

In den nächsten Stunden ergaben sich immer neue Erkenntnisse und Treffer. Einmal kam Wenzel zu Schielin und Lydia ins Büro und wedelte mit einem Papier, dann tauchte Jasmin Gangbacher auf und eröffnete ihnen eine neue Spur. Am Abend lag ein erster Bericht des Spurenteams vor, der im Wesentlichen eine Übersicht der identifizierten Spuren beinhaltete. Die Schwüle war inzwischen auch in das Gebäude vorgedrungen. Das Atmen fiel schwerer. Schielin sah zufrieden, wie draußen Wind aufkam, der immer stärker wurde und die Baumkronen unwirsch herumwarf. Schwarzviolett drohende Wolken schoben heran und drunten auf der Seefläche zeigten sich auf den Wellen weiße Schaumstreifen.

Erste Blitze zuckten zwischen Wasserburg und den Appenzeller Hügeln über den Himmel. Donner, Regen. Bald waren Straßen und Wege von Blättern und Zweigen übersät. Rund um die Ufer blinkte die Sturmwarnung. Kein Segel war mehr zu sehen. Einzig die *Konstanz* arbeitete sich von Rorschach kommend durch den Gewittersturm nach Wasserburg, passierte Bad Schachen, wo der Wasserspiegel noch immer keine Anlandung erlaubte, und zog im Süden der Insel vom Getöse unbeeindruckt vorbei in Richtung Leuchtturm.

*

Den Sonntag ließen sie verstreichen. Zeit zum Atemholen.

Am Montag fuhren Saskia Pröll, Wenzel und Robert Funk hinaus zur Firma. Sie hatten sich zuvor abgesichert, dass Jan Rabus am Arbeitsplatz erschienen war. Sie erklärten ihm förmlich die Festnahme. Er lächelte sie an, ließ sich widerstandslos Handschellen anlegen und wurde zur Dienststelle gebracht. Im Vernehmungsraum warteten Lydia Naber und Conrad Schielin. Zuvor erledigte Wenzel noch die erkennungsdienstliche Behandlung: Fingerabdrücke, DNS-Probe, Personenbeschreibung mit Größe, Gewicht, Erscheinung, Haarfarbe, Kopfform, Tätowierungen. Wenzel sprach laut mit, als er das Textfeld ausfüllte: »Am Unterarm eine Tätowierung, circa vier auf zweieinhalb Zentimeter, drei gotische Buchstaben – UTE.«

Jan Rabus wurde nach der Prozedur, die ihn zu amüsieren schien, in den Vernehmungsraum gebracht. Als er Schielin gegenübersaß, legte er den Kopf nach rechts auf seine Schulter ab.

Er sagte unaufgeregt: »Was soll der Unsinn?«, und atmete, ohne eine Antwort abzuwarten, laut und tief ein, wodurch sich sein muskulöser Brustkorb dehnte. Langsam ließ er die Luft ausströmen und setzte sich aufrecht hin, die Arme auf der Tischplatte abgelegt, Oberkörper nach vorne, den Kopf mit der geraden harten Stirn nach vorne gereckt. »Und nun, Herr Kommissar?«

Schielin hatte eine Überraschung für ihn parat: »Sie scheinen von Ihrem Ziehonkel Kiegele nicht gelernt zu haben, wie man sich in einem Vernehmungsraum als Beschuldigter benimmt. Wäre besser gewesen, er hätte es Ihnen beigebracht oder Sie hätten besser aufgepasst.«

Jan Rabus lächelte und suchte dahinter den Schreck zu verbergen. So, wie er sich physisch positioniert hatte, hätte er weiterreden, Dominanz ausstrahlen müssen. Jetzt befand er sich in einer Sackgasse. Seine Körperhaltung passte nicht zum Schweigen und Schielin sagte einfach nichts mehr, sondern verlegte sich darauf, ihn stumm und streng anzusehen. Die Verunsicherung seines Gegenübers wurde spürbar.

Schielin sagte leise: »Ute Lohder – Dachboden, Sascha Grahl – Dachboden, Jan Rabus – Dachboden. Deswegen sitzen Sie hier.«

»Mhm. Ich habe nicht vor, mich hier mit Ihnen zu unterhalten. Ich möchte einen Anwalt hinzuziehen und heute Nachmittag werde ich im Hafen sitzen und einen hübschen Kaffee mit Kuchen zu mir nehmen.«

»Den Anwalt bekommen Sie und Sie werden heute Nachmittag sitzen, Herr Rabus, allerdings in einer Zelle, und der Kaffee wird sich Hibiskusblütentee nennen – eine auf zehn Liter – und der Kuchen, den würde ich besser sein lassen. Wen sollen wir verständigen?«

Rabus nannte den Namen.

Lydia sagte: »Tut mir leid, Herr Rabus. Sie haben uns den Anwalt von Herrn Grahl genannt. Er wird Ihr Mandat nicht übernehmen können. Ein anderer.«

Jan Rabus löste seine provokante Körperhaltung auf und überlegte. Ein anderer Name fiel ihm ein. Es dauerte über zwei Stunden, bis der Anwalt erschien, und nach einem ausführlichen Gespräch mit seinem Mandanten die Vernehmung weitergeführt werden konnte.

Als Lydia den Vorwurf des Mordes an Ute Lohder und Sascha Grahl ins Mikro des Aufnahmegeräts sprach, meinte der Anwalt, er wolle hoffen, sie hätten belastbare Beweise für diesen unerhörten Vorwurf.

Jan Rabus war trotz der anwaltlichen Unterstützung nicht gelassener geworden. Er lehnte aufrecht an der Stuhllehne, hatte die Beine breitbeinig abgestellt und die Arme vor der Brust verschränkt. Es sollte Ablehnung demonstrieren, sah jedoch verklemmt und unbeholfen aus.

»Beginnen wir mit Ute Lohder«, sagte Schielin und deutete auf den rechten Unterarm von Rabus. »Beziehen sich diese gotischen Schriftzeichen auf Ute … Lohder?«

»Es gibt viele, die Ute heißen.«

»Ja oder nein?«

»Nein.«

»Kannten Sie eine Frau mit Namen Ute Lohder?«

»Nein.«

»Überlegen Sie nochmal.«

»Nein.«

Lydia übernahm und schob Fotografien über den Tisch, auf denen das freigelegte Versteck der Leiche zu sehen war – die Plastikfolie geschlossen und einige Abzüge mit freiem Blick auf das Skelett. »Die Leiche wurde im Sommer vor achtundzwanzig Jahren an diesem Ort abgelegt. Sie waren zu dieser Zeit in diesem Haus mit Renovierungsarbeiten befasst. Das Haus war damals unbewohnt.«

Jan Rabus schaute gelangweilt über die Fotos und schob sie seinem Anwalt zu.

»Ja. Ich habe in dem Haus die Renovierung geleitet. Was hat das mit dieser Frau zu tun?«

»Sie haben sie ermordet und ihre Leiche auf dem Dachboden versteckt.«

»Jeder kann das getan haben …« Sein Anwalt unterbrach ihn. »Sie müssen nichts erklären, Herr Rabus.« Er wendete sich an Schielin. »Mein Mandant hat Renovierungsarbeiten durchgeführt. Punkt.«

Schielin sagte: »Die Leiche war mit Plastikplanen umwickelt, die wiederum mit Paketband fixiert waren – sehr viel Paketband. Die Spurensicherung des Landeskriminalamtes hat diese Klebestreifen ablösen und daktyloskopisch auswerten können. Auf der Klebeseite einer mittleren Lage konnte der Fingerabdruck eines rechten Daumens gesichert werden. Es handelt sich dabei eindeutig um Ihren Fingerabdruck. Wie erklären Sie sich das, Herr Rabus?«

Der Anwalt wirkte verunsichert und sah seinen Mandanten an.

Rabus löste seine Verschränkung und faltete seine Hände im Schoß. »Wollen Sie mich hier verarschen … gerade erst vor einer Viertelstunde habe ich hier meine Fingerabdrücke abgegeben.«

Lydia wusste, dass Schielin hoch pokerte. Sie sagte: »Live-Scan – schon mal was von Digitalisierung gehört? Wir haben Ihre Pfoten ja auch nicht mehr mit Druckerschwärze beschmiert, oder?«

Der Anwalt meinte sagen zu müssen: »Ich muss doch bitten … Pfoten … das geht gar nicht.«

»Und? Wie ist das jetzt mit dem Fingerabdruck?«

»Ich habe keine Erklärung dafür.«

»Gut. Dann lassen wir das mit Ute Lohder sein und wenden uns dem nächsten von Ihnen Ermordeten zu – Sascha Grahl.«

Schielin hatte ein Kalenderblatt vorbereitet. Er zeigte auf den betreffenden Freitag und Samstag. »In dieser Nacht wurde Sascha Grahl dort oben im Dachstuhl ermordet … erwürgt, dann in Vortäuschung eines Suizids am Kranbalken aufgeknüpft. Möchten Sie von sich aus etwas dazu sagen, Herr Rabus?«

Der verneinte mit gelangweilter Miene.

Lydia sagte: »Wir würden Ihnen gerne die Gelegenheit geben, sich nochmals mit Ihrem Anwalt zu beraten, Herr Rabus, Sie müssen wissen, unsere Beweiskette ist erdrückend.«

Rabus lachte auf. »Also davon habe ich bisher nichts bemerken können.«

Sein Anwalt war wenig glücklich über Art und Weise

der Äußerung und suchte Blickkontakt zu ihm zu bekommen, doch Rabus mimte weiter den Fels in der Brandung.

»Wir haben den exakten Todeszeitpunkt von Sascha Grahl bestimmen können. Wir konnten weiterhin den genauen Ort bestimmen, an welchem der Täter die SIM-Karte aus dem Smartphone des Opfers entnommen hat, die Zeit natürlich auch. Fällt Ihnen dazu etwas ein?«

»Nein.«

»Sie fahren einen Firmenwagen?«

»Ja.«

»Ein Elektrofahrzeug … sehr modern … wirklich chic.«

Rabus widersprach nicht.

»Wer fährt sonst noch mit diesem Fahrzeug?«, fragte Schielin.

»Niemand sonst«, blaffte Rabus.

»Ich nehme das so zur Kenntnis, möchte Ihnen allerdings erläutern, dass moderne Elektrofahrzeuge vernetzt unterwegs sind. Schier unvorstellbar, was da alles erfasst und gespeichert wird. Die Anzahl der einzelnen Fahrtstrecken, aufgeschlüsselt nach Kilometern, Lade- und Entladezyklen mit Uhrzeit, Datum, Kilometerstand, Betriebsstunden der Fahrzeugbeleuchtung, getrennt nach einzelnen Lichtquellen, Zahl der elektromotorischen Gurtstraffungen zur Auskunft, wie oft und wie heftig gebremst wird, Lade- und Zellspannung der Antriebsbatterie, Dauer, wie lange der Fahrer die verschiedenen Modi des Automatikgetriebes nutzt, Zahl der Verstellvorgänge des elektrischen Fahrersitzes, was Rückschlüsse auf die Anzahl der Fahrer erlaubt, die Intensität der Nutzung anhand der Anzahl der Fahrer, die Anzahl der abgespielten Medien sowie Dauer und Zeitpunkt der Telefongespräche. Das ist nur ein Teil des Datenaufkommens.«

Rabus nickte Schielin zu. So ganz geheuer war ihm das gerade nicht.

Lydia sagte: »Was mein Kollege gerade vergessen hat zu erwähnen, wäre die periodische Speicherung der GPS-Daten samt einem Statusbericht wichtiger technischer Fahrzeugdaten.«

»Danke, Lydia«, sagte Schielin, »und nach Auswertung der Daten Ihres Elektrofahrzeugs möchte ich Sie bitten uns zu erklären, aus welchem Grund Sie in der Tatnacht gegen zwei Uhr zum Haus der Grahls gefahren sind, weswegen Sie genau an jenem Ort und zu der ermittelten Zeit an der Stelle waren, an der die SIM-Karte aus Sascha Grahls Handy entfernt wurde? Ihr Elektroauto stand zum Todeszeitpunkt Sascha Grahls, das war um 03:19 am Samstagmorgen, am Brettermarkt. Bis 04:17 war das Handy des Ermordeten auf der Insel eingebucht, meldete sich um 04:40 in einer Basisstation in Hergensweiler an. Die GPS-Daten Ihres Fahrzeugs korrespondieren exakt mit diesen Daten. Haben Sie darauf eine Antwort?«

Der Anwalt hob die Hand. »Mein Mandant hat nicht die Absicht, diese Frage zu beantworten. Zudem handelt es sich um personenbezogene Daten, die Sie hier herangezogen haben. Es ist noch überhaupt nicht klar, ob diese als Beweismittel Geltung haben dürfen. Dazu gibt es Entscheidungen des BGH. Es sind eindeutig personenbezogene Daten.«

»Ja natürlich. Wir streiten das auch gar nicht ab«, erläuterte Schielin, »es handelt sich allerdings nicht um das Privatfahrzeug Ihres Mandanten, sondern um ein Firmenfahrzeug. Ihr Mandant hat eine Nutzungserklärung unterschrieben, die uns vorliegt. In dieser stimmt er ausdrücklich der Verwendung der erfassten Daten, insbesondere zur Verwendung in Ordnungswidrigkeiten- und Strafverfahren zu. Musste er auch, denn ohne diesen Passus gäbe es keine Versicherung für das Fahrzeug. Versicherungen zahlen ungern, nur weil sich jemand hinter dem Datenschutz versteckt. Also … unsere Frage steht weiterhin? Und – wir sind übrigens noch lange nicht am Ende unserer Beweiskette angelangt.«

»Dann lassen Sie doch einfach hören, erwarten Sie aber keine Antworten.«

Lydia übernahm wieder. »Uns liegt Videomaterial vor, auf welchem zu sehen ist, wie Ihr Mandant sich am Firmencomputer des Ermordeten anmeldet, mit dessen Zugangsdaten. Die hat er vom Administrator erhalten. Auf dem Video ist zu sehen, wie er bei der Suche nach technischen Daten auf eine Datei aufmerksam wird, in welcher Sascha Grahl Erkenntnisse über die vermisste Ute Lohder abgelegt hat. Es ist zu sehen, wie er aufmerksam durch die Datei scrollt, sie dann schließt. Es gab in der Folge einen weiteren unautorisierten Zugriff auf das Computerkonto des Ermordeten – in der Tatnacht.«

Der Anwalt nahm es zur Kenntnis. »Sie haben sehr viele Beweise, über deren rechtmäßiges Zustandekommen ernsthaft diskutiert werden muss … Videoaufnahmen, ich vermute, heimlich gefertigt. Ob das als Beweismittel zulässig sein wird – ich habe da so meine Zweifel. Ich nehme es jedoch zur Kenntnis und hätte nun gerne eine Unterredung mit meinem Mandanten unter vier Augen, wenn das möglich wäre.«

Es war möglich. Schielin und Lydia warteten vorne im Gang, wo die anderen sofort hinliefen. Kimmel fragte: »Und? Geständnis?«

»Der ist richtig verbockt«, meinte Lydia, »aber bei der Beweislage … aussichtslos.«

Schielin war unschlüssig. »Ich bin mir nicht sicher, was in ihm vorgeht. Er wirkt hin- und hergerissen.«

Die Tür zum Vernehmungszimmer öffnete sich und der Anwalt erschien.

Sein Mandant wolle vorerst keine Angaben zur Sache machen. Alles sollte seinen weiteren Gang nehmen.

Rabus wurde in die JVA Kempten überstellt. Helmut Grahl wurde aus der Haft entlassen. Die beiden begegneten sich nicht.

Schielin hockte vor seinem Bildschirm und schwieg. Obschon er keinen Laut von sich gab, nichts thematisierte, fühlte Lydia sein Unbehagen. »Was bist du so unzufrieden? Wir haben ihn! Er hat keine Chance vor Gericht – nicht mit dem besten Anwalt der Welt. Die Beweise sind einfach erdrückend und es liegen noch nicht einmal die genauen Ergebnisse der DNS vor. Glaubst du, der hat damals an so etwas gedacht? Oder machst du dir Gedanken, weil du das mit dem Daumenabdruck rausgeballert hast?«

Schielin stand auf, schnitt ihr eine unzufriedene Grimasse und begann auf und ab zu gehen. »Etwas passt nicht«, sagte er schließlich.

»Wie meinst du das?«

»An der Reaktion von Rabus … da passt etwas nicht … ich hatte ein paar Mal den Eindruck, er wolle etwas sagen, und seine ganze Körperhaltung vermittelte mir eine tiefe Wut über die Vorwürfe oder einen Vorwurf, den wir machten. Er hat sich dann aber wieder eingeigelt … sich hinter seinen Armen versteckt und den Anwalt quatschen lassen. Ärgerlich.«

»Du zweifelst doch nicht etwa an seiner Täterschaft?«, fragte Lydia mit einem entrüsteten Unterton.

»Nein, das nicht. Aber ich zweifele daran, dass es sich

so abgespielt hat, wie wir vermuten. Das wäre für eine Gerichtsverhandlung nicht sonderlich angenehm … verstehst du? Wenn da plötzlich eine andere glaubhafte Story auftaucht – das wirft einen Schatten auf die gesamte Ermittlungsstory, auch die objektiven Beweise. Der Anwalt ist ja jetzt schon fundamental unterwegs, weil er schnallt, dass bei dem Fall mit Schräubchenkunde nichts zu holen ist. Und noch etwas haben wir nicht geklärt – wie ist Rabus in die Wohnung von Sascha Grahl gekommen?«

»Dafür benötigen wir in der Tat noch eine schlüssige Erklärung.«

»Es gibt ja da diesen Schlüsseltresor in der Firma. Manfred Bendlin hatte zuletzt Zugriff, wenn ich mich recht erinnere.«

Lydia suchte in den Dateien und bestätigte bald darauf seine Vermutung. »Ja. Bendlin hat im letzten September und Dezember Schlüssel entnommen. Wir haben das überprüft. Es befanden sich alle Schlüssel im Tresor – Vollzähligkeit.«

»Sicherstellen«, sagte Schielin.

»Was?«

»Wir lassen die Schlüssel formtechnisch analysieren …«

Sie schlug sich mit der Hand vor die Stirn. »Mist … Zweitschlüssel … ob man einen verwendet hat, um einen Abzug zu machen … bin schon dran.«

Walter Lurzer meldete sich am Vormittag und klagte ihnen sein Leid über den Ärger, den sie ihm mit ihrem Fall machten. Wie er schilderte, musste der Auftritt bei den Andlins weit entfernt von Vergnügungssteuerpflicht gewesen sein. Vor allem Frau Andlin habe sich wie eine Furie aufgeführt. Letztlich hätten sie übers Wochenende mit ihrer Tochter gesprochen. Chris Andlin hatte mitteilen lassen, sie wolle sich bei der blonden Polizistin aus Lindau melden. Er hätte ihr Name und Kontaktdaten gegeben.

Helmut Grahl hatte nach seiner Entlassung auf jeden Kontakt zur Familie verzichtet und sich per Taxi direkt auf die Insel zur Wohnung von Christella Krumbichler bringen lassen.

Jasmin Gangbacher und Saskia Pröll ließen in der Firma den Schlüsseltresor öffnen, beschlagnahmten alle Schlüssel und fuhren direkt zum LKA, um ein formtechnisches Gutachten erstellen zu lassen – viel wichtiger noch, möglichst schnell eine mündliche Information zu erhalten, ob einer der Wohnungsschlüssel für das Haus einmal in einen Block eingespannt war, um ihn zu kopieren.

Schielin und Lydia suchten parallel Manfred Bendlin auf, dem erneut schlecht wurde, als er von der Festnahme Jan Rabus' erfuhr. Sie befragten ihn nochmals hinsichtlich der Gründe der Schlüsselentnahme, die er für beide Male nachvollziehbar darlegen konnte.

Schielin fragte: »Und Rabus, der hat die Schlüssel nicht in die Finger bekommen?«

»Nein, natürlich nicht.«

»Er kennt auch nicht die Zugangscodes für den Tresor?«

»Nein«, Bendlin sah Schielin strafend an, »braucht er doch auch nicht, als Administrator!«

Schielin fror für den Augenblick regelrecht ein und schwankte zwischen Wut und Ärger.

Lydia war um Fassung bemüht, nicht laut zu denken: *Wie blöde ist der Typ eigentlich?!* Sie fragte unfreundlich: »Was heißt hier Administrator?! Ich denke, das ist der Job von diesem Kremper?«

Bendlin gab sich naiv. »Nein, doch nur für die Computer. Der Jan hat den Tresor angeschafft, und weil das so ein elektronisches Zeug ist, nicht mehr mit Schlüssel, hat er das alles eingerichtet und die Codes verteilt, die man dann, jeder für sich, ändern musste und selbst sicher verwahrt. Ich habe meinen hier in der Wohnung, im Wandtresor. Sarah auch.«

Schielin war angefressen. »Das soll heißen, der Rabus hatte jederzeit Zugang zum Schlüsseltresor?!«

»Ja natürlich.«

Er tat zwei Schritte auf Manfred Bendlin zu: »Mann! Mannomann!«

Draußen, mit Lydia auf dem Weg zum Auto, fluchte er laut und hässlich. Einige Passanten drehten sich um und sahen den beiden nach. Es konnte der Eindruck entstehen, ein Ehestreit habe sich in der Von-Lingg-Straße Bahn gebrochen.

Am Brunnen des gleichnamigen Dichters blieb Schielin stehen und fuchtelte mit den Händen herum. »Natürlich sind die blöde … wir aber auch! Ich wäre nie auf die Idee mit dem Administrator gekommen. Der kann natürlich auch die Protokolle … ah!« Er stapfte weiter.

Lydia telefonierte mit Jasmin Gangbacher, gab die neue Information weiter und schloss dann wieder zu Schielin auf. »Was ich mich frage …, was hält die zusammen … die Grahls, die Bendlins … die haben doch genug Kohle und jeder könnte für sich seiner Wege gehen und das eigene Glück suchen. Hast du eine Erklärung für dieses Konstrukt da in dem Haus?«

Auf dem Parkplatz des Amtsgerichts hatten sie ihr Auto abgestellt. »Habe mir das auch schon gedacht … muss so ein psychologisches Ding sein. Ich denke, im Grunde will jeder von denen nur weg, aber das funktioniert nicht, weil sie es als Verrat empfänden an … an einer Idee, die sie wohl ganz am Anfang alle hatten, die aber nicht mehr trägt, die keine mehr ist. Überlebt … unfähig, von dem alten Plunder zu lassen … *desperation keeps us strong …*«

»Was?«

»Alter Song von Spandau Ballet – Through the Barricades … trifft hier wohl zu … *desperation keeps us strong.*«

Die Ergebnisse der Spurensicherung, die an der Leiche Ute Lohders durchgeführt worden war, lagen immer noch nicht vor. Immerhin hatten sie erreicht, dass wenigstens der Daumenabdruck schnellstmöglich in die Daktyloskopie kam. Glück gehabt: Er war tatsächlich Jan Rabus zuzuordnen. Am Telefon war es schwierig, weitere Informationen zu bekommen, so sehr Lydia sich auch mühte. Schielin hörte gespannt zu und sah, wie sie während des Telefonats immer wieder Grimassen schnitt, womit sie die Aussagen der freundlichen Dame mit dem sanften Münchner Slang nonverbal kommentierte. Der tat es leid, es dauere gerade alles sehr lange … Pandemie … Lockdown … Shanghai … Krieg … im Labor sei das ein oder andere ausgegangen und gerade nicht verfügbar, was ihr, wie gesagt, leid täte. Lydia legte auf und vollzog eine besonders hässliche Geste. »Sie kann ja nichts dafür.«

Rabus saß in Haft. Objektive Spuren waren jedenfalls vorhanden, gegen die kaum zu argumentieren war. So wie in den letzten Wochen oft Enttäuschung, Anspannung und manchmal sogar Ratlosigkeit die Stimmung auf der Dienststelle getrübt hatten, so löste sich diese negative und belastende Aura jetzt zunehmend auf. Erleichterung wurde spürbar und nach einer Weile kehrten sogar wieder Fröhlichkeit und Ausgelassenheit zurück. Die Arbeit, die zu leisten war, tat sich leichter und beschwingter. Gommi summte wieder leise vor sich hin, Kimmel schien leichtfüßiger unterwegs und Robert Funk hockte auch wieder öfter entspannt in seinem Salon und genoss die zwei neuen Gemälde, die er aufgehängt hatte. Eine englische Landschaft, zwei mal drei Meter, für die nirgends sonst Platz an einer Wand gewesen war. Die Provenienz des Kunstwerks war noch zu prüfen. Für die Zeit bis zu seiner Zuordnung wurde es hier angemessen gesichert, wie er sich ausdrückte. Gegenüber hing der große Blumenstrauß von Vaeltl, mit leuchtenden Lilien, Rittersporn und Rosen. Das hatten sie aus einer Villa am See – Konkursverschleppung.

Lydia hockte öfter bei Saskia und Jasmin herum und diskutierte ihre Pläne für ein neues Staudenbeet. *Ceanothus Arboreus* hatte es ihr gerade angetan, auch bekannt als *Säckelblume* oder *Kalifornischer Flieder*. »Das wird ein richtig schöner Strauch mit leuchtend blauen Blüten. Er mag trockene Böden und Sonne, aber ich weiß, wenn ich den einsetze, dann ist es vorbei mit der Trockenheit und es regnet jedes Jahr wochenlang«, lamentierte sie.

Nur Schielin war von der neuen Freiheit anscheinend nicht zu beeindrucken, schon gar nicht wirkte er angesteckt.

Ärgerlich war die für den Freitagnachmittag angesetzte Haftprüfung in Kempten. Schon die Fahrt dahin war nervig, weil Kolonnen von Wohnwagengespannen, Reisemobilen und Kleintransportern die Straßen verstopften. Lydia fuhr und war die ganze Zeit am Mosern. Schielin hockte missmutig daneben. Saskia Pröll und Wenzel saßen hinten. »Wieso fahren die alle nach Norden?«, fragte Saskia.

»Hauptsache weg vom See«, knurrte Wenzel, »mir langt es so langsam mit den Capuccino-Touris und verschwitzten Radfahrern in ihren Froschkleidungen … dazu das ganze tätowierte Zeugs … es ist eh kaum noch Platz in der Maximilianstraße … fehlen nur noch die Hells Angels zum Jahrestreffen.«

Saskia Pröll schwieg. Kein guter Zeitpunkt für Konversation.

Die Anhörung fand in einem der weiträumigen Säle mit hohen Fenstern und Kreuzrippengewölbe der Residenz statt. Den Vorsitz führte eine junge, drahtige Richterin mit kurzen schwarzen Haaren und einer silbern glänzenden Nickelbrille. Der Anwalt war da und zwei Justizbeamte brachten Rabus herein. Die Tage in Haft hatten ihm keineswegs zugesetzt. Er grüßte stumm in Richtung der Ermittler und setzte sich brav auf den mit braunem Leder bespannten Stuhl. Achtzehntes Jahrhundert. Sehr bequem. Die Richterin fragte ihn streng, ob man auf die Handschellen verzichten könne. Er murmelte etwas Zustimmendes. Sie wurden ihm abgenommen.

Schielin und die anderen saßen hinten an der holzgetäfelten Wand. Die Richterin reckte den Hals. »Alle da?«

Natürlich waren alle da.

Der Anwalt wollte vor dem Beginn einer Befragung eine Erklärung verlesen.

Lydia stupste Schielin an und flüsterte ihm zu: »Wusstest du was davon?«

»Nein.« Schielin war von einer Erklärung nichts bekannt geworden.

»Na, dann hören wir uns das doch an«, gab die Richterin dem Anwalt das Wort.

Der stand auf und positionierte sich so höflich, dass er niemandem den Rücken zuwandte. Eine sehr faire Geste, wie Schielin fand. Ihre Überraschung war groß, als deutlich wurde, dass es sich bei der Erklärung um ein Geständnis handelte. In Worten, wie sie niemals Rabus selbst niedergeschrieben haben konnte, schilderte der Anwalt den Mord an Sascha Grahl als Tragödie. Und die Abfolge der Geschehnisse entsprach im Wesentlichen ihrer Hypothese. Sascha Grahl war auf Ute Lohder gestoßen und wie besessen von der Suche nach ihr. Einige Tage vor dem Mord hatte er Rabus offen gedroht – er wisse, wo er sie finde, er werde ihn zur Rechenschaft ziehen. Rabus beschaffte sich den Schlüssel, K.-o.-Tropfen hatte er bereits gehabt, weshalb, wozu – dazu gab es keine Erklärung. Er schleppte den Betäubten in den Dachboden, erwürgte ihn und hängte ihn an den Strick.

Schielin war erregt über die Emotionslosigkeit, mit der dieser Kerl es vortrug, in einer Stimmlage, als wäre man bei der Jahresversammlung eines Anglervereins – Bericht des Vorsitzenden. Ein großer Künstler, dachte Schielin. Die Fotos aus dem Dachboden kamen ihm wieder in den Sinn.

Es hätte glatt laufen können, doch die Überraschung des Tages hatte sich der Monotonist für das Ende seines Beitrags aufgehoben. Jan Rabus bestritt jede Verwicklung in die Tötung von Ute Lohder.

Fragende Blicke wechselten zwischen Schielin und der Richterin, die Rabus bat, doch selbst seine Sicht der Dinge darzulegen. Wenzel murmelte etwas, Lydia schnaufte geräuschvoller. Schielin blieb ruhig. Er war gespannt.

Rabus sprach nach Blickkontakt mit seinem Anwalt ruhig, ohne Zittern und Schwingen in der Stimme. Er schilderte, wie er seinerzeit alleine im Inselhaus mit Renovierungsarbeiten befasst gewesen sei. Ein Sommertag. Heiß sei es gewesen, sodass er mittags beschlossen habe, die Baustelle unter dem Dachboden zu verlassen und erst am

Abend weiterzumachen, wenn es dort oben etwas kühler wäre. Den Nachmittag habe er auf der Hinteren Insel verbracht, an der Pulverschanze beim Baden. Als er abends etwas später als geplant ins Haus zurückgekehrt sei, habe er sein Werkzeug gerichtet. Im oberen Stockwerk sei er dann völlig schockiert gewesen von dem Frauenkörper, der da am Boden gelegen habe. Eine blonde Frau, blaues Kleid, Verletzungen im Gesicht, nicht arg, aber sie sei tot gewesen. Da er eine gewisse Vergangenheit hatte … Schlägereien und so …, habe er Angst bekommen, man würde ihn verantwortlich machen für ihren Tod. Deshalb habe er sie in die Plastikfolie eingewickelt, die von den Isolierungsverpackungen im Raum herumlag, habe sie mit Paketband umwickelt und droben im Dachboden in die noch offene Fellfuge gelegt.

»Sie kannten diese Frau nicht, haben sie nie zuvor gesehen?«, fragte die Richterin.

»Nein. Ich hatte sie nie zuvor gesehen und kannte sie nicht.«

»In den Unterlagen steht etwas von einer Tätowierung – UTE – ihr Vorname. Möchten Sie dazu etwas sagen?«

»Ja. Die habe ich nachträglich machen lassen … als in der Zeitung ihr Name stand, weil sie vermisst war … ich weiß, es klingt verrückt …, aber ich habe diese Frau nie zuvor gesehen und ihr auch nichts angetan … und nur so zum Andenken irgendwie … ich kann es nicht erklären …«

»Mhm … und Sie haben keine Vorstellung, wie und mit wem diese Frau ins Haus gekommen sein könnte?«

»Eine Vorstellung schon, aber ich habe das nicht gesehen und war nicht dabei.«

»Dann lassen Sie doch mal Ihre Vorstellung hören.«

»Helmut … also Helmut Grahl hatte was mit einer Blondine …«

Sein Anwalt meldete sich und bezog sich auf die Vernehmung in den Akten. »Eine Betty hatte dazu Aussagen gemacht und Herr Grahl war wegen einer Verdachtskette schon einmal in Haft genommen worden.«

Lydia erläuterte auf Nachfragen der Richterin ihre Erkenntnisse zum BMW-Cabrio.

Die Richterin war sichtlich unzufrieden mit dem Verlauf und wendete sich an Schielin. »Also Herr Rabus gesteht hier die Tat an Sascha Grahl … lehnt aber jedes Zutun am Tod von Ute Lohder ab. Das mutet abenteuerlich an, doch da sollten Sie nochmal nacharbeiten.«

»Das wird wohl erforderlich sein«, entgegnete Schielin.

Er war gar nicht mal so unglücklich über diese unvermutete Wendung.

Kimmel und die anderen waren schon eher enttäuscht. »Herrgott, jetzt geht das wieder los«, schimpfte er und verschwand im Büro, setzte sich in den Bürostuhl und begann die Strippen des Falles zu sortieren. Immer wieder fing er an, da er zu keinem befriedigenden Ergebnis kommen konnte. Er schreckte regelrecht auf, als seine neue Uhr am Arm dreimal stark vibrierte. War irgendwas mit seinem Herzen? Er hätte auf den Tisch schlagen wollen, als er auf dem Display in kleinen, serifenlosen Buchstaben las: *Schon eine Minute tief durchatmen hilft Dir klarer zu denken.*

»Scheißteil«, zischte er wütend und hätte das Ding am liebsten am Türrahmen zerschlagen, doch das wäre aufgefallen und er hätte sich noch lächerlicher gemacht als mit diesem idiotischen Ding am Arm. Es war ein Elend.

Robert Funk war nüchterner. »Stimmt schon. Welchen Grund sollte Rabus haben, einen Mord zu gestehen, den er nicht begangen hat … so eine Art Mörder-Ehre etwa?«

Schielin überlegte. »Ohne den vollständigen Spurenbericht aus München brauchen wir gar nicht erst anzufangen.« Er sah Gommi an. »Du hast doch so tolle Beziehungen ins LKA … kannst du nix machen? Grauburgunder, Spätburgunder, Obstbrände … alles kein Problem, aber kümmer dich bitte drum.«

Und an Kimmel gewandt: »Wir werden uns Helmut Grahl noch mal zur Brust nehmen müssen.«

Er telefonierte einige Zeit herum, ohne von irgendjemandem zu erfahren, wo Helmut Grahl abgeblieben war. Seine Frau wusste noch nicht einmal von seiner Entlassung.

»Ich kann mir denken, wo er ist, der Monsieur«, meinte Lydia, griff zum Telefon, wählte die Nummer Christellas, sprach in knappen Worten und sehr bestimmt. Nachdem sie das Gespräch beendet hatte, sagte sie: »Mist, die wollen weg.«

»Wie … weg?«, fragte Schielin.

»Sie sagte, ein paar Wochen ausspannen … Frankreich … irgendwas im Burgund. Ich hab das nicht richtig verstanden … Morschäslamä oder so.«

»Herrgott!«, fluchte Schielin.

»Er ist ein freier Mann«, kommentierte Lydia.

»Ohne Spur … ohne jede Möglichkeit Druck auszuüben. Der haut ab … Ende mit Inselhaus, Firma, Familie … der macht jetzt Tabula rasa … wirst sehen.«

»Risiko – wir reden vorher mit ihm.«

*

Helmut Grahl erschien ohne jeden Ärger, ohne Wut und ohne jegliche versteckte Gehässigkeiten. Es war seltsam, so unvermittelt einem völlig veränderten Menschen gegenüberzustehen. Selbst seine Bewegungen, seine Körpersprache hatten sich verändert. Das Goldkettchen am Hals fehlte. Er trug eine leichte Sommerhose, Sandalen und ein zerknittertes Poloshirt. Keine Uhr, nichts. Er strahlte Gelassenheit und Freundlichkeit aus.

Lydia konfrontierte ihn erneut mit der Aussage von Betty. »Herr Grahl. Jan Rabus hat den Mord an Ihrem Sohn gestanden. Er weigert sich jedoch vehement, irgendetwas mit dem Tod von Ute Lohder zu tun zu haben. Es geht um diesen Sommerabend, als sie in Ihr Auto eingestiegen ist. Wir vermuten, es war der letzte Tag, an dem man sie lebend gesehen wurde.«

Helmut Grahl war ihren Worten aufmerksam gefolgt und hatte immer wieder genickt. »Das wird wohl auch so sein.«

»Erzählen Sie doch einfach.«

Er brauchte einen Moment, um sich zu besinnen, wie er sagte, um sich diesen wunderschönen Tag wieder vor Augen zu holen. Seine Schilderung deckte sich mit dem, was Betty gesehen hatte. Er war mit Ute Lohder über die Seebrücke gefahren, eine kleine Tour ins Allgäu und dann waren sie ins Inselhaus gegangen.

»Eine Art Liebesnest?«, fragte Lydia.

Er wollte nicht mit *Ja* antworten und sah sie nachdenklich an. »Das Haus war damals noch nicht bewohnt, die Wohnung von Sarah war jedoch schon fertig und da hatten wir alte Möbel untergestellt – das Nötigste eben, wenn wir dort arbeiteten. Wildromantisch halt. Ich bin an diesem Abend losgezogen und habe Pizzas holen wollen und eine Flasche Wein. Das hat einige Zeit gedauert, weil viel los war. Ich weiß das noch genau. Ich bin ins Haus zurückgekommen … und sie war weg. Ich bin rumgelaufen, habe nach ihr gerufen, nichts. Sie können sich nicht vorstellen, wie oft ich in den vergangenen Jahren an diesen Augenblick gedacht habe.«

»Sie war also weg?«, fragte Schielin eindringlich nach. »Was folgte dann?«

»Ich war ärgerlich … verwundert … schwer zu beschreiben.« Er machte eine Pause, die er mit *Scotch-Club* beendete. »In den Scotch-Club bin ich und danach dann nach Wildberg hoch, wo wir gewohnt haben … damals.«

»Was dann … was dachten Sie, als sie nicht mehr auftauchte … es war doch in der Presse?«, wollte Lydia wissen.

Helmut Grahl zuckte mit den Schultern. »Ich habe mich einfach still verhalten und gehofft, niemand kommt auf mich zu … ich hatte keine Ahnung, was geschehen war.«

»Hatte? Wissen Sie denn jetzt, was geschehen ist?«

»Rabus war es doch, habe ich gehört.«

»Sie haben ihn nie angesprochen? Er war doch derjenige, der ständig im Haus war.«

»Nein. Es war ein Freitagabend. Ich hatte wirklich nicht mit ihm gerechnet.«

»Was vermuten Sie?«

Er sah beide an, wiegte den Kopf und meinte: »Gar nichts. Es ist für mich Vergangenheit. Ich vermute gar nichts, weil nichts, was ich vermute, irgendeinen Sinn ergibt. Kann ich jetzt gehen?«

»Sie wollen verreisen?«

»Ja … ausspannen … Frankreich … einfach weg hier.«

»Und die Firma?«

»Die interessiert mich schon lange nicht mehr.«

Er stand auf und sie ließen ihn gehen.

Lydia sah zum Fenster hinaus. »Klingt glaubwürdig …«

Schielin stellte sich neben sie und sah auch hinaus. »Leider. Wir warten jetzt den Spurenbericht in aller Ruhe ab.«

»Die wirken so … so gelöst«, sagte sie.

»Wen meinst du?«

»Jan Rabus, der war doch ohne jedes Zeichen von Nervosität … und jetzt Grahl. Ganz in sich ruhend und gelöst.«

»Die sind froh, es hinter sich zu haben.«

Drei Tage später lag der Spurenbericht vor. Der automatische Abgleich gesicherter DNS-Spuren ergab drei Treffer mit einliegenden Vergleichsspuren: Jan Rabus, Helmut Grahl und – zwei dunkelbraune lockigen Haare waren gesichert worden, die eindeutig die DNS von Marion Grahl trugen.

Sie holten sie zur Vernehmung ab, eröffneten die Spurenlage, formulierten den Vorwurf, in dem nicht von Mord und auch nicht von Totschlag die Rede war, was sie verwundert aufschauen ließ. »Gefährliche Körperverletzung …?«

Schielin forderte sie auf, zu erzählen, was geschehen war – damals im Haus. Sie holte weit aus, berichtete von den Einschränkungen, die die Firmengründung mit sich brachte, von den finanziellen Aufwendungen, die ihr Angst machten, von den Schwierigkeiten in der Beziehung mit Helmut Grahl. »Ich dachte ja immer, wenn er losgezogen ist, der ist nur noch bei mir, weil ich schwanger bin.«

An jenem Sommerabend hatte sie Jan Rabus für seine Arbeit und sein Engagement, er hatte ihnen kurz zuvor Geld für die Firma gegeben und nicht mehr dafür erhalten als Anteile, ein Essen und Wein bringen wollen. Das Wochenende stand ja bevor. Da war sie ungewollt auf ihren Mann und Ute Lohder gestoßen. »Ich war außer mir … wie in einem schlechten Film. Und als Helmut dann auf einmal weggefahren ist, da bin ich einfach rein zu ihr … habe sie beschimpft, ihr war es peinlich, aber sie ließ mich spüren, wie sehr ich sie nerve. Da stand eine Schaufel an der Wand. Sie hat sich umgedreht und ihre Handtasche genommen, weil sie gehen wollte. Da hab ich zugeschlagen.«

»Wie ging es weiter?«

»Ich bin nach Hause und dachte mir, Helmut wird sie schon finden. Aber es war gar nichts … einige Zeit später kamen dann Berichte von einer Vermissten. Ich wusste natürlich, wer es war, und dachte mir, Helmut wird … wird die Leiche weggeschafft haben.«

»Sie haben ihn nie darauf angesprochen?«

»Nein. Nie. Er mich ja auch nicht.«

Schielin und Lydia sahen sich an.

Es war eine Tragödie, im wahrsten Sinn des Wortes eine Tragödie.

Lydia fasste für sie ihren Kenntnisstand zusammen. »Ein Fehler gebiert den größeren Fehler, Frau Grahl. Ute Lohder konnte nach Ansicht der Rechtsmedizin durch Ihren Schlag nicht getötet worden sein. Sie lag bewusstlos am Boden. Als Jan Rabus zurückkam und sie da liegen sah, packte ihn die blanke Panik und er rollte sie in die Plastikfolien ein, schaffte sie in den Dachboden und versteckte sie dort unter den Holzbohlen. Ute Lohder ist vermutlich in der Plastikfolie erstickt. Hätten Sie, hätte Rabus einen Notarzt verständigt – sie könnte vermutlich heute noch leben. Ihr Mann kam damals in ein leeres Haus und wusste bis heute – von nichts. Nur, dass Ute Lohder verschwunden war. Und von diesem Zeitpunkt an verdächtigte jeder jeden, nicht wahr? Sie verdächtigten Ihren Mann, die Leiche weggeschafft zu haben, Rabus verdächtigte Ihren Mann, die Frau getötet zu haben, und Ihr Mann – der hatte wohl Sie im Verdacht. Ein Elend. So viele Jahre. Und Jan Rabus erst! Was für ein tragisches Schicksal: wird zum Mörder aus Angst, man könnte ihn für den Mord an einer Frau verantwortlich machen, mit der er nie etwas zu schaffen hatte.«

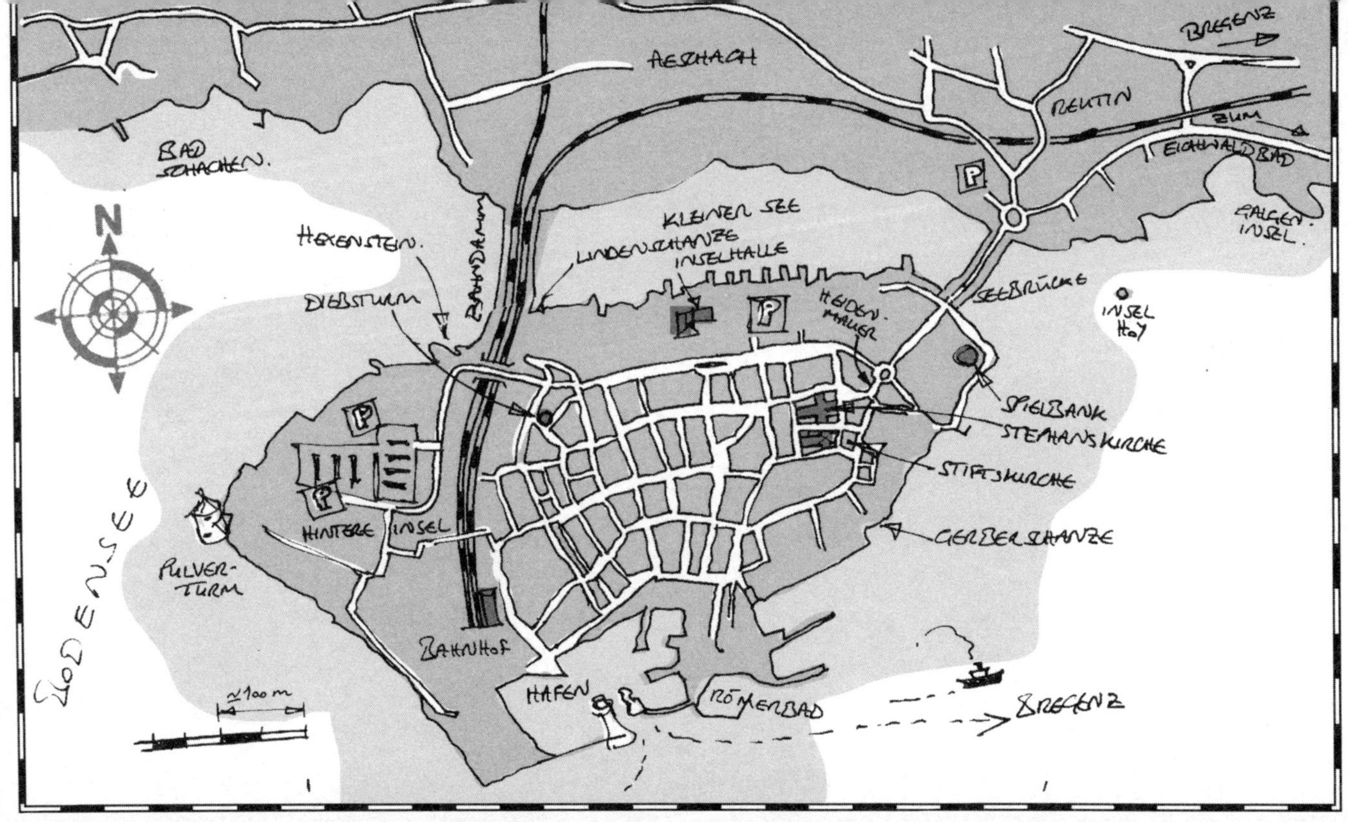
BREGENZ
AESCHACH
REUTIN
ZUM
EICHWALDBAD
BAD SCHACHEN.
N
KLEINER SEE
GALGEN-INSEL.
HEXENSTEIN.
LINDENSCHANZE
INSELHALLE
SEEBRÜCKE
INSEL HOY
DIEBSTURM
BAHNDAMM
HEIDEN-MAUER
SPIELBANK
STEPHANSKIRCHE
STIFTSKIRCHE
GERBERSCHANZE
HINTERE INSEL
PULVER-TURM
BODENSEE
BAHNHOF
HAFEN
RÖMERBAD
~100 m
BREGENZ

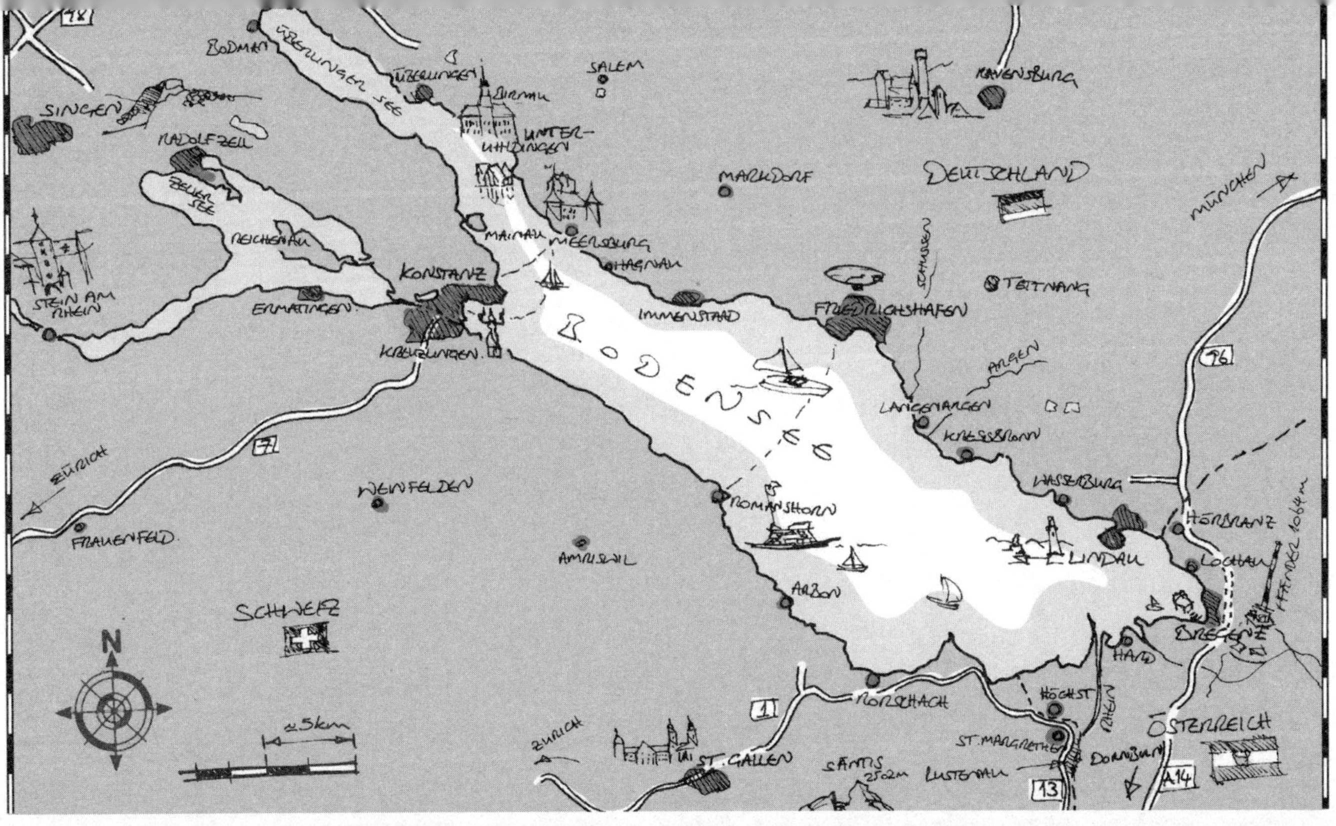

98
BODMAN
ÜBERLINGER SEE
ÜBERLINGEN
BIRNAU
SALEM
RAVENSBURG
SINGEN
RADOLFZELL
UNTER-
UHLDINGEN
MARKDORF
DEUTSCHLAND
MÜNCHEN
ZELLER SEE
REICHENAU
MAINAU
MEERSBURG
HAGNAU
STEIN AM RHEIN
KONSTANZ
ERMATINGEN
KREUZLINGEN
IMMENSTAAD
FRIEDRICHSHAFEN
TETTNANG
SCHUSSEN
ARGEN
96
BODENSEE
LANGENARGEN
KRESSBRONN
7
ZÜRICH
WEINFELDEN
ROMANSHORN
WASSERBURG
HÖRBRANZ
PFÄNDER 1064 m
FRAUENFELD
AMRISWIL
LINDAU
LOCHAU
ARBON
BREGENZ
SCHWEIZ
HARD
N
HÖCHST
RHEIN
RORSCHACH
1
ÖSTERREICH
≈ 5 km
ZÜRICH
ST. MARGRETHEN
DORNBIRN
ST. GALLEN
SÄNTIS 2502 m
LUSTENAU
13
A14